NARCISISMO E TRANSFORMAÇÃO DO CARÁTER

BIBLIOTECA CULTRIX
DE PSICOLOGIA JUNGUIANA

Nathan Schwartz-Salant

NARCISISMO E TRANSFORMAÇÃO DO CARÁTER

A Psicologia por Trás das Desordens
de Caráter Narcisista

Tradução
Adail Ubirajara Sobral
Maria Stela Gonçalves

Título do original: *Narcissism and Character Transformation*.

Copyright © 1982 Nathan Schwartz-Salant.

Copyright da edição brasileira © 1988, 2022 Editora Pensamento-Cultrix Ltda.

2ª edição 2022.

Todos os direitos reservados. Nenhuma parte desta obra pode ser reproduzida ou usada de qualquer forma ou por qualquer meio, eletrônico ou mecânico, inclusive fotocópias, gravações ou sistema de armazenamento em banco de dados, sem permissão por escrito, exceto nos casos de trechos curtos citados em resenhas críticas ou artigos de revistas.

A Editora Cultrix não se responsabiliza por eventuais mudanças ocorridas nos endereços convencionais ou eletrônicos citados neste livro.

Obs.: Publicado anteriormente com o subtítulo A Psicologia das Desordens do Caráter Narcisista.

Editor: Adilson Silva Ramachandra
Gerente editorial: Roseli de S. Ferraz
Produção editorial: Indiara Faria Kayo
Editoração eletrônica: Join Bureau
Revisão: Vivian Miwa Matsushita

Dados Internacionais de Catalogação na Publicação (CIP)
(Câmara Brasileira do Livro, SP, Brasil)

Schwartz-Salant, Nathan
  Narcisismo e transformação do caráter: a psicologia por trás das desordens de caráter narcisista / Nathan Schwartz-Salant; tradução Adail Ubirajara Sobral, Maria Stela Gonçalves. – 2. ed. – São Paulo: Editora Cultrix, 2022. – (Biblioteca Cultrix de psicologia junguiana)

  Título original: Narcissism and character transformation
  ISBN 978-65-5736-149-8

  1. Narcisismo 2. Psicologia junguiana I. Título. II. Série.

22-104238 CDD-155.2

Índices para catálogo sistemático:

1. Narcisismo : Transtorno de personalidade: Psicologia 155.2
Cibele Maria Dias – Bibliotecária – CRB-8/9427

Direitos de tradução para a língua portuguesa adquiridos com exclusividade pela
EDITORA PENSAMENTO-CULTRIX LTDA., que se reserva a
propriedade literária desta tradução.
Rua Dr. Mário Vicente, 368 — 04270-000 — São Paulo, SP — Fone: (11) 2066-9000
http://www.editoracultrix.com.br
E-mail: atendimento@editoracultrix.com.br
Foi feito o depósito legal.

SUMÁRIO

Prefácio 9

Introdução 13
1. O narcisismo e o problema da identidade 13
2. A identidade e o Si-mesmo 18
3. A numinosidade do Si-mesmo 22
4. O Si-mesmo imanente e transcendente 31
5. Concepções junguiana e psicanalítica
   do Si-mesmo 35
6. O Si-mesmo nuclear de Kohut 39
7. Dois estágios de transformação 45
8. O narcisismo e o temor ao Si-mesmo 47
9. O narcisismo como conceito na
   psicologia junguiana 50
10. Resumo 55

I Primeiro estágio da transformação: questões clínicas

1. Os pontos de vista psicanalítico e arquetípico 61
2. Perfil do caráter narcisista 82
3. O problema da inveja e da raiva 90
4. A idealização na transferência/contratransferência 94
5. O reflexo e a transferência especular 100
6. A transferência mista 110
7. Fatores arquetípicos da transformação 117
8. O exibicionismo e sua transformação 131
9. O temor do caráter narcisista ao inconsciente 142
10. Transformação do Si-mesmo narcisista 144

II A mitologia do primeiro estágio: transformação do masculino

1. Introdução 153
2. O mito de Narciso segundo Ovídio 158
3. A estrutura inicial do mito 166
4. Narciso e Eco 181
5. A maldição da inveja 188
6. Narciso e seu reflexo 193
7. Interpretações históricas do episódio do reflexo 200
8. Ganhos e deficiências do primeiro estágio 237
9. O poder feminino de penetração 243

III Formas de relacionamento: o inconsciente psíquico e somático

1. Introdução 251
2. Coleta somática de informações 254
3. O corpo nos Seminários Nietzschianos de Jung 264
4. A complementaridade Psique-Soma 272
5. Osíris, Dionísio e o inconsciente somático 275
6. Ver por meio do corpo 279
7. Empatia somática e psíquica 284
8. O uso mágico da imaginação 293

IV A mitologia do segundo estágio: emergência do poder feminino

1. Introdução 299
2. O narciso 311
3. O mito de Narciso segundo Pausânias 316
4. Narciso e o espírito dionisíaco 322
5. O Hino Homérico a Deméter 327
6. A atitude depressiva e a identidade com Deméter 332
7. O retorno de Perséfone 335
8. Hermes, Perséfone e a relação analítica 341

V Segundo estágio da transformação: questões clínicas

1. Introdução 349
2. O motivo do duplo e o Si-mesmo emergente 353

3. A criança alegre e a criança masoquista................... 359
4. Dionísio e a transferência erótica.......................... 369
5. A integração das duas crianças interiores................ 374
6. A transformação e o processo de individuação......... 377

Notas 383

Glossário de termos junguianos 403

Bibliografia 409

PREFÁCIO

An old fallen leaf has an interesting taste.
The edges of space roll gently.
Everything will come to this pool.

[Uma folha há muito caída tem um curioso gosto /
As extremidades do espaço rolam suavemente. /
Tudo convergirá para essa fonte.]

Costuma-se afirmar, e com razão, que um analista — mais do que qualquer outra pessoa — nada pode dizer de novo, pois sempre está aprendendo com seus pacientes. Isso se aplica, em larga medida, a este livro.

Mas há um outro professor. E este livro também deve sua validade, qualquer que possa ser, a uma visão. As palavras e a metáfora podem apenas aproximar o inefável, mas eu tentei ser fiel à capacidade de ver aquilo que vem de dentro. William Blake escreveu: "Aquele que não imagina contornos melhores e mais nítidos, e sob uma luz melhor e mais forte, do que seu olho mortal e perecível pode ver, de forma alguma imagina".[1] Uma visão me ensinou a verdade dessas palavras e, ao tentar auxiliar pacientes a se recuperarem de sua divisão, espíritos à feição de Perséfone mostraram-me sua absoluta propriedade.

Para Lydia

Narciso, mural da Casa de Lucretius Fronto, Pompeia, 14-62 d.C.

INTRODUÇÃO

1. O NARCISISMO E O PROBLEMA DA IDENTIDADE

O narcisismo, cujo conceito comum é a autoadoração extrema, acompanhada de uma indiferença que nega a necessidade de outra pessoa, é um assunto que há muito ocupa a atenção humana. Ao contar o mito de Narciso, no século VIII d.C., em suas *Metamorfoses*, Ovídio deu início a uma longa tradição literária, acompanhada cuidadosamente, por Louise Vinge em *The Narcissus Theme in Western Literature up to the Early Nineteenth Century*. Nessa obra, como veremos, podemos encontrar amplas evidências de que Narciso e sua "companheira" feminina, Eco, têm sido uma rica fonte de especulação a respeito da condição e da salvação do espírito humano. Fica claro que a visão popular do narcisismo, embora de certo modo correta, apenas toca a superfície de um fenômeno amplo e complexo.

O termo narcisismo surgiu bem cedo na teoria psicanalítica, e o fez de forma particularmente pejorativa. Inicialmente, indicou o amor-próprio num grau patológico e uma impenetrabilidade associada, carregando um prognóstico terapêutico pessimista. Ser narcisista era, com efeito, ser mau. Era um julgamento segundo o qual a pessoa, não apenas estava voltada para si mesma, mas também estava fora de alcance. Esse decreto do pensamento psicanalítico se estendia à meditação, à introversão e à fantasia criativa, razão por que dificilmente causa surpresa o fato de Jung raramente usar o termo.[2]

Mas, à medida que "a barreira impenetrável" do narcisismo passou efetivamente a ser penetrada, por exemplo, por meio de investigações sobre a primeira infância e a esquizofrenia, a atitude em torno da fenomenologia coberta pelo termo passou a sofrer transformações. Essa tendência se ampliou ainda mais graças às experiências clínicas com as chamadas desordens de caráter narcisista. (Nas desordens de caráter, podem existir sintomas, tais como ansiedade, depressão e tendências paranoides, mas esses sintomas são estritamente secundários se comparados à principal queixa da pessoa, que é uma falta de identidade e de autoestima. Nessas desordens, lidamos com um distúrbio do desenvolvimento da relação ego-Si-mesmo, e não com sintomas gerados por processos instintivos que rompem as barreiras do ego, como acontece nas psiconeuroses.)

Acreditava-se inicialmente que as desordens de caráter narcisista eram intratáveis, pois se pensava que a barreira, conhecida como a defesa narcisista, prevenia o estabelecimento de qualquer tipo de relacionamento (transferência) com o analista. Quando se descobriu que isso estava muito longe da verdade, que, na realidade, são estabelecidas transferências muito fortes e que essas transferências afetam em larga medida o terapeuta (ao induzir reações de contratransferência), muito mais elementos a respeito do narcisismo passaram a fazer parte da literatura psicanalítica. O termo então começou a ser associado com a questão geral da *identidade*, pois tornou-se evidente que a atitude defensiva especial da desordem de caráter narcisista constituía uma defesa contra danos a um sentimento de identidade já muito pobre. A percepção analítica, frequentemente auxiliada pelo reconhecimento de que as respostas de contratransferência podem ter uma qualidade objetiva, aumentou nossa compreensão a respeito da natureza das estruturas de identidade subjacentes às defesas do caráter narcisista.

Este estudo, que combina os pontos de vista junguiano e psicanalítico, se configura como uma tentativa de ampliar ainda mais a perspectiva clínica em torno das questões apresentadas pelo narcisismo e pelo problema da identidade.

De modo geral, as atitudes psicoterapêuticas de C. G. Jung exibem uma crescente semelhança com determinadas visões de outras escolas de pensamento. O próprio Jung valorizava a abordagem freudiana – que considerava como uma psicologia orientada para o objeto e extrovertida –, ao lado da de Adler – que a considerava introvertida ou orientada para o sujeito.[3] Para falar a verdade, Jung afirmou que por vezes trabalhava como freudiano e, outras vezes, como adleriano. E os desenvolvimentos que ocorreram nas últimas décadas aproximaram ainda mais as visões de Jung de outras visões psicoterapêuticas. Por exemplo, a obra de Guntrip, que representa a escola inglesa de relações com o objeto, em sua reformulação da teoria freudiana da libido,[4] apresenta fortes semelhanças com o conceito junguiano de energia psíquica. E, tal como Jung, a moderna escola psicanalítica reconhece que o conteúdo manifesto de um sonho constitui uma expressão simbólica do sentido inconsciente; isto é, não é necessária a ideia de um conteúdo onírico latente.[5] A nova importância atribuída ao complexo de Édipo e o reconhecimento da necessidade de uma psicologia do Si-mesmo no pensamento freudiano mais recente também se enquadram no espírito da abordagem junguiana da psique.

Mas, embora esses e outros desenvolvimentos sejam inestimáveis como forma de aproximar o ponto de vista junguiano de outros pontos de vista – e, portanto, permitam a melhoria das comunicações clínicas –, o conceito junguiano fundamental do arquétipo, a unidade estrutural básica da psique, com frequência não é bem-aceito nem bem-entendido.

Como resultado da experiência clínica e pessoal, Jung reconheceu que certos eventos na vida de uma pessoa, eventos que podem ser descritos adequadamente como numinosos, podem ter uma importância central e transformadora. O encontro de Narciso com a sua própria imagem é precisamente um evento dessa natureza. Seu significado jamais foi esgotado nos comentários literários ou psicológicos, pois o mistério que ele apresenta não pode ser esgotado. Trata-se do mistério da identidade: quem e o que sou eu?

Como será discutido de forma mais ampla no capítulo 2, o duplo visto por Narciso é adequadamente designado como o Si-mesmo, a imagem da pessoa total e não apenas a personalidade consciente, ou ego. O Si-mesmo é a raiz, a matriz, da identidade pessoal. Especialmente com relação a esse ponto, devemos distinguir entre os conceitos psicanalítico e junguiano, uma distinção que será seguida por meio do uso da inicial maiúscula no termo Si-mesmo, no sentido de Jung, mantendo a designação em minúsculas, si-mesmo, quando houver referência a outras visões (embora os estilos dos autores citados aqui, incluindo Jung, possam variar).[*]

No modelo junguiano, o Si-mesmo é tanto o arquétipo da totalidade como o fator ordenador central da psique. Embora a fenomenologia do Si-mesmo seja frequentemente semelhante às descrições do conceito psicanalítico de si-mesmo, também podem se manifestar significativas diferenças. Nesses mesmos

---

[*] Usamos para *Self*, como de praxe, Si-mesmo (tradução fiel ao termo original alemão, *Selbst*), para *self*, a fim de manter a distinção do autor, usamos si-mesmo. Quando essa distinção não está envolvida e o contexto o admite, usamos, para *self*, eu. (N. T.).

termos, o conceito de identidade pessoal também apresenta diferenças. Essas são as principais questões deste estudo.

2. A IDENTIDADE E O SI-MESMO

A identidade é um misterioso conceito e as tentativas de defini-la de modo muito simples inevitavelmente levam a uma condição intrincada na qual o ego desempenha um papel demasiado grande. O teólogo Harvey Cox, no processo de ridicularização daqueles a quem denomina "caçadores de identidade" – expressão com a qual caracteriza as pessoas cuja concepção de identidade é supersimplificada –, oferece uma esclarecedora análise do assunto:

> Para o caçador de identidade, o si-mesmo se configura como alguma espécie de essência interna. Trata-se de um núcleo que, embora possa crescer, jamais faz algo além de atualizar um potencial já existente. O si-mesmo essencial pode ser recoberto por camadas superpostas ou envolvido pela possibilidade compacta; não obstante, ele *existe*. Ele pode ser percebido, posto a nu, se a busca for suficientemente persistente. Trata-se do diminutivo psicológico do espírito incriado intemporal da filosofia neoplatônica. Podemos ser incapazes de vê-lo agora, assim diz o ensinamento, por causa do peso da carne, da escuridão do mundo material ou da cegueira da repressão da infância. Mas essa essência interna existe, asseguram-nos: o verdadeiro você,

esperando ser sondado, até que sua luz, ora oculta, seja suficientemente descoberta para permitir que sua luminosidade clareie a escuridão.

É importante entender que essa moderna concepção psicológica do si-mesmo como algo a ser buscado, uma essência a ser descoberta ou desenvolvida, não apenas vai contra o cerne da espiritualidade bíblica, como também nada tem a ver com a ideia do si-mesmo como ilusão, ensinada pela maioria das escolas budistas...

A busca da identidade não é budista nem bíblica. É a herdeira moderna empobrecida de uma tradição que remonta a Platão, e vai além dele; essa tradição vê o espírito como parte da substância imutável do universo. Ela está empobrecida, todavia, porque as características que antes eram atribuídas ao próprio universo agora se encontram incorporadas ao espírito individual. Assim, o si-mesmo/espírito pode brotar e florescer, mas apenas atualiza um potencial original. Seu desenvolvimento pode ser previsto e facilitado. Nada totalmente imprevisto ou surpreendente acontece. Esse si-mesmo/espírito exibe todas as qualidades de um fenômeno "livre de surpresas"...

Para a pessoa como indivíduo, o problema em basear a vida de alguém na busca de um si-mesmo essencial [é que] o si-mesmo, em vez de ampliar e aprofundar suas capacidades, torna-se cada vez mais semelhante a si próprio... Se o "verdadeiro si-mesmo" que estou descobrindo progressivamente se tornar o determinante do meu comportamento, a rigidez e a esclerose cedo se instalam. Minhas ações tornam-se previsíveis e minha percepção de modos de vida alternativos se estreita. Perco minha vulnerabilidade, minha capacidade de ser abalado ou mesmo de me ver surpreendido...

Há, todavia, outra forma de ver o mundo e o si-mesmo... [ela se encontra] centrada fora de si mesma. Essa visão do si-mesmo vem-nos dos hebreus e fundamenta as escolas de teologia e de psicologia que enfatizam o *novum* – o fenômeno sem precedentes e a novidade. É o oposto do universo "livre de surpresas", sendo seu mundo caracterizado por eventos singulares e imprevistos e por pessoas únicas. Ela vê a doença como o normal e a saúde como o incomum. É o mundo tocado por aquilo a que a teologia cristã dá o nome de "graça".

No universo bíblico da graça e da surpresa, o si-mesmo humano não é uma essência intemporal. Trata-se de um campo aberto, de natureza psicoespiritual, que é tanto o produto como o produtor da mudança real. Como diz São João, "Ainda não está patente aquilo que seremos"... O si-mesmo não é uma essência interna a ser descoberta [nesta concepção], mas um poema inacabado e inacabável, uma afirmação única para a qual não existe padrão arquetípico. Nesse universo bíblico, si-mesmos concretos encontram-se uns aos outros como adversários e companheiros, e não como partículas separadas de Um Si-Mesmo Cósmico. Esses si-mesmos são centros de existência que lutam, amam e odeiam. Essa irredutível diversidade do outro define a concepção bíblica do si-mesmo. Ela também fornece a única concepção do si-mesmo ou psique com base na qual a psicologia moderna pode construir uma nova e libertadora ciência do espírito.[6]

Cox está absolutamente correto em sua crítica à limitação da concepção psicológica da identidade, mas inclui a abordagem de Jung erroneamente no conjunto das outras. A concepção junguiana do Si-mesmo não compartilha da noção de "algo a ser sondado, uma essência a ser descoberta ou desenvolvida". Em vez disso, o Si-mesmo junguiano também é inerentemente aberto e está em total acordo com o "universo bíblico da graça e da surpresa", um padrão inacabável de que nos aproximamos melhor em termos de complementação, mas jamais no sentido de perfeição. O fato de o Si-mesmo efetivamente apresentar, no processo de individuação, conteúdos ao ego e o fato de que ele, na verdade, também cria o ego não são incompatíveis com sua espontaneidade característica. O Si-mesmo se manifesta, a um só tempo, como um processo contínuo, aparentemente bem-ordenado, e como um processo que pode irromper sobre o ego com energias desconhecidas e abalar o próprio núcleo da personalidade consciente.

A crítica de Cox é unilateral, pois a identidade *também* é construída de modo gradual. O fato de ela não vir a existir *exclusivamente* dessa forma, e talvez nem mesmo primariamente dessa maneira, constitui um ponto de vista com o qual simpatizo. A principal questão, entretanto, é saber se essa abordagem passo a passo, no pensamento junguiano, por exemplo, da integração de complexos opera no sentido do bloqueio do "universo da graça e da surpresa" ou no sentido de tornar-se mais aberta a ele. A resposta depende, em grande parte, da maneira pela qual a integração de complexos, por exemplo, é abordada. Se essa abordagem for mecânica, sem uma consciência subjacente de que se trata de uma pequena parte de um universo mais amplo, não há dúvida de que pode ter um efeito bloqueador, como costuma ter na psicanálise clássica. Mas não é necessário que seja assim, e no trabalho analítico não podemos prescindir da fantasia da integração das partes, pois esta pertence, tanto quanto a existência no tempo histórico, à questão da identidade.

3. A NUMINOSIDADE DO SI-MESMO

A concepção junguiana do Si-mesmo não pode ser percebida sem referência à natureza numinosa deste:

> A religião, como o denota a palavra latina, é uma cuidadosa e escrupulosa observação daquilo que Rudolph Otto apropriadamente denominou o *numinosum*, isto é, um agente

> ou efeito dinâmico cuja causa não é um ato arbitrário da vontade. Pelo contrário, ele se apossa do sujeito humano e o controla, sendo este último, sempre, antes a vítima que o seu criador. O *numinosum* – qualquer que possa ser sua causa – é uma experiência do sujeito que independe de sua vontade...
>
> Todo credo é originalmente baseado, de um lado, na experiência do *numinosum* e, de outro, na *pistis*, isto é, confiança ou lealdade, fé e certeza numa determinada experiência de natureza numinosa e na mudança de consciência dela decorrente. A conversão de Paulo é um marcante exemplo disso. Podemos dizer, portanto, que o termo "religião" designa a atitude peculiar de uma consciência transformada pela experiência do *numinosum*.[7]

O numinoso deixa a pessoa tomada de reverência, espanto e gozo, mas também pode evocar o temor, o terror e a total desorientação. O confronto com o poder do Si-mesmo provoca precisamente essas emoções, que sempre, e em todos os lugares, têm sido associadas com a experiência religiosa.

Há pelo menos três grandes formas que o temor da qualidade numinosa do Si-mesmo pode assumir. Em primeiro lugar, há o medo de ser submergido pelas energias arquetípicas e de ser tomado por uma vontade maior que a do ego. Como disse Jung, a experiência do Si-mesmo é uma derrota para o ego. É também, eu poderia acrescentar, uma derrota para os conteúdos e as defesas grandiosos; estes também são prontamente superados e transformados por uma experiência do Si-mesmo.

Em segundo lugar, o medo do Si-mesmo e de suas energias vem do medo do abandono. Deparei-me repetidas vezes com a seguinte atitude: "Se eu entrar em contato com toda aquela força e toda aquela capacidade, ninguém será capaz de ficar comigo, serei por demais poderoso e todos me evitarão".

Em terceiro lugar, e intimamente relacionado, há o medo de assumir o controle das energias do Si-mesmo porque elas são tão atraentes e belas que temos certeza de que nos tornaremos objeto de inveja. A pessoa sacrificará ou ocultará o Si-mesmo para evitar o "mau-olhado" da inveja. Ela se assemelha ao primitivo de que nos fala Schoeck, que faz uma boa caçada, mas, ao retornar à tribo, chora e se lamenta por ela ter sido tão ruim.[8] Entretanto, ele escondeu o que caçou fora do acampamento e, à noitinha, se esgueira para comer um pouco da caça. A pessoa terrificada pela inveja – e, como veremos, o caráter narcisista em geral foi objeto de um maciço ataque de inveja – age, em grande parte, dessa forma, e apenas um pouco pior: ela também esconde seu prêmio de si mesma.

O papel dos numes psíquicos não deve ser subestimado na cura. Mas esses numes podem facilmente ser deixados de lado, pois costumam apresentar-se de forma tênue, sempre diferentes, incomuns, mas não necessariamente abarcadores e inevitáveis. No caso de A., que será apresentado no capítulo 1, a numinosidade do arquétipo irrompeu na consciência com um marcante efeito transformador. Essa é a exceção e não a regra. A situação mais comum será vista no material clínico do capítulo 3.

As seguintes observações de Jung enfatizam a importância da *atitude* diante do Si-mesmo e de sua qualidade numinosa:

> O inconsciente apresenta, na realidade, uma desconcertante profusão de aparências para aquela obscura coisa que chamamos... "Si-mesmo". É praticamente como se devêssemos sonhar, no inconsciente, o antigo sonho da alquimia, e continuar a empilhar novos sinônimos sobre os velhos, apenas para saber tanto ou tão pouco a seu respeito quanto os antigos. Não vou me estender a respeito do significado da *lapis* [pedra filosofal] para os nossos precursores, nem a respeito do significado que a mandala ainda tem para o lamaísta e para o tantrista, para os astecas e para os índios *pueblo* e que a "pílula dourada" tem para o taoista e a "semente dourada" para o hindu. Conhecemos os textos que nos dão uma vívida ideia de tudo isso. Mas o que isso significa quando o inconsciente insiste obstinadamente em apresentar esses simbolismos abstrusos a um europeu culto?... Parece-me que todas as coisas passíveis de ser reunidas sob o conceito geral de "mandala" [Si-mesmo] expressam a essência de um determinado tipo de *atitude*. As atitudes conhecidas da mente consciente exibem alvos e propósitos definíveis. Mas a atitude de um homem com relação ao Si-mesmo é a única desprovida de alvo definível

e de propósito visível. É muito fácil dizer "Si-mesmo", mas o que dissemos exatamente? Isso permanece envolto nas trevas "metafísicas". Posso definir "Si-mesmo" como a totalidade da psique consciente e inconsciente, mas essa totalidade transcende nossa visão; trata-se de um verdadeiro *lapis invisibilitatis* [pedra da invisibilidade]. Supondo-se que exista o inconsciente, não é definível; sua existência é um simples postulado, e nada – seja lá o que for – pode ser previsto no tocante aos seus possíveis conteúdos. A totalidade só pode ser experimentada em suas partes e ainda assim se estas forem conteúdos da consciência... Na verdade, [o Si-mesmo] é um conceito que vai se tornando consistentemente claro com a experiência – como o demonstram nossos sonhos –, mas que, não obstante, nada perde de sua transcendência. Como provavelmente não podemos saber os limites de algo que desconhecemos, segue--se que não temos condições de delimitar o Si-mesmo... As manifestações empíricas de conteúdos inconscientes trazem em si todas as marcas de algo ilimitável, algo que não se acha determinado pelo espaço e pelo tempo. Essa qualidade é numinosa e, portanto, alarmante, acima de tudo para uma mente cautelosa que sabe o valor de conceitos limitados de maneira precisa...

Tudo que se pode garantir no momento acerca do simbolismo [do Si-mesmo] é: ele retrata um fato psíquico autônomo, caracterizado por uma fenomenologia que sempre se repete por si mesma e que é a mesma em toda parte. O Si-mesmo se assemelha a uma espécie de núcleo atômico de cuja estrutura interna, e de cujo significado último, nada sabemos.[9]

A atitude do analista com relação ao Si-mesmo e às suas manifestações simbólicas, especialmente de sua qualidade numinosa, determina em larga medida o modo pelo qual o analisando se relaciona com o Si-mesmo. A consciência do analista com relação aos fatores e processos arquetípicos pode levá-los *a se sentirem vistos* na mente do paciente. Como Jung enfatizou com frequência, há consciência no inconsciente.[10] Os complexos, em sua maioria, exibem uma "qualidade do ego", um potencial consciente. O inconsciente "vê" o que fazemos, com frequência de maneira muito mais precisa do que veem nossos egos conscientes, que se acham sobrecarregados por um grau considerável de inconsciência. Eis a razão pela qual os sonhos podem ilustrar a interação analítica de uma forma desconhecida da consciência do ego, tanto do paciente como do analista.

Os conteúdos psíquicos, tais como o Si-mesmo, reagem, e se aproximam da consciência, se forem vistos, se o terapeuta tiver capacidade de vê-los no material dos sonhos e da fantasia, mas especialmente se ele puder vê-los de forma imaginária no aqui e agora da sessão analítica. (No capítulo 3, há mais elementos a respeito desse tipo de visão.) Os conteúdos inconscientes respondem, em grande parte, como uma criança ainda mergulhada no inconsciente, que tem uma atilada percepção que lhe diz se está sendo vista tal como é, ou se está sendo ignorada, ou pior, se é o objeto de uma fantasia parental que pouco tem a ver consigo mesma.

O analista que não vê o material arquetípico não o constelará e, com efeito, contribuirá para a sua retirada do consciente. Em lugar de auxiliar a superar a resistência ao numinoso, o analista se tornará, sem se dar conta, conivente com ela. Os numes psíquicos são, de modo geral, a última coisa que o ego deseja encarar, pois sua autonomia, sua espontaneidade e sua energia são estranhas ao mundo do ego e às suas atitudes. O analista que não as observa talvez possa ser um auxiliar de um paciente "fronteiriço", que pode estar tomado pelo inconsciente e que, por essa razão, estará melhor se não lidar com ele. Essa situação decerto existe, mas é menos comum do que se pensava anteriormente; já não precisamos ser tão cautelosos com a "psicose latente", em especial quando lidamos com o caráter narcisista, cuja coesão psíquica possibilita, potencialmente, a transformação por meio do reino arquetípico, em lugar de ser inundado por ele.

É possível inibir um processo arquetípico de diferentes formas. Não é necessário prescrever torazine; o processo pode ser destruído e banido para o inconsciente, e ter sua energia drenada, com a mesma facilidade, mediante a simples atitude de ignorar sua existência ou por meio de interpretações redutivas. O material clínico de A., no capítulo 1, ilustrará de que forma uma manifestação bastante súbita e radical de material arquetípico poderia ter sido destruída por uma interpretação redutiva; no caso em questão, reduzindo-se o problema à culpa. Apenas os níveis mais transcendentes do numinoso são capazes de suportar o reducionismo e a não reflexão. Outros precisam de cultivo e de cuidado, para evitar que sua fonte curativa central de energia se perca.

A abordagem da psicologia analítica, ao contrário do que por vezes se supõe, erroneamente, não depende da passagem do paciente por uma "experiência arquetípica". Qualquer coisa que se assemelhe a um contato direto com energias arquetípicas não é uma ocorrência comum, esse contato existe, mas não é essa espécie de confronto que distingue a abordagem junguiana de uma abordagem psicanalítica.

A diferença mais geral entre as duas abordagens, que se fundamenta em suas concepções muito distintas de inconsciente e, especialmente, na atitude que revelam diante do arquétipo, é uma diferença de ordem mais sutil, referindo-se às formas pelas quais o material do paciente é refletido. Lembro-me da preocupação de Winnicott, de que

> há um núcleo da personalidade que corresponde ao verdadeiro si-mesmo da personalidade dividida; sugiro que esse núcleo jamais possa comunicar-se com o mundo dos objetos percebidos e que o indivíduo sabe que ele jamais deve comunicar-se com a realidade externa ou ser por ela influenciado... Embora as pessoas saudáveis se comuniquem

e gostem de comunicar-se, o oposto é igualmente verdadeiro: *todo indivíduo é um isolado, permanentemente não comunicante, permanentemente desconhecido, na verdade, não descoberto.*
[...] Eu diria que as experiências traumáticas que levam à organização de defesas primitivas têm relação com a ameaça ao núcleo isolado, à ameaça de se ser descoberto, alterado, alvo de comunicação. A defesa consiste em esconder ainda mais o si-mesmo secreto, chegando até ao extremo de projetar e disseminar de forma interminável esse si-mesmo. O estupro e o ser devorado por canibais são simples bagatelas, se comparados à violação do núcleo do si-mesmo, à alteração dos elementos centrais deste, mediante a infiltração da comunicação nas defesas.[11]

Winnicott preocupa-se, em especial, com o perigo das interpretações, uma precaução de grande valor. Em consequência, reconhece a importância do *silêncio* e a necessidade de aceitar a não comunicação do paciente como algo potencialmente positivo. Mas a valorização dessa atitude, distinta do afastamento – a distinção que ele reconhece que devemos tentar fazer – depende da capacidade do analista no sentido de ficar em silêncio de uma forma muito especial. Essa atitude requer respeito pelo mistério do espírito do paciente e uma percepção particular do momento em que esse espírito não está sendo revelado.

Há sempre um domínio do Si-mesmo que jamais se comunicará com os objetos externos, da mesma forma como há experiências do Si-mesmo (especialmente em sua natureza transcendente) que o ego jamais recupera na existência espaço-temporal. A realidade do Si-mesmo não requer que ele seja encarnado, mas a tendência no sentido de tornar-se encarnado encontra-se em andamento. Trata-se de um processo interminável, sempre incompleto e numa contínua pressão para alcançar sua complementação. Como disse Jung, o Si-mesmo deseja "viver sua experiência na vida".[12] Esse é seu impulso ímpar.

A consciência arquetípica é essencial, precisamente, para distinguir entre a natureza retraída do Si-mesmo e seu necessário silêncio e não comunicação. A apreciação e a capacidade do analista em termos de uma *visualização* imaginária no campo de energia do Si-mesmo, quase sempre dominada pelo gozo, é um fator vital dessa capacidade do Si-mesmo no sentido de existir e de afetar o paciente, em lugar de ser dividido e violentado.

4. O SI-MESMO IMANENTE E TRANSCENDENTE

Podemos agora voltar à crítica da identidade, feita por Cox, e à outra questão crucial que a sua crítica levanta: a diferença entre a assim chamada imanência e a transcendência. Aqui há uma diferença entre a concepção de Jung do Si-mesmo e aquela que Cox critica. Um aspecto da concepção junguiana considera que o desvelamento, ou de-integração [*deintegration*], dos conteúdos do Si-mesmo na direção da vida temporal e do ego leva o Si-mesmo a ser experimentado como um conteúdo do ego. Isto é, o ego toma consciência do fato de sua existência ser parte de algo maior do que ele; essa consciência requer uma capacidade de reconhecimento da realidade simbólica.

A existência do Si-mesmo, nesse sentido, depende da consciência do ego: o Si-mesmo é sentido como algo "interno", muito embora também seja sentido como algo maior do que o ego. Essa qualidade paradoxal do Si-mesmo é expressa pela metáfora bíblica, encontrada inicialmente no Livro de Daniel (7:13), em que o Messias é chamado Filho do Homem.

A concepção freudiano-psicanalítica do si-mesmo costuma ser dessa natureza; ela o vê como um conteúdo do ego, que depende da consciência do ego para existir. Embora naturalmente reconheça esse aspecto – já que é um elemento crucial da experiência da identidade –, Jung também reconhece outra experiência do Si-mesmo, que, na metáfora bíblica, é a experiência do Pai, o protótipo do homem. Tal como o Si-mesmo experimentado como conteúdo do ego, o Si-mesmo como Pai é um conteúdo arquetípico, mas é experimentado como algo "externo ao ego". Mas – e esse é o ponto em que Jung de certa forma se afasta da visão bíblica formulada por Cox – o Si-mesmo é sentido como exterior ao ego de duas formas: 1) como um centro em torno do qual o ego gira ou com base no qual se orienta, um núcleo de sabedoria e energia muito maior que o núcleo do ego;

e 2) como algo transcendente, no sentido de uma coisa além da psique, não apenas exterior ao ego, mas também além de uma existência sentida de alguma forma como interna – quer como conteúdo do ego ou como centro em torno do qual o ego existe.

Em sua forma mais clara e abarcadora, o nível transcendente é experimentado na união mística, a *unio mystica*. Como *resultado* dessa experiência do Si-mesmo, há uma consequente formação, uma encarnação, na psique, de um centro, tal como se lhe fez referência no primeiro exemplo do Si-mesmo como Pai. Além disso, esse centro também tende, no plano da temporalidade, a se encarnar e a tornar-se um conteúdo do ego: o Si-mesmo como Filho. Mas, ao longo de todo esse processo, o nível transcendente original jamais é sentido como algo "interno". Ele é sentido não apenas como externo ao ego, mas também como externo à psique.

Por conseguinte, há *três dimensões do Si-mesmo* que devem ser reconhecidas: 1) o Si-mesmo como conteúdo do ego; 2) o Si-mesmo como um foco e um centro externos ao ego; 3) o Si-mesmo como um campo de energia além do ego e da psique, experimentado como algo externo aos dois. Como 1) e 2), o Si-mesmo é, na linguagem religiosa, imanente; é o Si-mesmo como Cristo ou como o Messias Ben-Joseph, na Cabala. Em 3), o Si-mesmo é transcendente; é o Yahweh do Antigo Testamento, o Brahma oriental, a Luz Transcendente etc.

Essas duas categorias exibem uma substancial semelhança; isso significa que a experiência da transcendência leva, por seu turno, à consciência de um Si-mesmo imanente "no interior" da psique, que é sentido como a mesma energia, embora de menor magnitude. Essa é a base ontológica da noção teológica de *homoousia*, a identidade entre o Si-mesmo imanente e transcendente. Jung se refere a essa doutrina ao tornar empiricamente equivalentes o Si-mesmo e uma imagem de Deus, semelhante à noção indiana de que Atman e Brahman são Um.[13] É isso que Jung quer dizer quando fala de "a realidade da psique" – tudo o que nos é dado conhecer são as imagens psíquicas dos arquétipos e não os próprios arquétipos. Ao fazê-lo, ele tende efetivamente a obscurecer a distinção entre o Si-mesmo imanente e o Si-mesmo transcendente. Ele não nega essa distinção, mas pretende concentrar-se na identidade e não na diferença.

E, no entanto, é preciso manter uma distinção. Isso porque, com efeito, não experimentamos o Si-mesmo transcendente como imagem. As várias metáforas da Eternidade e da Luz não são imagens psíquicas, no sentido de algo sonhado ou imaginado. Trata-se, na verdade, da frágil maneira de que o ego dispõe para fornecer imagens de algo que se encontra além da imaginação, sempre sabendo que a própria imagem não passa de aproximação, mesmo se trouxer consigo um sentido simbólico que auxilie a memória e que obtenha, com o tempo, sua própria numinosidade e seu próprio valor simbólico. É sempre uma aproximação do inapreensível, e, não obstante, é gerada por um momento de graça.

5. CONCEPÇÕES JUNGUIANA E PSICANALÍTICA DO SI-MESMO

Como já se observou, em geral o Si-mesmo, no pensamento psicanalítico, é considerado como um conteúdo do ego. Sua principal função sempre é orientada para o ego. Assim, diz Edith Jacobson: "Chamamos de conceito realista do si-mesmo um conceito que reflete apenas ou principalmente o estado das características do nosso ego; dos nossos sentimentos e pensamentos, desejos e impulsos, atitudes e ações pré-conscientes e conscientes."[14]

Aqui, a natureza "realista" do si-mesmo é enfatizada, em oposição a uma qualidade inflada ou, em outros termos, grandiosa-exibicionista, plena de atitudes completamente irrealistas, inadequada como um espelho para o nosso ego. Mas a tendência de orientação para o ego é clara: não há um sentimento do Si--mesmo como um centro orientador interno cujas energias podem manifestar-se simbolicamente. Isso seria "pensamento de processo primário".

O pensamento psicanalítico em geral segue os moldes da "caça da identidade", criticada por Cox. A premissa subjacente é de que o si-mesmo é construído por meio do processo no qual suas estruturas são, de início, fundidas com o ambiente e, em seguida, reassimiladas pelo ego. Consequentemente, o si-mesmo está sempre por ser "descoberto" – e sempre nas relações interpessoais. O si-mesmo sempre existe, na frase de Jacobson, para refletir o ego.

A noção junguiana, segundo a qual o *ego também deve refletir o Si-mesmo*, tem pouco sentido no pensamento psicanalítico porque a introversão ainda não se distingue, salvo no trabalho de alguns analistas como Winnicott, da retração esquizoide. Winnicott não chega ao ponto de reconhecer a existência de processos arquetípicos, mas decerto percebe o fato de que a comunicação silenciosa com os estados subjetivos é essencial para a saúde do si-mesmo.[15]

Quando tratamos do problema referente ao modo pelo qual um sentimento de identidade vem a existir, atingimos as fronteiras da nossa compreensão a respeito da natureza da psique. Na realidade, aquilo que chamamos identidade é um nome para um processo fluido que depende tanto do modelo introjetivo encontrado no pensamento psicanalítico como de outro modelo, a dinâmica *acausal*. Esta última é a base do mistério que cerca a ideia de identidade.

Trata-se do processo por meio do qual a realidade arquetípica encontra uma encarnação no tempo histórico, processo que foi descrito por Jung em seus estudos a respeito da sincronicidade e das conexões acausais.[16] A identidade não pode ser plenamente explicada a partir de uma concepção causal, tal como um processo de projeção e introjeção, ou a partir de uma concepção que tenha como fundamento tão somente o desenvolvimento da

Desenho de um analisando representando o intercâmbio dinâmico de energia entre o sol e seu reflexo. ("O modo pelo qual o ego vê o Si-mesmo guarda estreita relação com a forma como o Si-mesmo reflete o ego.")

primeira infância. Cabe reconhecer que há um aspecto causal, mas a maioria dos autores psicanalíticos atribui a esse aspecto uma importância excessiva.

O modo pelo qual o ego vê o Si-mesmo guarda estreita relação com a forma como o Si-mesmo reflete o ego.[17] Quando olha para o espelho do Si-mesmo, o ego vê algo "irrealista", pois vê sua imagem arquetípica, que jamais lhe pode ser ajustada. Do ponto de vista psicanalítico, isso sempre seria uma forma de grandeza-exibicionismo. Mas há uma enorme diferença entre uma imagem do Si-mesmo, de tonalidade arquetípica, e o si-mesmo

grandioso-exibicionista que domina o caráter narcisista. Esse si-
-mesmo é um amálgama que reúne funções do ego e a dinâmica
arquetípica; ele corresponderia àquilo a que se dá o nome de
coniunctio prematura, uma monstruosidade. Esse si-mesmo exibe
uma forte qualidade defensiva e *não* traz consigo a numinosidade
do Si-mesmo, em termos junguianos. O caráter narcisista também não traz consigo a energia numinosa do arquétipo; ele traz,
em lugar disso, uma cópia malfeita, orientada para o poder. A
falta de autenticidade daquilo que ele tem para oferecer é percebida, em geral, devido à ausência de força duradoura nele, em
razão de seu efeito marginal no tempo. De fato, o caráter narcisista está numa atitude defensiva com relação à numinosidade do
Si-mesmo, pois o poder dessa numinosidade é muito superior ao
seu e poderia derrotar com facilidade seu si-mesmo grandioso.
É essencial compreender que o caráter narcisista está na defensiva, não apenas com relação às relações externas com o objeto,
mas igualmente com relação ao mundo interno da realidade
arquetípica. Esses dois planos são para ele uma grande ameaça.
O caráter narcisista teme o Si-mesmo, pois o Si-mesmo sempre
é uma derrota para o ego, especialmente quando há uma fusão
grandiosa entre o ego e o Si-mesmo.

Devemos, portanto, distinguir entre o conceito psicanalítico de
si-mesmo inflado grandioso-exibicionista, e o Si-mesmo como imagem do "ser humano maior" que tenta ser realizado, que sempre
impulsiona o ego para além de sua realidade conhecida. Em oposição ao si-mesmo grandioso-exibicionista, o Si-mesmo conduz o ego

de uma maneira capaz de levar à descoberta do sentido e à sensação de viver o próprio destino, em lugar de levar às contínuas ilusões e ao inevitável beco sem saída do poder pelo poder.

O sentimento de identidade que o ego obtém pela ação de olhar o espelho do Si-mesmo é vasto, sempre além da sua vida na realidade do espaço e do tempo. Mas, quando se olha o Si-mesmo, refletindo-se tal como ele é, o Si-mesmo também se transforma. Nesse processo, discutido mais amplamente no capítulo 2, o Si-mesmo torna-se o espelho do ego, refletindo uma identidade estável e, não obstante, mutável, enquanto o ego se transforma numa fonte de consciência e de transformação para o Si-mesmo. Precisamente nessa mistura de realidade temporal e transcendência, a identidade vive e se transforma continuamente. O processo de projeção e introjeção, que depende dos objetos externos, é essencial para o fortalecimento do ego e para a sua separação do Si-mesmo, momento a partir do qual o Si-mesmo pode desenvolver-se sob a forma do verdadeiro outro. Mas a experiência desse outro interno e o seu papel na criação contínua da identidade jamais podem ser reduzidos a uma teoria de relações com o objeto.

6. O SI-MESMO NUCLEAR DE KOHUT

Heinz Kohut é o autor psicanalítico mais difícil de se comparar com a psicologia analítica. De um lado, boa parte do que ele diz soa sobremaneira semelhante à concepção junguiana do Si-mesmo e da identidade. Por outro lado, sua concepção se afasta mais de Jung do que a da maioria dos seus colegas. Isso ocorre especialmente quando se trata da questão das emoções negativas, do "lado sombra" do Si-mesmo. Todavia, o trabalho de Kohut a respeito do processo da transferência/contratransferência é clinicamente valioso, em especial no tocante ao que denomino primeiro estágio da transformação.

Vimos a ênfase de Jung na incompreensibilidade do Si-mesmo, no mistério transcendente e essencial deste. Assim sendo, quando Kohut utiliza uma linguagem semelhante, pode parecer que encontramos alguém que segue um caminho análogo. Afirma Kohut:

> Minhas pesquisas contêm centenas de páginas que tratam da psicologia do si-mesmo – e, no entanto, elas jamais atribuem um significado inflexível ao termo si-mesmo, jamais explicam de que forma a essência do si-mesmo deveria ser definida. Mas eu admito esse fato sem arrependimento ou vergonha. O si-mesmo é... incompreensível em sua essência.[18]

Surpreendi-me com esse desvio do pensamento psicanalítico comum, tal como ocorreu com Mario Jacoby, que chama a atenção para o mesmo ponto em sua lúcida descrição das teorias de Kohut e de sua relação com o pensamento junguiano.[19] Mas, embora compartilhe da apreciação que Jacoby faz de Kohut, vejo também uma diferença fundamental entre as abordagens de Kohut e Jung.

O conceito de si-mesmo de Kohut certamente difere do de seus colegas freudianos, considerando-se que ele reconhece sua natureza de centro localizado fora do ego, assim como de conteúdo do ego. Mas suas referências à "incompreensibilidade" e à qualidade "cósmica" do Si-mesmo não passam de metáforas que nada significam.[20] Essas referências não se fundamentam na importância central do domínio arquetípico. Sem essa dimensão da psique e da existência do *numinosum*, que diferença faz se o Si-mesmo é ou não cósmico?

Minha apreciação positiva de Kohut se refere à diferenciação clínica do processo de transferência/contratransferência estabelecida por ele; sua visão estrutural da psique e do Si-mesmo é bem diferente da concepção de Jung. Essas diferenças são importantes para a forma pela qual concebemos a transformação do caráter narcisista.

Para Kohut, o caráter narcisista seria uma pessoa que vive o si-mesmo, mas de forma marginal. Graças à fragmentação das imagens do si-mesmo, sob o impacto de uma empatia fraca dos "auto-objetos" (consulte o capítulo 1), a personalidade narcisista sempre se encontra vulnerável ao enfraquecimento, a ser dominada, por exemplo, por depressões e por uma perda de interesse pelo trabalho e pelos relacionamentos. Mas, para Kohut, um "si-mesmo nuclear" básico ainda se acha tentando encontrar expressão.[21]

O si-mesmo nuclear a que Kohut se refere se diferencia do conceito junguiano de Si-mesmo sob várias formas essenciais:

1) O si-mesmo nuclear de Kohut é, em termos junguianos, uma versão personalista de um padrão arquetípico. Esse padrão é o arquétipo do *puer-senex*.[22]

2) O si-mesmo nuclear de Kohut exibe uma forte qualidade defensiva. Nesse aspecto, ele é, na verdade, uma defesa contra o Si-mesmo,[23] e protege um padrão arquetípico dividido que traz consigo, primariamente, o aspecto feminino do Si-mesmo.

3) Para Kohut, o si-mesmo é estruturado sob dois opostos: um deles se encontra voltado para a transformação do exibicionismo arcaico; o outro, para a idealização. Em termos junguianos, essa é apenas uma dentre muitas polaridades. Ela exibe afinidades com o desenvolvimento do eixo ego-Si-mesmo discutido por Edinger,[24] mas deixa de fora não só o papel central do arquétipo nesse processo, mas também o papel do aspecto contrassexual e, em especial, feminino, da psique.

4) O si-mesmo kohutiano é, em larga medida, positivo; as emoções negativas, tais como o ódio, a inveja, a raiva e assim por diante, são "produtos da desintegração", da empatia fraca. (Ao discutir Kohut, no capítulo 1, teremos a oportunidade de citar a crítica de Searles;[25] nela, encontraremos uma concepção do lado negativo e

sombrio do Si-mesmo muito mais alinhada com a concepção junguiana.) Para Jung, o Si-mesmo é, a um só tempo, bom e mau, ordenador e desestruturador, uma criatura de eros e do poder, um nexo de processos instintivos e "impulsionadores" e, ao mesmo tempo, de processos espirituais.[26]

Algumas observações em torno deste último ponto podem lançar alguma luz sobre a razão pela qual alguns junguianos gravitam na direção de Kohut. Sua abordagem apresenta semelhanças com a atitude sintética ou determinada de Jung, que se distingue da atitude redutiva. Isso já é em si uma grande transformação, que o distingue da maioria dos autores psicanalíticos. Afora isso, a partir da experiência com o processo de individuação do *puer aeternus* (um homem adulto que permanece tempo demais na psicologia adolescente), os junguianos estão cônscios de que as emoções negativas (questões chamadas problemas da sombra) são a última coisa que o *puer* assimila. Seu processo (assim como o processo da *puella*, sua contraparte feminina) é o inverso da concepção clássica da individuação: ele se desenvolve, por assim dizer, de cima para baixo, da condição de estar voltado para o espírito à condição de estar voltado para as questões instintivas e relacionadas com a sombra.

A atitude com relação às emoções negativas, mantida por Kohut, se assemelha à atitude de *privatio boni* [ausência, ou privação, do bem] com relação ao mal, contra a qual Jung lutou com muita determinação.[27] O mal, na concepção de Jung, não é ausência do bem, da mesma forma que a escuridão não é ausência de luz. A teoria kohutiana propõe que as emoções negativas existem como resultado da ausência de empatia suficiente. Embora seja frontalmente oposta à ideia junguiana do homem e do Si-mesmo, essa concepção, tal como a atitude de Jung com relação ao *puer*, é uma tática necessária, que favorece a transformação. Isso não significa que o Si-mesmo seja assim; significa, antes, que seu aspecto sombrio inerente deve ser evitado por razões táticas. O *puer*, assim como o caráter narcisista, não consegue lidar com essas emoções; elas se afiguram por demais ameaçadoras para um sentido de identidade já frágil.

Mas a desordem do caráter narcisista não é idêntica aos problemas do *puer*; estes são apenas um estágio de sua transformação. Quando se passa por esse estágio, surgem outras questões para as quais a concepção kohutiana do Si-mesmo é inadequada. Tudo que ela poderá fazer é manter o paciente fixado em transferências e, em especial, na transferência idealística. Embora seja uma boa abordagem, que os junguianos compreendem de imediato – os freudianos frequentemente reconhecem com menos facilidade o valor que ela exibe –, a atitude de *privatio boni* com relação às emoções negativas, implícita na teoria kohutiana, é unilateral e prejudicial à transformação profunda.

7. DOIS ESTÁGIOS DE TRANSFORMAÇÃO

Em benefício da clareza, estabeleci dois estágios distintos da transformação do caráter narcisista. Trata-se de uma útil abstração, muito embora esses estágios, na prática, estejam interligados; verifica-se, em especial, o encontro de questões pertinentes ao primeiro estágio no segundo estágio (o inverso não é tão comum).

Depois da dissolução das transferências narcisistas características do primeiro estágio – isto é, depois da ocorrência de um grau suficiente de transformação –, surge uma questão mais profunda. O quadro clínico apresenta algo semelhante a uma forma esquizoide, um "programa poder-oposição", tal como descrito por Guntrip (consulte o capítulo 5). *Não* se trata de uma defesa contra uma transferência idealística, como poderia ter ocorrido em estágios anteriores. Trata-se antes de uma indicação do aparecimento da *fenomenologia do Si-mesmo*. O Si-mesmo, em oposição ao si-mesmo grandioso-exibicionista que domina inicialmente o quadro clínico, é de fato a fonte das energias arquetípicas. Sua existência pode facilmente passar despercebida, graças a uma falta de apreciação da dimensão arquetípica, assim como à fortíssima propensão do paciente no sentido de evitar a questão. Pois o Si-mesmo que aparece nesse ponto é dotado de sua própria vontade autônoma, que ameaça levar a pessoa a profundezas que ele ou ela preferiria evitar. Essas profundezas e esses mistérios estão associados com o feminino arquetípico. Mesmo uma pessoa bem-sucedida no sentido de estabelecer um relacionamento *puer-senex* interno positivo exibe a tendência de resistir a essa mudança.

Minhas considerações a respeito do primeiro estágio da transformação segue grande parte daquilo que Kohut descreve. Há importantes diferenças que mais tarde se tornarão claras, mas sua ênfase na formação e transformação de transferências narcisistas é crucial no estágio em questão. Trata-se do estágio descrito pelo mito de Narciso de acordo com Ovídio. O segundo estágio diz respeito à redenção do Si-mesmo, recaindo sua ênfase sobre os aspectos femininos deste. Trata-se do mistério a que se faz alusão no mito de Narciso de acordo com Pausânias e com o Hino Homérico a Deméter.

A mitologia de Narciso de acordo com Ovídio será tratada no capítulo 2, estando as descrições clínicas pertinentes no capítulo 1. A versão de Pausânias e do Hino Homérico a Deméter, que pode ser encarada como uma reconstrução do mito de Narciso, nos ocupará, por conseguinte, nos capítulos posteriores a estes.

O primeiro estágio da transformação, o estágio ovidiano para cuja compreensão Kohut, a meu ver, muito contribuiu, resulta, em larga medida, numa transformação no reino masculino do *fazer*: a partir de uma ordem masculina não reflexiva e compulsiva, dominada pela fenomenologia negativa do *puer* ou do *senex*, surge uma capacidade positiva para o trabalho, o amor e a criatividade. Há também alguma mudança no componente feminino, com o aperfeiçoamento da capacidade de *ser*, assim como da capacidade de ter empatia.

No segundo estágio, a ênfase recai sobre a transformação do feminino. Do ponto de vista arquetípico, essa transformação pode ser associada ao rapto e à redenção de Perséfone. A transformação do masculino também prossegue e se reveste de um amplo valor, mas não está na mesma ordem de importância. (A transformação do masculino tem sua correspondência arquetípica na figura de Triptólemo, no Hino Homérico e nos Mistérios Eleusinos.)

8. O NARCISISMO E O TEMOR AO SI-MESMO

Está claro que noções como "temor ao Si-mesmo" ou "rejeição ao Si-mesmo" têm pouco sentido num contexto psicanalítico. Na melhor das hipóteses, esse temor é encarado como o medo de permitir a formação das transferências narcisistas, para evitar que a antiga ferida se reabra. Mas isso difere em grande parte do temor à "vontade do Si-mesmo", vontade cuja numinosidade excede em muito o conteúdo de energia do ego. Nos termos da abordagem junguiana da psique, todavia, seria a rejeição ao Si--mesmo, a incapacidade de viver o verdadeiro padrão pessoal, a causa do que chamamos de desordem do caráter narcisista. Isso é mais claramente formulado nos seminários de Jung a respeito de *Assim Falou Zaratustra*, de Nietzsche.

Ao considerar a pergunta de Nietzsche – "Dizei-me, meus irmãos: o que consideramos mau, e pior que tudo? Não é a degenerescência? – E sempre suspeitamos a presença da degenerescência onde falta a alma dadivosa" –, Jung observa que degenerescência, na época de Nietzsche, significava desvio do desenvolvimento pessoal com relação ao padrão original a que se está vinculado; quem se desvia desse *genus* sofre de degenerescência.

Nietzsche se refere a um desvio do padrão que está no homem, e esse padrão, diz-nos Jung, é o Si-mesmo, o padrão, condição ou forma individual que pode ser consumado de acordo com seu significado individual.

> Se você consuma o padrão que lhe é peculiar, você amou a si mesmo, você acumulou, você tem abundância; você distribui virtude, portanto, porque tem brilho, porque você irradia, e porque algo transborda da sua abundância. Mas, se você odeia a si mesmo, não aceitou seu padrão e então há animais famintos, felinos, à espreita, e outras feras em sua constituição, que se mantêm ao seu redor, como moscas, para satisfazer os apetites que você não conseguiu satisfazer. Por conseguinte, Nietzsche diz às pessoas que não consumaram seu padrão individual que a alma dadivosa está ausente. Não há irradiação, não há calor real; há fome e roubos secretos. [Citando Nietzsche]: "Para o alto segue o nosso caminho, subindo da espécie para a

superespécie. Mas horroriza-nos a mente degenerada que diz: 'Tudo para mim'".

Vocês percebem que a mente degenerada que diz "tudo para mim" é o destino não consumado, alguém que não viveu sua própria vida, que não deu a si mesmo o que precisava, que não se esforçou para consumar aquele padrão que lhe foi dado quando nasceu. Como essa coisa é o *genus* da pessoa, cumpre consumá-la e, quando isso não acontece, surge a fome que diz "tudo para mim".[28]

Eis a fenomenologia da desordem do caráter narcisista: o auto-ódio, a fome, o roubo secreto e a falta de calor dadivoso que Jung descreve são precisamente as ações da inveja profundamente arraigada que rege a vida interna do caráter narcisista. Mas Jung também observa algo que se reveste de uma importância clínica essencial e que discutiremos no capítulo 1: esse estado de inveja é resultado da rejeição ao Si-mesmo. Uma psicologia que reconheça o poder arquetípico do Si-mesmo também pode considerar a existência e os devastadores efeitos da inveja, sem encará-la simplesmente como um conceito demasiado negativo, e, por consequência, de pouca utilidade. A inveja domina o mundo do caráter narcisista, mas o Si-mesmo oferece uma ordem e uma realidade mais amplas, que constituem uma saída.

Em seu comentário de *Assim Falou Zaratustra*, Jung lida com o Si-mesmo sob formas bem distintas das descrições encontradas em suas *Obras Completas*. A ênfase de Nietzsche recaía sobre a *encarnação* do Si-mesmo; consequentemente, encontramos naqueles seminários muita coisa a respeito do corpo que se reveste de um caráter bastante esclarecedor e bastante útil na consideração do segundo estágio da transformação (consulte o capítulo 3).

Jung, no trecho acima citado, toca num aspecto da desordem de caráter narcisista que não encontramos no pensamento psicanalítico. Ali, ela é sempre o resultado de conflitos infantis--desenvolvimentais (consulte o capítulo 1). Mas a estruturação narcisista pode ocorrer em qualquer fase do desenvolvimento. Da mesma forma como pode ser afastado, na infância, porque o ambiente é por demais negativo para que consiga encarnar-se, o Si-mesmo também pode ser negado em estágios posteriores da vida. E essa negação do Si-mesmo pode contribuir quase tanto quanto suas origens infantis para a formação da desordem de caráter narcisista.

9. O NARCISISMO COMO CONCEITO NA PSICOLOGIA JUNGUIANA

Por muitos anos, os junguianos vêm se familiarizando com a questão do sentido e da existência ou ausência do poder orientador do Si-mesmo, que é o único capaz de dar à pessoa um sentido de direção e, em última análise, uma percepção da identidade pessoal. Pode parecer que essa seja a questão principal da psicologia junguiana. Não seria o quadro clínico da desordem narcisista de caráter coberto por conceitos junguianos bem-estabelecidos, tais como o fracasso de viver a realidade do Si-mesmo e os padrões associados da possessão pela *anima* ou pelo *animus*?

Ao contrário da concepção costumeira, segundo a qual Narciso tem pouco a ver com a noção clínica de narcisismo, demonstrarei, no capítulo 2, que esse não é absolutamente o caso. O padrão de comportamento cuja imagem é Narciso é o mesmo padrão que determina o desenvolvimento do caráter narcisista. Assim, seria possível analisar simplesmente o mito e evitar a desagradável questão das classificações e diagnósticos. Prefiro não fazê-lo, pois o principal aspecto do quadro clínico do caráter narcisista *não* é coberto por determinados complexos ou padrões arquetípicos. O quadro clínico, em especial nos estágios iniciais da transformação, é dominado pela natureza específica do processo de transferência/contratransferência. Portanto, o fracasso na manutenção de um relacionamento com o caráter narcisista, mediante uma compreensão desse processo e, em particular, da natureza objetiva da contratransferência, frequentemente resulta num fracasso no sentido de constelar um processo de cura. Ou, o que é pior, corremos o risco de levar o paciente a ficar escravizado em suas idealizações, em benefício da alimentação das próprias necessidades narcisistas do analista.

Por conseguinte, não tem sentido definir essas desordens existenciais em termos do seu conteúdo, seja esse conteúdo formado por complexos da sombra, dos dominantes contrassexuais *anima/animus* ou do Si-mesmo, mesmo que sejamos muito cuidadosos na especificação da natureza particular de, por exemplo, "a possessão anima/animus". Os mesmos fenômenos associados a complexos que são encontrados nas desordens do caráter narcisista também estão presentes nos estados esquizoides ou fronteiriços; não obstante, os processos de transferência/contratransferência podem diferir fortemente entre si, de uma categoria para a outra. Portanto, a forma de aproximação do paciente torna-se confusa, e não esclarecida, pela referência a complexos.

Se não conseguirmos captar a natureza específica do problema da transferência/contratransferência, isto é, se não compreendermos seu significado objetivo e se não nos relacionarmos com o paciente a partir dessa compreensão, o trabalho analítico muito provavelmente passará a ter como base o modelo dialético que Jung propôs como uma das imagens da relação analítica.[29] Esse encontro entre dois indivíduos que dão expressão ao inconsciente é geralmente conveniente quando os indivíduos que interagem são capazes de manter algo semelhante a uma participação de igual para igual. Mas, nas desordens do caráter narcisista, esse não é precisamente o caso, uma situação frequentemente obscurecida pela aparente autoridade do paciente.

Há uma dificuldade adicional, de caráter mais sutil. Se o analista tiver uma boa relação com o Si-mesmo como centro orientador interior, se ele estiver suficientemente aberto para ouvir sua própria sabedoria inconsciente a respeito de *quando* interpretar e de *quando* ficar impassível, então a terapia quase sempre se desenrolará como se o analista operasse por meio de uma atitude consciente com relação ao modo específico de transferência em questão. Nesse caso, as desordens do caráter narcisista se afigurarão sob medida para, por assim dizer, "trabalhar a partir do Si-mesmo" e para desconsiderar a reflexão muito consciente a respeito da natureza do processo da transferência/contratransferência. Quando funciona, isso é ótimo, mas essa abordagem é frequentemente cega, pois tende a ser guiada pela capacidade de ordenação do Si-mesmo e é orientada, por conseguinte, para a ordem, podendo subvalorizar determinados efeitos desordenadores, tais como a inveja e a raiva. Ela falha facilmente em compreender esses elementos tão importantes da desordem de caráter narcisista, conteúdos que considero catalisadores do processo de transformação. Ademais, quando a vinculação entre o analista e o Si-mesmo é perturbada pela interferência de emoções difíceis como a inveja, o método dialético de falar a partir do Si-mesmo frequentemente degenera em sua caricatura, uma necessidade de ser onipotente.

As transferências que dominam a desordem do caráter narcisista não costumam ser, no meu modo de ver, ordenadamente arranjadas nas formas puras da idealização e da transferência especular propostas por Kohut (consulte o capítulo 1). Apenas quando a transferência aparece sob formas bem puras, assume o método de trabalhar a partir do Si-mesmo o caráter de um guia relativamente confiável. Quando há uma transferência "mista", e quando é vital analisar a raiva – e, *na verdade, extraí-la do material analítico* quando ela pode ser facilmente ignorada –, a percepção consciente da natureza da desordem narcisista é essencial; nessa circunstância, o trabalhar a partir de um sentido da objetividade do nosso próprio inconsciente e do poder diretivo do Si-mesmo costuma mostrar-se hesitante.

A estrutura do caráter narcisista é encontrada em personalidades que exibem as mais variadas qualidades. Essa estrutura pode ser dominante ou constituir um aspecto em todo padrão psicológico. Ela pode ser o padrão dominante, caso no qual falamos de uma desordem do caráter narcisista. Ela também pode ser um padrão auxiliar, secundário com relação a outro, capaz de ajudar ou destruir o desenvolvimento desse outro padrão. Trata-se de um forte aspecto do padrão conhecido como *puer aeternus* e de sua contraparte, o *senex*. É sempre uma qualidade da personalidade criativa, que se torna particularmente evidente quando a pessoa luta para trazer sua criatividade ao mundo. É também a qualidade dominante da personalidade infantil, que tem um forte complexo materno. Essa relação pode ser estendida, pois a desordem do caráter narcisista não corresponde a nenhum padrão arquetípico singular.

A estrutura do caráter narcisista é um padrão que se configura como um vínculo entre os domínios pessoal e arquetípico. Por conseguinte, é uma estrutura que se faz presente em todo padrão arquetípico que penetre na realidade espaço/tempo, assim como em toda estrutura de personalidade. A desordem do caráter narcisista se configura, *per se*, como um paradigma de uma estruturação geral da psique; estudá-la é valioso não apenas para lidar com personalidades dominadas por essa condição, como também para compreender sua manifestação em várias condições psicológicas.

10. RESUMO

Nesta introdução, tentei estabelecer uma diferenciação entre o ponto de vista junguiano e outras abordagens da identidade e do Si-mesmo. Nos capítulos seguintes, essa diferenciação terá prosseguimento, dessa vez com referência à transformação da estrutura do caráter narcisista.

A mesma gama variada de abordagens existente no âmbito da comunidade psicanalítica freudiana se manifesta no campo da psicologia junguiana. Alguns psicólogos analíticos consideram o relacionamento entre as concepções psicanalítica e junguiana do Si-mesmo muito mais estreito do que eu julgo ser. Outros atribuem um valor muito menor à literatura psicanalítica do que eu. Passei a acreditar, em especial, que o fator relativo ao *numinosum*, mesmo tênue como realidade psíquica, se reveste de uma importância vital em termos da atitude do analista para com as desordens pré-edipianas. Aquilo em que acreditamos e vemos, ou acreditamos que vemos, afeta em larga medida nossos pacientes. Passei a reconhecer, cada vez mais, que os pacientes que parecem não ter absolutamente nenhuma ideia da dimensão arquetípica, aqueles aos olhos dos quais a abordagem junguiana ou arquetípica pareceria desprovida de sentido, terminam por reconhecer, até certo ponto, a energia numinosa do arquétipo. E, quando isso acontece, é frequente que eles "soubessem disso o tempo todo".

Ao longo deste livro assinalo a diferença entre os pontos de vista personalista e arquetípico no tocante ao narcisismo. Ambos esses pontos de vista são necessários. A contribuição psicanalítica para o tratamento da desordem narcisista é valiosa, em sua ênfase na transferência/contratransferência, assim como no inconsciente pessoal formado por objetos introjetados. Mas, como veremos no capítulo 1, o conceito freudiano do narcisismo é, na realidade, uma descrição de estados e processos psíquicos semelhantes ao material que Jung reuniu pela primeira vez, em 1911, em *Psicologia do Inconsciente* (mais tarde intitulado *Símbolos da Transformação*), a obra que provocou o seu rompimento com Freud. Nesse livro, Jung estava voltado para a transformação da energia psíquica, mas, em especial, para a dimensão psíquica de aperfeiçoamento de energia ou de atribuição de valor. Essa dimensão com frequência recebeu dele a denominação de arquétipo do espírito, algo que ele considerou ambivalente e paradoxal ao extremo.

É evidente que Jung descobria, naquele momento (e, mais tarde em seu trabalho com o simbolismo alquímico), de um ponto de vista arquetípico, aquilo que os psicanalistas hoje estudam, de um ponto de vista personalista, sob o termo narcisismo. Para os psicanalistas, o narcisismo é ambivalente e paradoxal ao extremo; além disso, muitos deles enfatizaram que o narcisismo e suas transformações podem dotar de valor conteúdos psíquicos. Ao que parece, aquilo que Freud rejeitou no trabalho de Jung, na época do seu rompimento, está agora penetrando o pensamento psicanalítico pela porta dos fundos, por assim dizer, na questão do narcisismo.

Os psicanalistas e, em especial os da escola das relações com o objeto, trabalham a partir de uma concepção da estrutura psíquica como resultado da introjeção da experiência de interações pessoais e como a possibilidade de transformação de objetos internos formados dessa maneira. Mas, de modo geral, não reconhecem a existência de realidades psíquicas de natureza arquetípica ou o valor da introversão e da imaginação criativa em sua ativação. E, no entanto, há processos de cura nos quais os fatores arquetípicos exercem claramente o papel de elementos dominantes. Esses fatores arquetípicos estão presentes, em potencial, no inconsciente coletivo, a psique objetiva, da mesma forma como é possível conceber os sistemas da natureza como sistemas dotados de formas ativas e formas potenciais.

O preconceito com relação à realidade de uma psique arquetípica, distinta de um mundo interno de objetos introjetados, perpassa toda a literatura psicanalítica. Mesmo Winnicott, em geral tão sensível com relação à realidade da psique e à necessidade de respeitar o segredo do mundo interior do paciente, recua quando discute o misticismo, para a noção de conteúdos introjetados:

Na reflexão a respeito da psicologia do misticismo, é costumeira a concentração na compreensão do afastamento do místico para um mundo interno de sofisticadas introjeções. Talvez não se tenha dado atenção suficiente ao recuo do místico para uma posição na qual lhe seja possível comunicar-se secretamente com objetos e fenômenos de caráter subjetivo, situação na qual a perda de contato com o mundo da realidade compartilhada é contrabalançada por um ganho em termos do sentido de realidade [do sujeito].[30]

Pelo menos ele valoriza, nesse trecho, a introversão e a realidade psíquica – algo incomum, em se tratando de um analista de orientação freudiana. Mas os objetos internos do mundo da experiência mística dificilmente podem ser reduzidos a "sofisticadas introjeções". Na melhor das hipóteses, pode haver auxílios meditativos que são incorporados, mas apenas como um caminho que leva a experiências que sempre são novas, uma descoberta sem par da realidade arquetípica.

Os caracteres narcisistas experimentam uma deficiência nas áreas da introversão e da imaginação em consequência de um campo de introjeções pessoais negativas ao extremo. Como seu ego consciente não espera encontrar nenhum apoio interno e não tem confiança em seus próprios recursos internos, o caráter narcisista evita a introversão e a atividade imaginativa, exceção feita ao tipo de introversão e atividade imaginativa mais passivo, voltado para a realização de desejos. Todavia, quando ativados, os fatores arquetípicos potenciais comportam-se como objetos internos, quase sempre mais poderosos que as introjeções adquiridas pela personalidade. Surge então a possibilidade de redenção da introversão e da imaginação. Uma vez desenvolvidos, esses processos facilitam, por seu turno, a atividade positiva dos processos arquetípicos. Então a energia investida na atividade narcisista, a atitude defensiva e de autoadoração, pode encontrar seu alvo apropriado: a descoberta da individualidade, orientada pelo arquétipo central, o Si-mesmo.

Se o ego não lidar com a dimensão introvertida e não se apropriar da função criativa da imaginação, a cura das desordens narcisistas será incompleta e instável. O domínio interno a que a introversão se dirige é o domínio tradicionalmente denominado espírito. Eis a razão por que o problema narcisista, embora se mostre tão superficial, penetra, na verdade, muito profundamente. Pois as questões levantadas pela desordem do caráter narcisista estão vinculadas ao sofrimento e às camadas profundas do espírito.

Capítulo 1

PRIMEIRO ESTÁGIO DA TRANSFORMAÇÃO: QUESTÕES CLÍNICAS

1. OS PONTOS DE VISTA PSICANALÍTICO E ARQUETÍPICO

A principal dificuldade na apresentação de uma concepção psicanalítica coerente do narcisismo reside no fato de os autores que atuam nessa área frequentemente exibirem opiniões divergentes. Comecemos com as visões contrastantes de Otto Kernberg e de Heinz Kohut com relação ao paciente que exibe uma desordem de caráter narcisista. Para Kernberg,

> Esses pacientes apresentam um grau incomum de autorreferência em suas interações com outras pessoas, assim como uma grande necessidade de serem amados e admirados pelos outros, ao lado

> de uma curiosa contradição aparente entre um conceito sobremaneira inflado a respeito de si mesmos e uma excessiva necessidade de receber tributos dos outros. Sua vida emocional é oca. Eles experimentam pouca empatia para com os sentimentos dos outros, obtêm muito pouco prazer da vida fora do quadro dos tributos que recebem dos outros ou de suas próprias fantasias grandiosas e revelam um sentimento de desassossego e de tédio quando o brilho externo se esvai e nenhuma outra fonte nutre sua autoestima.[31]

Ele dá uma ênfase especial ao papel da inveja, da raiva e do ódio:

> Esses pacientes sentem uma inveja notavelmente intensa de outras pessoas que parecem possuir coisas que eles não possuem ou que simplesmente parecem gostar de sua própria vida... Eles exibem, em especial, uma deficiência no sentido de ter sentimentos genuínos de tristeza e de pesar; a incapacidade de experimentar reações depressivas constitui a falha básica de sua personalidade. Quando abandonados ou frustrados por outras pessoas, podem demonstrar algo que na superfície se assemelha à depressão, mas que se mostra, num exame mais cuidadoso, como raiva e ressentimento, carregados de desejos de vingança, e não uma tristeza real pela perda de uma pessoa a quem apreciavam.[32]

O caráter narcisista, escreve Kernberg, vê os outros como "objetos indistintos":

> As pessoas podem se lhes afigurar, quer como portadoras de algum alimento potencial dentro de si, quer esvaziadas e, por conseguinte, sem valor. Além do mais, esses indistintos objetos externos por vezes lhes parecem, subitamente, investidos de elevados e perigosos poderes... Sua atitude com relação aos outros é ora depreciatória – ele já lhes extraiu tudo de que necessita e os atira fora –, ora temerosa – os outros podem atacá-lo, explorá-lo e forçá-lo a submeter-se a eles. Na base dessa dicotomia reside uma imagem ainda mais profunda da relação com os objetos externos... Trata-se da imagem de um si-mesmo faminto, irado e vazio, tomado de uma raiva impotente por ser frustrado e temeroso de um mundo que parece tão odioso e vingativo quanto o próprio paciente.[33]

A inveja e o ódio do paciente não apenas privam o mundo das relações com os objetos externos da vitalidade de que este é dotado, como fazem padecer o mundo interior:

> As representações internalizadas dos objetos adquirem as características de pessoas indistintas, reais, mas muito sem vida...

Eles precisam desvalorizar tudo aquilo que recebem, a fim de evitar o sentimento da inveja. Essa é a tragédia desses pacientes: precisam muito dos outros, mas são, ao mesmo tempo, incapazes de reconhecer aquilo que recebem, porque isso pode ativar a inveja.[34]

Para Kernberg, o único "valor" desses pacientes é

> seu funcionamento social relativamente bom, seu... controle de impulsos e aquilo que pode ser descrito como um potencial "pseudo-sublimativo", isto é, a capacidade de realizar um trabalho ativo e consistente em algumas áreas, que lhes permite consumar parcialmente suas ambições de grandeza e de obtenção da admiração dos outros.[35]

A avaliação de Kernberg nos deixa com um quadro bastante negativo da desordem do caráter narcisista. A extrema pobreza de objetos internos corresponde às parcas relações com os objetos do caráter narcisista; essa estrutura psíquica é amplamente determinada por defesas contra a experiência da inveja, da raiva e do ódio intenso. Internamente, Kernberg vê o caráter narcisista como um caráter que manifesta uma estrutura coesiva, que se configura como uma fusão regressiva de imagens primitivas do si-mesmo e do objeto, e que se encontra, em grande parte, a serviço de uma função defensiva. A resultante incapacidade de lidar com os outros como pessoas reais, ou de avaliar de maneira adequada as capacidades pessoais, torna-se, para Kernberg, uma situação trágica que domina as suas vidas e que se acentua com a idade.[36] (A "fusão entre imagens do si-mesmo e do objeto" é a forma pela qual a linguagem psicanalítica se refere àquilo que os psicólogos analíticos veriam como um ego regressivamente apegado a um estado urobórico, resultando na inflação do ego por meio da identificação com o arquétipo.)

Mas a descrição que Kernberg faz da estrutura ego-si-mesmo e, na verdade, sua visão geral em torno das desordens de caráter narcisista não são compartilhadas por Heinz Kohut. Em lugar de conceber a estrutura do si-mesmo do caráter narcisista, como uma fusão regressiva marcada por distorções patológicas, Kohut a considera como um estágio bloqueado de desenvolvimento, no qual o si-mesmo não é perturbado em termos fundamentais, mas tão somente atrapalhado em sua evolução. Para Kohut, essa estrutura é arcaica e se situa num plano grandioso-exibicionista, mas é basicamente sólida, ao passo que, para Kernberg, a estrutura do si-mesmo é perturbada de modo fundamental, em especial no domínio da "divisão".[37]

Da mesma forma, Kohut considera as descrições fenomenológicas e sintomatológicas menos importantes do que Kernberg o faz. Para Kohut, o principal fator de diagnóstico e elemento de cura é o processo de transferência/contratransferência:

> A despeito do caráter inicialmente vago da sintomatologia manifesta, as características sintomatológicas mais

significativas podem ser discernidas normalmente com crescente clareza, à medida que a análise progride, notadamente quando surge uma das formas de transferência narcisista. O paciente descreverá sentimentos sutilmente experimentados, mas, não obstante, disseminados, de vazio e de depressão. Esses sentimentos, ao contrário do que ocorre com as condições presentes nas psicoses e estados fronteiriços, são aliviados tão logo a transferência narcisista se estabelece – mas se intensificam se a relação com o analista for perturbada. O paciente tentará fazer o analista saber que, pelo menos algumas vezes, particularmente quando a transferência narcisista se rompe, tem a impressão de que ele não é totalmente real ou, pelo menos, de que suas emoções estão embotadas; e pode acrescentar que ele está fazendo seu trabalho sem entusiasmo... Essas e muitas outras queixas semelhantes são indícios do esgotamento do ego, provocado pela necessidade de se defender contra reivindicações irrealísticas de um si-mesmo grandioso arcaico ou contra a intensa necessidade de um poderoso fornecedor externo de autoestima.[38]

A raiva intensa e, em especial, a inveja, não constituem, na opinião de Kohut, características essencialmente fixadas do caráter narcisista; trata-se, antes, de efeitos transitórios causados pelo fracasso da empatia. A estrutura narcisista em si, o si-mesmo grandioso-exibicionista fundido com o ego, é, ao ver de Kohut, um desenvolvimento bloqueado que pode seguir seu curso tão logo se manifestem as transferências narcisistas que descreve.

Kohut define dois grandes paradigmas de transferência, que denomina mobilização do si-mesmo idealizado e mobilização do si-mesmo grandioso-exibicionista. Esses paradigmas são discutidos de forma detalhada adiante, neste mesmo capítulo, mas podemos observar aqui que ele as considera como formas naturais de desenvolvimento do si-mesmo, cuja ocorrência precisa ser permitida no decorrer da psicoterapia. Kernberg, por outro lado, considera que a idealização e a atitude grandiosa servem a propósitos defensivos, particularmente para afastar o sentimento da inveja. Kohut, portanto, enfatiza o potencial positivo e transformativo das desordens do caráter narcisista, ao passo que Kernberg lhes enfatiza a natureza negativa, destrutiva e controladora.

O seguinte resumo das concepções de Kohut, elaborado por Paul Ornstein, é abrangente:

> O si-mesmo como configuração bipolar contém, num dos polos, as transformações da grandiosidade e do exibicionismo arcaicos nas asserções, alvos e ambições centrais do si-mesmo. No outro polo, contém a transformação da idealização arcaica nos valores idealizados e nos princípios orientadores internalizados centrais. O arco de tensão sempre presente, cuja existência entre esses polos Kohut descreve, abrange os talentos e habilidades inatos que o si-mesmo é capaz de utilizar para expressar a estrutura

básica que é assentada no si-mesmo nuclear. Esse si-mesmo nuclear se configura como a primeira organização mental complexa e está propenso ao enfraquecimento e a fragmentações. Nessas fragmentações, emergem impulsos isolados, de considerável intensidade, como produtos da desintegração do si-mesmo. Assim, Kohut afirma que nem a raiva e a destrutividade, nem a sexualidade infantil narcisista são, isoladamente, configurações psicológicas primárias. A configuração psicológica primária é a relação entre o si-mesmo e seus auto-objetos...

A resposta empática do auto-objeto permite a construção da estrutura psíquica por meio do processo de transmutação das internalizações. Trata-se de aquisição passo a passo da estrutura ao longo do desenvolvimento. A deficiência na linha de desenvolvimento do auto-objeto grandioso levará a uma ausência da capacidade de perseguir os próprios alvos e ambições e de experimentar prazer nas próprias atividades físicas e mentais, assim como a ausência de controle seguro da autoestima. Essas são, portanto, as características associadas às desordens da personalidade narcisista. Na linha de desenvolvimento da imago parental idealizada, o outro polo do si-mesmo bipolar, a deficiência na estrutura levará à ausência das funções de controle, canalização e neutralização dos impulsos, características das desordens de comportamento.

Esse esquema responde pelo impacto específico da psicopatologia parental, especialmente da patologia do si-mesmo, sobre o si-mesmo nuclear em desenvolvimento e aponta a direção para a aquisição da estrutura psíquica, no decorrer do tratamento, através da transmutação de internalizações [realizada] por meio do trabalho com transferências específicas do auto-objeto.[39]

A insistência de Kohut na natureza essencialmente positiva do si-mesmo, que se manifesta por meio da empatia, levou a uma considerável reação por parte de seus colegas psicanalistas. Searles, em particular, enfoca os problemas colocados por emoções negativas de contratransferência:

> É uma coisa muito boa, e difícil – e creio que talvez não inteiramente possível em essência –, distinguir se alguém está percebendo empaticamente as imagens dissociadas que o paciente faz de si próprio, sentindo-as como suas ou até que ponto esse alguém está experimentado partes do próprio si-mesmo genuíno que jamais foram adequadamente analisadas...
>
> Apesar das muitas coisas que admiro nos conceitos de Kohut, a principal crítica que lhe faço é que obtemos dele uma visão do analista que faz deste, pela impressão que tenho, uma pessoa um tanto intragavelmente amável, sábia e sem ódio. Simplesmente não posso aceitar isso. A meu

ver, é por demais narcisisticamente gratificante, para o analista, considerar a si mesmo dessa maneira...

O que Kohut não menciona, e que acho que precisamos encarar, é o fenômeno altamente negativo de contratransferência que se manifesta no analista quando este trabalha com um paciente [narcisista] como esse. O analista inevitavelmente regride, no curso da sessão, e verá o paciente como pessoa identificada com a chamada mãe má do passado do paciente. O analista inevitavelmente reagirá ao paciente, considerando-o uma mãe não empática, bastante desapontadora e irritante. Minha impressão é de que as experiências de contratransferência no trabalho com esses pacientes são de tal modo negativas que há uma poderosa tendência de regressão por parte do analista, em sua tentativa de lidar com essas experiências negativas. Como resultado, o analista fala, com uma raiva narcisista, do paciente cuja mãe não é empática. Eu simplesmente colocaria, ao lado disso, o inevitável desenvolvimento da raiva narcisista do analista em resposta à limitada capacidade de empatia do paciente... Eu, mais uma vez, simplesmente... mencionaria quão desapontadores para o analista são esses pacientes tão difíceis – como eles mobilizam nossas reações idealizadoras com o auto-objeto para si mesmos e, em seguida, nos desapontam, de maneira que temos que lidar com nossa própria frustração e raiva.

[...] Vale a pena lembrar simplesmente o papel da capacidade do analista no sentido de odiar e de usar seu ódio.[40]

O analista kohutiano poderia replicar que, se compreendermos adequadamente o ódio, a raiva e outras emoções negativas e, em especial, se as virmos como produtos da desintegração causada por danos na autoestima, elas se tornarão muito menos problemáticas do que Searles acredita.[41] A questão, todavia, não é *ser capaz* de afastar as reações negativas de contratransferência, mas ter a habilidade para fazê-lo quando for oportuno ou, alternativamente, para usar essas reações quando se fizer necessário. A primeira situação quase sempre se encontra vinculada ao domínio da formação de uma aliança e da criação de um ambiente no qual as transferências narcisistas ou do si-mesmo possam emergir.

Lidar prematuramente com reações negativas de contratransferência destrói a formação coesiva de uma transferência narcisista ou a transforma numa estrutura defensiva. A idealização pode ser usada, é verdade, para ambos os propósitos, mas o uso prematuro de reações negativas de contratransferência pode transformar uma idealização potencialmente não defensiva numa idealização defensiva. Ademais, também obtemos, nesse caso, um quadro clínico que se assemelha a um estado fronteiriço, o que talvez explique a insistência de Kernberg em afirmar que a personalidade narcisista pode ser um exemplo da organização fronteiriça de personalidade.[42] Mas vejo muitos aspectos que recomendam as observações de Searles, pois minha experiência demonstra que, por vezes, é necessário lidar com reações extremamente negativas de contratransferência, desde o início, *para que* se forme uma transferência.

Por exemplo, um paciente veio me ver após ter passado por várias experiências analíticas frustrantes, nas quais ele fora capaz de dominar totalmente seus analistas, em uma delas um homem e em outra uma mulher. Ambos os analistas o idealizaram e esperaram que ele fizesse interpretações. Em nossa primeira sessão, percebi que estava me sentindo bastante irado e vi que estava experimentando a própria raiva inconsciente dele. Disse-lhe como me sentia e perguntei se ele estava com raiva de mim. Ele então admitiu que, enquanto se dirigia ao meu consultório, se perguntara se seria permitido fumar ali ou, se não o fosse, se eu não me incomodava que os convidados fumassem em festas. Quando falou, ele percebeu que estava com raiva. Continuou rapidamente, com uma transferência especular controladora, destinada a me impedir de dizer alguma coisa a mais ou de tratar de seu problema. Mas eu já me havia tornado diferente dos seus analistas anteriores, que ele havia seduzido com seu carisma e inteligência. Ao reconhecer sua raiva inconsciente desde o início, eu me tornara alguém que não podia ser seduzido com facilidade, e foi estabelecida, de imediato, uma transferência narcisista. Se eu não tivesse lidado com meus sentimentos de contratransferência desde o início – e eles teriam sido facilmente deixados de lado, se eu tivesse feito esforços para chegar a uma relação amigável –, uma idealização defensiva se teria formado e um bom espaço de tempo teria sido perdido.

Voltando agora às visões divergentes dos autores psicanalíticos, Béla Grunberger é um dos psicanalistas que tentam situar o narcisismo no quadro de uma visão ampliada da teoria freudiana dos impulsos e do modelo ego-id-superego. Grunberger observa que o comentário de Freud sobre o narcisismo – que o caracteriza como "absolutamente autossuficiente [na] existência fetal" – e sua referência ao "narcisismo das células do embrião" ilustram sua proposição de que o narcisismo pertence ao domínio da vida pré-natal e à perda do estado prístino.[43] Para Grunberger, "o narcisismo é uma formação psíquica... presente ao nascimento [e até mesmo antes dele]... tão absoluta e poderosa em suas exigências quanto um instinto".[44] Ele acredita que "o narcisismo deve... ser reconhecido como um fator autônomo no quadro da topografia freudiana, assim como deve ser promovido à condição de formação psíquica, ao lado do id, do ego e do superego".[45] Não apenas é ele a energia do estado pré-natal de totalidade, mas a fonte do valor para todas as formações psíquicas posteriores. Segundo Kernberg, o narcisismo "segue, ao longo de sua existência, um desenvolvimento paralelo ao dos impulsos... funcionalmente diferente dos impulsos... [,] constitui uma dimensão distinta do reino psíquico e [é] governado por leis diferentes daquelas que governam a vida instintiva propriamente dita".[46]

Para Grunberger, o narcisismo é, por conseguinte, um quarto fator de importância igual ao daqueles que compõem a trindade freudiana – id, ego e superego – e que apresenta suas próprias "leis funcionalmente diferentes". (Uma estrutura quaternária do narcisismo *per se* também foi descrita por Ernest Jones.)[47]

Grunberger está tentando ordenar aquilo que os próprios freudianos consideram um caos, a saber, o campo de suas visões divergentes em torno do narcisismo:

> Quem quer que trate da questão do narcisismo encontra diante de si a paradoxal polissemia do conceito. Um importante aspecto da multiplicidade de sentidos foi examinado por Andreas-Salome... Ela tentou explicar as tendências contraditórias dos narcisistas, que buscam a individualidade a todo custo e, no entanto, não conseguem viver fora de um estado contínuo de fusão... *De fato, o narcisismo sempre exibe uma orientação dual*... Logo, estamos lidando com um narcisismo que é centrífugo ou centrípeto, primário ou secundário... saudável ou patológico, maduro ou imaturo, num estado de fusão com o componente do impulso ou oposto a ele, como antagonista.[48]

E, fazendo eco a muitos outros pesquisadores do narcisismo, Grunberger prossegue:

> Podemos escrever um volumoso e meticuloso estudo do desenvolvimento histórico desse conceito na obra de Freud... Em termos práticos, todavia, esses esforços resultam num

puro caos, no qual é muito difícil encontrar uma direção a seguir. Hart nos mostrou o grande número de contradições existentes na noção de narcisismo, o que torna uma definição não ambígua praticamente impossível... "Afirma-se ser o narcisismo inerente à mais sublime das sublimações e à mais psicótica das regressões. Em alguns casos, ele é considerado responsável pelo aumento da potência masculina, mas, em outros, acusado pela sua diminuição. Ele pode ser encontrado atuando na frigidez e na atratividade femininas. Supõe-se que ele neutraliza todas as tendências destrutivas e, no entanto, torna-se fonte de ansiedade para o ego. É uma defesa contra a homossexualidade e, não obstante, os homossexuais são particularmente 'narcisistas'. O sono é uma retração narcisista da libido, mas a insônia é a fuga do narcisismo ampliado a um aumento ainda maior. Ele é usado para explicar o obstáculo da inércia e o impulso da ambição." ("Narcissistic Equilibrium", *International Journal of Psychoanalysis*, vol. 28, p. 106, 1947.)[49]

Assim, temos o narcisismo como conceito contraditório, que se furta facilmente às tentativas racionais de definição e que, na realidade, sempre exibe uma orientação dual. Embora existam distúrbios narcisistas em todos os níveis da desordem psíquica, por exemplo, nas psiconeuroses, nos estados fronteiriços e nas psicoses, tem-se dado especial atenção, na última década, ao seu papel nas desordens da personalidade.

As questões do narcisismo, tal como tratadas pelos autores psicanalíticos, são assuntos que ocuparam a atenção de Jung, porém sob um ponto de vista diferente.

Enquanto as abordagens freudianas se revestem de um caráter personalista (sendo as imagos parentais a principal fonte de estruturas introjetadas), para Jung essas imagos tão importantes se configuram basicamente como uma forma preenchida *a priori* pela energia do arquétipo. A distinção é crucial no sentido de que a visão de Jung admite um potencial de cura inerente ao interior da própria psique, ao passo que as demais visões restringem a cura a uma reestruturação de objetos, internalizados na infância, por meio de novas introjeções fornecidas por relações atuais, tais como as psicoterapêuticas.

A ambivalência do arquétipo é bem conhecida a partir das pesquisas de Jung. E essa ambivalência, como vimos, é precisamente a principal característica do narcisismo. Em *Símbolos da Transformação*, assim como em outras obras, Jung traça o percurso das transformações de energia psíquica; e, embora numerosos arquétipos se façam presentes no processo, o principal deles é o arquétipo do espírito, veiculado pela imagem do herói. Esse arquétipo é autônomo, dotado da capacidade de atribuir valor e altamente inflacionário quando o ego com ele se identifica. O arquétipo do espírito é o principal fator subjacente à "energia livre", ou "libido excessiva" de que fala Jung, e é o correlato arquetípico da "energia neutra" que Freud identifica com o narcisismo.

O ponto de vista de Freud era extrovertido, dedutivo e clínico; o de Jung era mais introspectivo e voltado para aqueles eventos ímpares que resultam em grandes revelações religiosas e numa significativa transformação individual. Os dados de Freud são mais repetitivos e perceptíveis; os de Jung são os "pontos fora do gráfico" de todo estudo estatístico. Essa é a razão por que as mentes de orientação científica gravitaram mais na direção de Freud. No momento, o ponto de vista arquetípico não apenas está mais em voga, como vem sendo crescentemente reconhecido como essencial para a compreensão dos conflitos psíquicos mais profundos.

O narcisismo, no pensamento psicanalítico, não se reveste apenas de uma natureza psíquica. Embora certos autores, tais como Kohut, se inclinem nessa direção – e, por conseguinte, se aproximem bastante da visão da libido que Jung tinha em 1928 –,[50] outros, como Kernberg e Grunberger, se preocupam especialmente com a interação entre o narcisismo e os processos instintivos. Grunberger concebe essa interação como uma transformação mútua, na qual "o instinto passa a exibir qualidades narcisistas... tornando-se assim um tesouro... e o narcisismo enfrenta a realidade".[51] E, para Kernberg, o narcisismo e os processos instintivos estão fortemente interligados. Assim, à natureza dupla do narcisismo, já assinalada – por meio da qual ele é, a um só tempo, o fator de atribuição de valor e a fonte da inflação do ego –, devemos acrescentar sua participação igualitária nos domínios do instinto e do corpo.

Com esse acréscimo do "fator material", chegamos aos estudos alquímicos de Jung. Enquanto seu trabalho sobre a energia psíquica empregava um modelo puramente psicológico (a psique como "um sistema *relativamente* fechado"),[52] em seus estudos alquímicos, Jung começou a labutar com a ampla questão do relacionamento entre o espírito e a matéria. Embora sua ênfase certamente recaia mais sobre o aspecto psíquico, suas pesquisas estabelecem, nesses estudos, a base de uma visão arquetípica adequada das imagens que transcendem a matéria e a psique e que representam a transformação mútua destas. Mais do que qualquer outra, a imagem do Mercúrio alquímico, estudada exaustivamente por Jung, representa o análogo arquetípico da fenomenologia conhecida como narcisismo.

Jung resumiu suas pesquisas sobre Mercúrio da seguinte forma:

1) Mercúrio consiste de todos os opostos concebíveis. É, portanto, de modo bem evidente, uma dualidade; não obstante, é considerado uma unidade, apesar do fato de suas inúmeras contradições internas poderem se dispersar, de maneira dramática, formando igual número de imagens díspares e aparentemente independentes.
2) Ele se reveste de um caráter material e de um caráter espiritual.
3) Ele é o processo por meio do qual o inferior e material se transforma no superior e espiritual, e vice-versa.

4) Ele é o demônio, um psicopompo [condutor de almas, do inferno e para o inferno] redentor, um embusteiro evasivo e o reflexo de Deus na natureza física.

5) Ele é igualmente o reflexo de uma experiência mística do *artifex* [o alquimista], que coincide com a *opus alchymicum*.

6) Como tal, representa, de um lado, o Si-mesmo e, de outro, o processo de individuação e, em função do seu número ilimitado de nomes, o inconsciente coletivo.[53]

A semelhança entre o conceito psicanalítico de narcisismo e a imagem alquímica de Mercúrio é notável. Uma natureza dual e até mesmo o potencial para a divisão são comuns a eles. Eles compartilham igualmente da participação e da transformação mútua de processos materiais e espirituais. O narcisismo é um embusteiro, que leva as pessoas a todos os tipos de inflação e de autovalorização, sem que, no final, tenha algo que o justifique. Trata-se de uma imersão já vivida no Paraíso (Grunberger) e apresenta, por conseguinte, certa relação com aquilo que Jung denomina "experiência mística" do *artifex*.

Na psicanálise (Grunberger, Kohut), o narcisismo representa uma formação do si-mesmo e também pertence à visão freudiana da individuação, tanto em formas positivas (Kohut) como em formas negativas (Kernberg). Em geral, as estruturas do caráter narcisista se acham envolvidas com a individuação tanto quanto Mercúrio. Como veremos, elas representam, a um só tempo, o impulso na direção da individuação e o impulso na direção da fusão regressiva entre as imagens do ego e do Si-mesmo. Elas representam o poder de bloquear efetivamente a emergência de conteúdos psíquicos que possam ser por demais desordenadores num estágio particular do desenvolvimento psíquico, mas representam igualmente o poder de impedir o crescimento futuro. Elas podem conter poderes de cura, de caráter arquetípico, e comportar-se como o "deus não nascido", assim como podem ser um consistente impulso demoníaco na direção do poder, através da inflação do ego. Elas podem levar à emergência de um novo espírito, por meio de idealizações, da mesma forma como podem utilizar a idealização, de modo primariamente defensivo, a fim de controlar a inveja. As estruturas do caráter narcisista podem levar ao nascimento do feminino ou à repressão desse domínio do ser e do corpo, dotado do seu próprio espírito e consciência. Da mesma maneira, podem levar a uma capacidade de reflexão ou à sua contínua supressão, sob o domínio de um poderoso impulso afetado-exibicionista.

Estabeleci a analogia entre o narcisismo, as desordens do caráter narcisista e o deus alquímico Mercúrio para sugerir que o narcisismo possui um fundamento arquetípico. As descrições de Mercúrio têm como base as reflexões meditativas e as projeções na matéria e suas transformações – essas projeções são conteúdos transpessoais do inconsciente coletivo e, por isso, não são passíveis de redução a repressões ou a materiais pessoais. Os arquétipos e os processos arquetípicos constituem padrões potenciais da psique. Da mesma forma como uma equação pode ter muitas soluções, cada uma completa em si mesma, com uma ou outra imprescindível a certa situação, também o inconsciente coletivo possui muitas formas possíveis, que podem constelar-se sob determinadas condições. Essas condições podem ser pessoais e históricas, mas podem muito bem ser fatores psíquicos inteiramente inerentes.

Enquanto uma visão junguiana das desordens narcisistas pode certamente beneficiar-se da ênfase freudiana nas relações entre objeto e instinto, e, em especial, da inclusão da imagem do corpo no conceito de Si-mesmo, uma visão freudiana poderia beneficiar-se de uma apreciação da dimensão arquetípica. Pois o ego, ao lidar com os vários bloqueios ao desenvolvimento da personalidade, tais como os manifestos nas desordens do caráter narcisista, enfrenta, na realidade, um conflito de forças impessoais e carregadas de um conteúdo de energia muito maior que o seu. Esse fato assustador é facilmente deixado de lado pela visão clínica que insiste em afirmar que a raiz dos problemas narcisistas reside no domínio interpessoal – especialmente naquele das falhas parentais de empatia ou dos problemas constitucionais ligados à agressão.

Alguns aspectos do narcisismo decerto têm suas raízes no interpessoal e talvez até mesmo na constituição individual, mas sem excluir o transpessoal. Podem surgir problemas narcisistas em decorrência de transformações que tentam ocorrer no âmbito do inconsciente coletivo. Esses problemas, por conseguinte, devem ser entendidos como propositalmente provocados, como sintomas de uma nova imagem do Si-mesmo, que tenta encarnar-se, seja no individual, no coletivo ou em ambos. Eles podem representar nada menos do que a resposta da psique à afirmação de que "Deus está morto", feita por Nietzsche há muitos anos, e que convive conosco na fragmentação sofrida e criada pela nossa sociedade moderna.

2. PERFIL DO CARÁTER NARCISISTA

As seguintes descrições destacam as características dominantes da desordem do caráter narcisista. Todas as pessoas exibem, em sua personalidade, algumas dessas características; mas, no caráter narcisista, sua presença é crônica.

Carece de penetrabilidade

A experiência do contato com uma pessoa afetada por uma desordem do caráter narcisista consiste em ser mantido a distância, em ser evitado por ela. Isso frequentemente se faz acompanhar de um enrijecimento ou tensão corporal. A autorreferência levada ao extremo predomina no caráter narcisista, razão pela qual tudo o que se disser é imediatamente transformado por essa pessoa numa história, fantasia ou ideia a respeito de si mesma. Sentimo-nos como um estímulo a uma resposta que exclui a nossa participação.

Rejeita interpretação

Uma experiência analítica comum é que as interpretações, quando fornecidas, são distorcidas ou têm pouco efeito. Se o analista tentar expandir a autopercepção do analisando, mediante a interpretação de um problema da vida ou familiar à luz de sonhos ou de outros materiais psíquicos, a interpretação pode ser: 1) totalmente ignorada ou rejeitada; 2) entusiasticamente aceita, apenas para desaparecer por completo na sessão seguinte; ou 3) aceita e seletivamente modificada para servir ao autoconceito *a priori*, inflado ou esvaziado, da pessoa. Em todos os casos, a experiência resultante revela ter sido a interpretação inútil ou mesmo destrutiva.

Não pode tolerar críticas

As críticas encontram uma extrema resistência. A pessoa afetada por uma desordem do caráter narcisista tem um sentido de identidade tão frágil – uma de suas características é a capacidade do ego no sentido de ser distinto do, e, não obstante, relacionado com o Si-mesmo e o mundo exterior –, que toda crítica é percebida como ameaça pessoal. Isso se estende à análise redutiva em geral, pois o paciente com esse quadro, quando vê a si próprio ligado a qualquer conteúdo psíquico que não seja seu próprio autoconceito grandioso (ou esvaziado), sente sua identidade ameaçada. As críticas de todo tipo, feitas antes do estabelecimento de uma boa relação (o que pode requerer um período de tempo muito longo), podem resultar na interrupção abrupta da terapia.

Não pode integrar a abordagem sintética

Ao mesmo tempo que a análise redutiva não é viável, pelo menos até que as transferências narcisistas sejam trabalhadas, é igualmente destrutivo, embora de forma mais sutil, empregar aquilo que Jung chama de abordagem sintética.[54] O caráter narcisista é pré-simbólico, incapaz de apreciar a realidade do símbolo, em função da fusão sempre presente entre o ego e o Si-mesmo ou entre o ego e o mundo. O símbolo é o "outro", o não ego que caracteriza a psique objetiva, e, a não ser que se manifeste sob a forma de uma *unio mystica*[55] (uma ocorrência muito rara), a realidade simbólica não existirá para o caráter narcisista. Por conseguinte, as interpretações, segundo linhas simbólicas, que enfatizem a natureza sintética e positiva dos conteúdos inconscientes, resultarão, tão somente, na inflação de uma fusão ego--Si-mesmo já grandiosa.[56]

Infelizmente, essa alimentação do narcisismo de uma pessoa é uma abordagem sedutora que com frequência mantém personalidades narcisistas na terapia por um longo tempo, com pouca transformação. Ademais, a abordagem sintética provoca o surgimento da raiva inconsciente, pois a pessoa sabe que, na realidade, não está sendo objeto de uma relação. O único efeito da referência prematura à realidade simbólica é dificultar ainda mais a expressão da raiva pelo paciente e, assim fazendo, bloquear efetivamente a transformação.

Baixa capacidade empática

Da mesma forma como são difíceis de alcançar empaticamente, as personalidades narcisistas também podem ser cruéis e egocêntricas em situações que requeiram o mínimo grau de empatia. Com frequência, temos a impressão de que não se trata apenas de uma baixa capacidade empática, mas de que a empatia, na realidade, é retirada para propósitos sádicos e cruéis.

Orgulho de não ter necessidades

A personalidade narcisista rejeita os sentimentos de necessidade com relação a outro ser humano, pois a experiência dessas necessidades pode desencadear a raiva e a inveja que inundariam a fraca estrutura do ego. As personalidades narcisistas costumam orgulhar-se de não ter necessidades e de fazerem muito pelos outros. Sua divisa frequentemente é "Posso fazê-lo". Se suas próprias necessidades de simpatia ou de ligação forem incitadas, esse sentimento costuma ser experimentado como um golpe em sua autoestima e pode levar à depressão e à perda de energia.

Carece de sentido da história ou dos processos

As personalidades narcisistas vivenciam a história de maneira marginal.[57] As situações não são propriamente *vivenciadas*, pois toda situação é enfrentada a partir do complexo de baixa estima do ego fraco. Consequentemente, os processos históricos só são assimilados se engrandecerem o ego. Outra classe de eventos lembrados com grande persistência é composta de acontecimentos que feriram a autoestima do ego.

A história também é objeto de distorção. Vimos como o caráter narcisista pode distorcer interpretações; isso pode estender-se à mentira em larga escala. Isso ocorre porque a pressão da grandiosidade interna toma conta do ego a tal ponto que o leva a não enfrentar as situações com uma resposta realista, mas sim com mentiras que atendam às exigências internas de onipotência. Assim sendo, o importante, para o caráter narcisista, não são os eventos históricos reais, mas o modo como estes últimos atendem – ou podem ser levados a atender – à pressão interna de grandiosidade.

Uma falta de sentido do real, do histórico, pode manifestar-se sob outras formas. Por exemplo, as personalidades narcisistas com frequência se sentem mais jovens ou mais velhas, mas raramente com a idade que têm. Seu sentido de idade pode ser difuso, exibindo amplas variações de uma situação para outra. Outro exemplo é sua tendência a contar a mesma história repetidas vezes, sem perceber que a estão repetindo para a mesma pessoa. Isso pode ser especialmente doloroso para um(a) parceiro(a) que, mostrando a repetição, obtém a resposta "Isso é tão novo para mim" ou "Eu não sabia que você ia se sentir assim" quando a mesma questão foi tratada repetidamente. O sentimento de "novidade" é muito real para o caráter narcisista, mas, para a pessoa que ouve, a repetição é confusa e irritante.

A falta de sentido da história do caráter narcisista inclui uma relação deficiente com os processos psíquicos internos. Isso pode ser uma resposta à pressão da grandiosidade, que (como será descrita adiante, na seção sobre as estruturas narcisistas) pode ser caracterizada como uma figura negativa do mágico ou do *senex*. Como tal, a rejeição da história resulta da falta desse potencial arquetípico num nível interno, potencial esse que poderia ser gerado a partir da constelação positiva do *senex* ou do pai.

Funcionamento masculino e feminino perturbado

Tanto o funcionamento masculino como o feminino são perturbados no caráter narcisista. Falta-lhe o domínio do espírito como vínculo de conexão com a criatividade e com os valores religiosos como união positiva com o "espírito do tempo" e, em especial, como capacidade de reflexão. Há, em vez disso, um impulso grandioso de poder. Sob seu controle, a certeza deve reinar e o acaso, desaparecer. Juntamente com essa constelação – que tem afinidades com o "mágico negro" dos contos de fada e do folclore –, o reino feminino do *ser* (incluindo a ligação adequada com o Si-mesmo e com o corpo) está ausente; esmagado sob o impulso de poder e sob a compulsão do "mágico", esse reino se encontra, basicamente, sob a influência de uma constelação feminina negativa. Na linguagem dos contos de fada, isso recebe o nome de "falsa noiva" – a mãe negativa sob a forma de bruxa que usurpa o lugar da "verdadeira noiva". Por meio da "falsa noiva", o valor do Si-mesmo é usurpado pelo ego, levando à inflação e à negação do significado positivo do sofrimento. Tudo se encontra orientado para as aparências, para a beleza externa e não para a beleza interna (consulte a seção 10 deste capítulo).

Embora o funcionamento masculino e feminino seja perturbado nas desordens do caráter narcisista, tanto de homens como de mulheres, a carga da transformação comumente recai sobre o vínculo adequado de conexão entre o consciente e o inconsciente. Assim, para os homens, o problema da *anima* costuma ser central, ao passo que, para as mulheres, o problema se vincula principalmente com o *animus*.[58] (Veremos, na seção seguinte, o modo pelo qual a inveja do sexo oposto, tão comum nos caracteres narcisistas, tem como base o problema *anima/animus*.)

Quando a *anima* emerge numa forma positiva, existe o potencial de reflexão interna, o potencial para que o ego e o Si-mesmo entrem numa relação de simetria especular. Da mesma maneira, a emergência de um *animus* positivo produz reflexão e objetividade. Tanto para homens como para mulheres, a transformação dos componentes contrassexuais resulta na capacidade de união e de envolvimento com outra pessoa, a partir da consciência e das necessidades experimentadas. E assim nasce, e/ou ressuscita, o arquétipo da união, a *coniunctio*, tanto para o mundo externo como para o interno, nas transformações da desordem do caráter narcisista.

Potencial para formação de constelações arquetípicas positivas

Tanto o mundo exterior como o mundo interior do caráter narcisista têm poucos objetos bons. Arquetipicamente, os aspectos negativos da mãe e do Si-mesmo são dominantes, de maneira que o mundo interior é experimentado como um mundo pleno de ódio, raiva, inveja e exigências esmagadoras. Isso leva a um sentimento de vazio. Mas é essencial reconhecer que o caráter narcisista é, num certo sentido, não nascido e que especialmente não nascidas são as constelações arquetípicas positivas. Em consequência, embora a experiência da pessoa com seu mundo interior seja de vazio e de perigo, não é incomum encontrar, no material onírico, por exemplo, um mundo interior positivo, prestes a nascer. Mas, para que isso ocorra (como ficará claro a partir das discussões e do material clínico apresentados adiante), o processo de transferência/contratransferência deve ser constelado de maneira estável.

Enquanto o mundo interior não se constelar de forma positiva, a reflexão e a imaginação serão superficiais; a profundidade é substituída pela ostentação. Mas, com o surgimento dos fatores positivos, de caráter arquetípico, vem a possibilidade de funcionamento criativo da imaginação; a pessoa já não tem de permanecer na superfície da vida e do inconsciente, podendo experimentar, em lugar disso, uma crescente habilidade de penetrar em ambos os domínios. Isso assinala a transformação do caráter narcisista.

3. O PROBLEMA DA INVEJA E DA RAIVA

Kernberg e seus seguidores enfatizam o papel central da inveja no caráter narcisista, enquanto Kohut e sua escola consideram a inveja e a raiva, ao lado de outros sentimentos, como resultado da empatia deficiente. A questão das fortes emoções negativas no caráter narcisista se configura como terreno fértil para uma discussão em termos da *privatio boni*, na qual o mal é visto como a ausência do bem, a escuridão, como a ausência da luz etc. Jung se opõe a essa visão; ele insiste que o lado sombrio do espírito é dotado de uma substancial realidade.[59]

Não há dúvida de que existem, no caráter narcisista, num grau pronunciado, emoções como raiva, ódio e inveja. Com efeito, a raiva narcisista tem uma qualidade implacável especial. É notável como essa raiva pode viver no inconsciente, aparentemente intocada pelos eventos subsequentes à situação dolorosa. Anos após o fato, podemos nos surpreender com uma renovação da experiência da raiva, que se manifesta como se o evento precipitador tivesse acabado de ocorrer.

Minha opinião é a de que o tratamento adequado de um ressentimento na relação não resulta no desaparecimento da raiva que se acumulou, mas antes em sua possível transformação numa forma criativa. De modo geral, a ira e a raiva são catalisadores que se configuram como a força impulsionadora da transformação da desordem do caráter narcisista. Analiticamente, a erupção da raiva, quando ainda não foi estabelecida uma relação analítica suficiente, é totalmente destrutiva, mas, da mesma forma, a negação da raiva pode resultar num impasse, no qual pouca transformação ocorre.

A inveja, o sentimento convicto de que "tudo o que necessito será tirado de mim, de modo que explorarei ou estragarei de algum outro modo o objeto privador", é uma das experiências que apresenta maior dificuldade para ser experimentada e integrada.[60] A inveja, o "mau-olhado" do folclore, é uma característica central do caráter narcisista. Ela pode assumir uma forma grosseiramente destrutiva, mas pode, da mesma maneira, manifestar-se sob a forma sutil e danificadora de privar a pessoa da própria coisa de que ela necessita, por exemplo, de encorajamento, afeição, conforto corporal etc. Dessa maneira, o caráter narcisista frequentemente trata as pessoas da forma pela qual experimenta ser tratado.

Isso com frequência tem suas raízes na infância, pois o caráter narcisista pode ter sido efetivamente objeto da inveja parental. Não é incomum que os pais, de forma bastante inconsciente, invejem os talentos ou as capacidades dos seus filhos. Nesses casos, a criança ouve "você tem algo especial", mas com a mensagem subjacente: "eu te odeio por isso". A psique da criança responde por meio da identificação com o sentimento de ser bastante especial e com o afastamento do sentimento de ser odiada. O sentido de ser especial é continuamente inflado como uma defesa contra o sentimento de ser odiado.

Os pacientes narcisistas com frequência dizem que seus pais são muito pródigos em elogios e encorajamento, e, no entanto, também confessam uma necessidade de se manterem distantes deles, de um estranho sentimento de mal-estar [*dis-ease*] na sua presença. A análise muitas vezes revela um sentimento subjacente de ter sido odiado, de ter sido objeto de uma intensa inveja. A recuperação desse fato doloroso e assustador na análise é essencial; de outra forma, as emoções negativas permanecem numa condição de afastamento e de repressão e a grandiosidade continua de modo defensivo, negativo, sem sofrer mudanças e, na verdade, piorando com a idade.

A inveja pode dominar a vida do caráter narcisista. Um homem pode invejar as atividades, a feminilidade e a forma de ser de sua esposa. Tudo o que ela tem ele quer. E a mulher narcisista pode invejar a coragem física, a habilidade nos negócios ou a facilidade de relacionamento social do companheiro. Eles podem estar totalmente inconscientes dos seus sentimentos de inveja, pois admiti-los de forma consciente seria por demais "humilhante" e depreciativo para a imagem que fazem de si mesmos, como pessoas benevolentemente interessadas no(a) outro(a).

Esse tipo de inveja parece ter as raízes fincadas no fato de os componentes contrassexuais da personalidade, a *anima* do homem e o *animus* da mulher, serem especialmente não desenvolvidos nos caracteres narcisistas.[61] Esses componentes são assimilados, em larga medida, pela forma exibicionista-grandiosa do si-mesmo, de modo que seu funcionamento próprio – que consiste em estabelecer uma relação entre a personalidade consciente e os mundos externo e interno – é deficiente. Em lugar da reflexão e da ligação, há compulsão e uma contínua autorreferência.

Sem o funcionamento adequado da *anima* ou do *animus*, a identidade será determinada coletivamente ou instável. Pois os dominantes contrassexuais, na qualidade de funções de ligação entre o consciente e o inconsciente, são os vínculos psíquicos entre o ego e sua raiz de identidade no Si-mesmo. O caráter narcisista sente de forma aguda a pressão da individuação, assim como sente a falta de uma relação vívida entre o ego e o Si--mesmo, quando estes se encontram fundidos sob uma forma grandiosa. A inveja já intensa que domina essa fusão alimenta uma inveja do sexo oposto. As mulheres se tornam objetos que, na projeção, trazem em si o lado feminino desesperadoramente necessário do homem, e os homens são invejados pelas mulheres, da mesma forma, por causa de sua própria função masculina necessária.

A inveja configura-se como o lado sombrio do caráter narcisista. Eu lhe atribuo grande importância, pois a considero a "cola psíquica", o elemento de afinidade que mantém os componentes do Si-mesmo, em sua forma grandiosa, coesamente juntos. Lidar com a inveja e com seus componentes associados de raiva e sadismo pode permitir a de-integração dessa estrutura do Si--mesmo. Como resultado, pode surgir uma *anima* ou um *animus* de funcionamento adequado.

A abordagem psicanalítica da inveja e da raiva situa sua fonte, em geral, nas relações externas com o objeto. Mas cumpre observar que essas emoções, e, em especial, a raiva narcisista, também podem aparecer como parte de um processo introvertido. Os indivíduos que se veem diante da pressão de uma tarefa interna, de cunho criativo, com frequência experimentam raiva com relação aos seus próprios sentimentos de inferioridade. Tenho visto essa raiva expressa em sonhos de personalidades criadoras, temporariamente bloqueadas numa tarefa criativa, por meio da imagem do sonhador tomado por uma raiva assassina contra alguma figura que, por associação, se mostra criativamente inepta, embora demonstre uma grande pretensão de ser criativa. A raiva vem de uma falta de autoestima, do ferimento narcisista sofrido graças ao seu próprio bloqueio criativo e à sua própria ineficiência. Esse aspecto da sombra frequentemente se mostra de integração muito difícil, pois contrasta, de forma extrema, com a autoimagem grandiosa do caráter narcisista. Todavia, essa integração costuma assumir um caráter essencial para que a tarefa criativa tenha prosseguimento de maneira positiva.

4. A IDEALIZAÇÃO NA TRANSFERÊNCIA/ CONTRATRANSFERÊNCIA

O termo *idealização* denota um processo no qual se vê outra pessoa como totalmente boa e toda-poderosa, benevolente e sábia, sem qualidades que deponham contra essa perfeição – sem nenhum aspecto "sombrio", tal como as realidades demasiado humanas da ira, do ódio, do engano, da frivolidade, dos impulsos de poder, das manipulações, da inveja etc. O processo de idealização pode servir a um propósito primariamente defensivo, o qual protege a personalidade da experiência desses sentimentos negativos, podendo servir também para representar a mobilização saudável do Si-mesmo positivo sob a forma de projeção: as qualidades melhores ou potenciais de uma pessoa são "transferidas" para outra e experimentadas como características da pessoa para quem foram transferidas.

Essa projeção (ou transferência) unilateral é um estágio necessário, durante o qual o aspecto espiritual do Si-mesmo se revela, tornando-se uma estrutura psíquica que realiza funções vitais. Ela é natural na infância e se configura como um caminho seguido pela energia psíquica no decorrer da transformação da fusão entre o ego e o Si-mesmo nas desordens do caráter narcisista. O arquétipo do espírito,[62] com frequência experimentado parcialmente por meio da projeção idealizada, subjaz ao sentido de criatividade e propósito, de valores e da estrutura psíquica do indivíduo. Assume particular importância o papel desse arquétipo na criação da capacidade interna de assimilar a energia da vida instintiva, de modo que o ego consciente ganha nova força – sentida, por exemplo, no aperfeiçoamento da força de vontade e da capacidade de autocontrole.

Na infância, o aspecto espiritual do Si-mesmo costuma ser projetado primeiramente na mãe, passando ela a encarnar o arquétipo da sabedoria (como o faz, por exemplo, a imagem da Sophia), e, mais tarde, no pai, que passa a representar a imagem do pai arquetípico. Os avós e outras figuras também costumam ser objetos dessas projeções. É essencial que a criança, que vive parcialmente num estado de fusão ou de unicidade com o mundo exterior, tenha condições de fundir-se, de forma corporal e psíquica, com esses objetos idealizados. Pois apenas por meio de uma união erótica inicial (tal como ocorre no vínculo criança-pais), podem as projeções ser assimiladas, ulteriormente, como funções da própria psique da criança.

Mas, se o arquétipo do espírito não for constelado positivamente nos pais, é difícil ou impossível que estes aceitem de forma adequada a projeção da criança. A mãe e o pai devem admitir que a criança os trate como se eles fossem invulneráveis, desprovidos de sentimentos e necessidades próprias; eles devem saber que não se trata da operação do "egocentrismo" da criança, mas antes da projeção "divina" do espírito – caso contrário, acharão as projeções opressivas, o que os levará a exigir que a criança "cresça". A criança, por seu turno, com frequência cresce efetivamente, mas de forma prematura e ao preço de adquirir uma defesa narcisista que evita que a projeção arquetípica recaia sobre qualquer pessoa. Essa condição inibe um desenvolvimento psicológico positivo. Eis uma das funções desse tipo de defesa: ela protege de uma repetição do ferimento primitivo sofrido mediante a rejeição da projeção idealizada.

Como resultado dessa rejeição primitiva, a idealização, mais tarde, se manifesta como parte de uma operação defensiva. Os indivíduos podem ser idealizados, mas terminam por ser rejeitados, com desprezo, quando não atendem ao ideal. Da mesma forma, as instituições e causas de todos os tipos, políticas e religiosas, podem ser objeto de uma identificação fanática e depois rejeitadas com a mesma determinação. Nesses casos, a idealização serve à função de defender contra a inveja e o desdém resultantes do fracasso das figuras parentais no sentido de aceitar adequadamente a projeção do arquétipo do espírito. Por conseguinte, não é tarefa fácil a constelação do arquétipo positivo do espírito, sob a forma de transferência idealística, na análise. A resistência a essa constelação é experimentada no processo de transferência/contratransferência.

Quando um paciente retira uma projeção idealística a partir da expectativa de que a idealização seja tratada como o foi na infância, há reações típicas de contratransferência. São comuns as reações de tédio e a tendência ao devaneio por parte do analista. A "mensagem" para o analista é: "Não espero que você se interesse realmente e aceite minha necessidade de idealizá-lo", A interpretação pode revelar uma raiva subjacente com relação ao pai que rejeitou, uma expectativa transferida para o analista (por vezes decorrente de falhas analíticas prévias do analista atual, ou de um analista anterior, no sentido de lidar com o processo de idealização). Mas, se essa raiva for expressa, o propósito positivo da idealização pode começar a desenvolver-se.

Outra classe de respostas de contratransferência resulta do efeito de se ser objeto da idealização.[63] Num nível menos importante, isso pode levar à irritação e à exasperação por parte de um analista que resista a ser tratado como um deus.[64] Muito mais séria é a contratransferência caracterizada por um sentimento energizador de bem-estar e de importância. A necessidade do analista de ser visto dessa forma, seu próprio exibicionismo não trabalhado, pode ser transmitida para o paciente como excitação.[65] Isso tem uma característica de inveja, uma *exigência* de se ser visto como onipotente e uma tendência concomitante de dominar a análise, de modo a garantir que o paciente nos veja continuamente como pessoas valiosas, boas etc. Quase sempre, o analista passará a compartilhar uma quantidade inadequada de material pessoal ou fará extensas amplificações com o fito de exibir seu conhecimento. Seu comportamento apresentará, de modo geral, uma qualidade compulsiva.

O efeito de tudo isso sobre o analisando é levá-lo a sentir que seu próprio processo foi deixado de lado. Tudo que ele sabe é que seu analista se sente excitado e que ele deixou de ser o centro das atenções. É comum que isso gere no paciente uma reação de raiva.

Se o analista estiver consciente de sua resposta de contratransferência e se ele reconhecer que as energias de que está preenchido são, na realidade, parte do processo do paciente, sua compreensão empática devolverá essas energias, por assim dizer, ao paciente. O resultado pode ser uma projeção e uma integração bem-sucedidas da transferência idealística, o que leva, por sua vez, a uma constelação de um Si-mesmo estável e espiritual no analisando.

Mas a experiência e a integração do Si-mesmo também podem ocorrer de forma introvertida, como resultado de um processo criativo pessoal ou de uma experiência arquetípica numinosa. Haverá alguma diferença entre o processo de integração e seus efeitos quando é seguida uma abordagem basicamente introvertida e quando se segue a abordagem mais extrovertida de trabalhar com a transferência idealizada?

Sim. A relação introvertida com o arquétipo do espírito pode levar a um forte sentido dos valores religiosos, a um respeito saudável com relação aos processos arquetípicos, a uma consciência desses processos e, com certeza, a um impulso criativo. A função de aperfeiçoamento de energia da psique também pode ser bem estabelecida dessa maneira. Mas a experiência introvertida em geral faltará a uma pronta extensão para a vida, à ligação e, especialmente, a uma percepção incorporada do espírito. A ideia de estar "no próprio corpo"[66] terá pouco sentido para uma pessoa cujo relacionamento com o espírito tiver sido gerado a partir da experiência primariamente introvertida. Mas, da mesma forma, o modo mais extrovertido de trabalhar com uma idealização apresenta suas deficiências. Esse caminho pode levar a uma percepção espiritual do valor da relação, particularmente de *suas* capacidades de aperfeiçoamento de energia, mas padecerá da ausência do agudo sentido da realidade arquetípica, que é obtido mais prontamente sob uma forma introvertida.

Com efeito, essas duas formas são complementares; ambas são necessárias, embora, individualmente, cada uma delas exclua, de certo modo, a outra. Elas formam um par de opostos que devem ser unidos para que haja uma experiência estável e incorporada à vida do arquétipo do espírito.

5. O REFLEXO E A TRANSFERÊNCIA ESPECULAR

Ser refletido é ser compreendido, é sentir que alguém segue empaticamente nossos pensamentos, sentimentos, experiências etc. Uma deficiência flagrante da nossa cultura consiste em valorizar muito mais o estar certo do que o estar envolvido numa ligação. E, no entanto, a reflexão de outra pessoa requer uma disposição para entrar no mundo dessa pessoa, para suspender o julgamento crítico e refletir o que está sendo oferecido.

A necessidade de ser refletido por outra pessoa é tão longa quanto a vida e representa a inevitável incompletude que acompanha o crescimento. Pois o reflexo é uma externalização de uma realidade interna, psíquica. Ele tem como base o fato de a consciência e o inconsciente se acharem num relacionamento de simetria especular. Isso foi bem explicado por Jung e aplicado à sua análise do livro de Jó.[67] A consciência do ego é um espelho no qual o Si-mesmo se olha e, como tal, a consciência que o Si-mesmo tem de si, e do seu desenvolvimento depende da consciência do ego. Inversamente, o ego é um reflexo do

Si-mesmo e de suas atitudes e estruturas – uma réplica especular do Si-mesmo.

A estabilidade do ego depende de um sentido interno de ser refletido pelo Si-mesmo. Mas, quando as formas coletivas de religião são incapazes de conter a numinosidade e a presença simbólica do Si-mesmo, o ego encontra uma dificuldade especial para adquirir um sentido de ser refletido pelo Si-mesmo que se encontra em seu interior. E, como a individuação é um processo no qual o ego é desafiado a se desenvolver na direção de uma maior totalidade (tal como imaginada pelo Si-mesmo), há, em cada estágio desse processo, uma necessidade de reflexão externa, tanto maior quanto mais necessárias forem mudanças de personalidade efetivamente radicais. Quando esse desenvolvimento se estabiliza, a reflexão desse tipo torna-se menos dependente da ressonância empática, mas é inevitavelmente requerida outra vez para que enfrentemos novos desafios. Toda tarefa criativa está severamente comprometida pela falta de uma presença externa que nos reflita ao longo do caminho.

A imagem arquetípica do herói representa a capacidade da psique no sentido de construir uma nova relação especular entre a consciência e o inconsciente. Mas prescindir da reflexão externa, que outra pessoa nos pode proporcionar ou, talvez, de uma presença divina ou humana, sentida por meio de livros ou de outras formas, equivale à identificação com o arquétipo do herói.

A reflexão é especialmente crucial na primeira infância, época na qual deve existir uma relação simbólica entre a mãe e a criança. Como estas compartilham, nessa época, de um campo de energia comum, os processos da criança penetram na mãe e vice-versa. Mas, o que é mais importante, a ansiedade experimentada pela criança, como parte de sua consciência emergente, também deve ser experimentada e, em certa medida, absorvida pela mãe.

O fato de a desordem ou a ansiedade acompanharem a consciência emergente do ego é imaginado em inúmeros mitos da criação, nos quais a ordem ou a consciência engendra a desordem.[68] Não é necessário adotar uma teoria de um "instinto de morte" freudiano ou kleiniano para explicá-lo; trata-se, na verdade, de uma consequência natural da emergência da consciência, de um novo potencial ordenador, num sistema dependente do tempo, seja uma rotina, uma forma temporal qualquer ou, em última análise, o sistema do ego. A mãe deve ser sensível à desordem que acompanha a consciência emergente do seu filho, do mesmo modo como deve ser capaz de servir de mediadora entre essa desordem e o filho. Pois a mãe é o primeiro portador da imagem arquetípica do Si-mesmo, a fonte central de ordem da personalidade.

A contenção adequada da ansiedade da criança auxilia a constelar o Si-mesmo positivo como realidade interna para a criança e, com isso, a constelar um sentido interno de segurança e do funcionamento interno real do arquétipo da ordem. Se essa reflexão não ocorrer, a criança não apresentará prontamente o terreno interno propício ao desenvolvimento. Toda mudança será

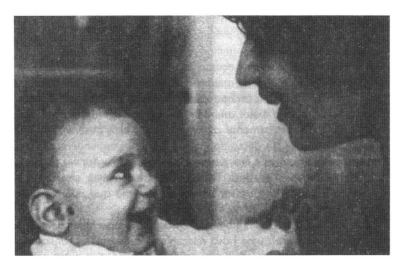

"A reflexão é especialmente crucial na primeira infância."

prejudicada pela ansiedade e pelo medo e o sentido de identidade da criança assumirá um caráter cronicamente difuso.

Outra forma de reflexão consiste em experimentar empaticamente os conteúdos da personalidade da criança. Isso significa reconhecer e refletir seu caráter único, sua onipotência, sua vulnerabilidade e, em especial, seu exibicionismo – que com frequência se manifesta por meio de um campo de energias sexuais ou agressivas. Para a criança, o ego e Si-mesmo não estão separados e, quando ela pede "Olhe para mim", esse *mim* é especial. Trata-se da exibição da qualidade do Si-mesmo da criança, qualidade essa que se configura como a essência que o ego emergente desta deve gradualmente refletir. Se o exibicionismo da criança for refletido de modo adequado, isto é, se ela se sentir efetivamente vista e ouvida, uma relação saudável entre o ego e o Si-mesmo pode começar a formar-se. O ego em crescimento adquirirá um sentido de poder e de eficácia no mundo e a ambição se desenvolverá em proporções realísticas.[69] Ademais, existirá um sentido de autoestima, enraizado na estabilidade em tarefas externas e, de modo particular, no funcionamento instintivo e criativo. A criança penetrará no mundo plena de consciência do corpo e de vitalidade.

Mas a evolução das energias exibicionistas não para aqui. Com efeito, conforme a individuação segue seu curso e o Si-mesmo vai sendo experimentado como o verdadeiro centro da personalidade, o ego se transforma num recipiente que espelha a glória do Si-mesmo e que, em momentos de exaltação, por exemplo, nos momentos de criação ou de percepção de elementos religiosos, o exibe. Em última análise, o Si-mesmo, e não o ego, constitui o alvo adequado das energias exibicionistas.

As personalidades narcisistas em geral experimentaram uma carência crônica do reflexo, com frequência decorrente, como mencionamos, da inveja parental. Quando lhes falta um sentido de sua própria identidade, os pais se tornam sensíveis ao afeto que o filho demonstra com relação a *eles* ou ao modo como ele reforça ou enfraquece o sentido de estima *deles*. Eles, não apenas serão incapazes de refletir a personalidade emergente do filho, como desejarão ser refletidos pelo filho, que sente esse desejo de modo agudo. Quase sempre a criança sente que possui algo de especial que é objeto do desejo dos pais; no entanto, esse caráter especial deve ser subvertido em reflexão dos pais por parte da criança, em fornecimento de respostas que levem os pais a se sentirem seguros. De outra forma, haverá um sentimento desagradável no ambiente, um desassossego decorrente do desconforto dos pais com relação ao caráter especial da criança. Esse clima velado resulta da ação da inveja, decorrendo o efeito de privação da insegurança e do ciúme dos pais com relação ao próprio filho – que pode criar uma identidade que lhes falta. O resultado final desse processo é que a criança, em lugar de sentir seu Si-mesmo amado e aceito, sente-se odiada.

Contra esse sentimento de ser objeto de inveja e de ódio, o caráter narcisista constrói defesas. A estrutura ego-Si-mesmo resultante pode ser caracterizada, seja como um produto de fusão regressiva, seja como uma estrutura retardada em termos de desenvolvimento. Em geral, as energias exibicionistas da criança, normalmente numa matriz instintiva, surgiram, mas, diante da rejeição, recuaram e se fundiram de maneira regressiva. A estrutura resultante é denominada, em termos psicanalíticos, si-mesmo grandioso-exibicionista. Os psicólogos analíticos estão mais familiarizados com a imagem da uroboros, o dragão devorador da própria cauda, que representa a condição original a partir da qual se desenvolve a personalidade;[70] nesse modelo, a estrutura de fusão poderia ser chamada estrutura defensivo--urobórica. Ela contém o impulso e as sementes do crescimento da personalidade, mas conta com uma concha defensiva, a defesa narcisista, que nega as necessidades em lugar de tê-las prontamente atendidas – ao contrário do que ocorre no estado urobórico autocontido saudável.

No entanto, a personalidade nascente original ainda existe, pronta a desenvolver-se. Por conseguinte, a estrutura da fusão regressiva também deve ser vista no contexto de um bloqueio do desenvolvimento. O fato de o impulso criativo para a formação da personalidade não ter sido danificado de forma substancial no caráter narcisista é uma prova da presença de uma forte base arquetípica nessas desordens.

A característica central da estrutura narcisista de fusão, o si-mesmo grandioso-exibicionista (ou defensivo-urobórico), reside em sua capacidade de exercer controle sobre as outras pessoas. Kohut deu a esse fenômeno, apropriadamente, a denominação de *transferência especular*.[71] Essa denominação é adequada porque, embora a necessidade do reflexo surja por meio dessa estrutura, a forma como se manifesta essa necessidade é de caráter controlador, marcada pela utilização das pessoas; que são *forçadas* a servir de espelho. Essa experiência pode ser intensa ou suave para aqueles que forem objeto do controle narcisista, variando sua intensidade de acordo com a força da desordem de caráter ou da necessidade de defesa. O ser controlado pode traduzir-se fisicamente como uma dificuldade de respirar, uma sensação de asfixia e, de modo geral, como um problema de incorporação ou de "estar enterrado". Psiquicamente, o controle quase sempre inibe a atividade da fala, como se tudo o que se tem a dizer tivesse um caráter "frágil" em termos de conteúdo e certamente fosse uma intromissão. Se essa inibição for excessiva, o sentimento resultante pode ser pior, configurando-se como uma sensação de vazio e de absoluta inutilidade, exceto talvez no sentido de evocar raiva. Em termos gerais, aquele(a) que estiver sendo controlado(a) tem dificuldade de manter seu próprio ponto de vista, ao passo que o(a) controlador(a) transforma-se no centro absoluto das atenções.

Quando a transferência especular se desenvolve na psicoterapia, assume o caráter de tentativa de desfazer o processo especular pobre da infância, que levou originalmente ao surgimento da estrutura do caráter narcisista. A compreensão do propósito desse controle, que por vezes pode ser muito forte, tem importância fundamental para criar as condições necessárias à assunção, por parte do processo especular, de uma função positiva, natural. Quando o efeito controlador pode ser reconhecido e aceito pelo analista, torna-se claro que uma de suas funções consiste em permitir que o analisando sinta-se eficaz.

Embora os caracteres narcisistas possam ter um forte efeito sobre os outros e costumem ser vistos como confiantes e poderosos, eles mesmos raramente se sentem com algum poder ou eficácia e com frequência ficam pasmos quando são informados da força que possuem. Quando um paciente controla inconscientemente o analista e este reconhece e permite tal controle, estabelece-se uma situação na qual se mostra ao paciente que ele tem poder. Se o analista não se intrometer, o controle frequentemente será encerrado cerca de uma hora depois e o analista "receberá a permissão" para dizer alguma coisa.

A experiência de estar submetido ao controle é não apenas desagradável, mas marcada por uma tendência a evocar respostas de contratransferência, destinadas a levar o analista a tornar-se sábio e onisciente. Num certo sentido, o analista diz: "Eu também preciso ser visto" ou "Tenho algo a dizer". Há uma compulsão de cometer essa intromissão, de assumir essa caricatura de sabedoria; essa compulsão é, normalmente, defensiva, revestindo-se de um caráter de exigência de ser idealizado e de uma tentativa de "ganhar espaço", de evitar o controle. Essa compulsão pode ser, da mesma forma, uma reação induzida de contratransferência, gerada pelo fato de o analisando alimentar a expectativa de não ser refletido.

A transferência especular pode manifestar-se tanto pelo fato de o paciente falar bastante como pelo fato de ele manter-se em silêncio. Em ambos os casos, é veiculada uma mensagem subjacente: "Fique calado e escute!". Essa comunicação constitui uma exigência de que o analista *não faça nada*, mas reconheça, empaticamente, que há muita coisa oculta sob a superfície – na realidade, que há uma personalidade inteira tentando nascer.

O *fazer* incessante é uma condição crônica do caráter narcisista. Sua crença básica na inexistência de um centro interno, de um lugar de repouso, resulta uma atividade aparentemente interminável, tenha ela um caráter de fantasia interna ou de pressa interna no sentido de realizar um número cada vez maior de conquistas e tarefas. Muita coisa pode ser feita ao longo do caminho; mas, exceto pela presença de ataques compensatórios de depressão e de uma existência difusa e enfraquecida, a compulsão para *fazer* governa a pessoa.[72]

Se o terapeuta reconhecer conscientemente e aceitar, na medida adequada, o controle narcisista – permitindo que este tenha um propósito –, pode ocorrer um saudável processo de transferência/contratransferência. Por intermédio desse recipiente, o si-mesmo grandioso-exibicionista, que foi "ouvido" pelo seu auditório cativo, pode se transformar. O *fazer* compulsivo pode transformar-se em reflexão e a estrutura arcaico-grandiosa do si-mesmo pode dar lugar a um espírito positivo investido do Si-mesmo e de uma autoestima realística.

Se o estágio do "fique calado e escute!" for negociado com sucesso, a reação de contratransferência ao fato de o analista ser controlado também pode transformar-se. O analista pode passar a sentir uma maior empatia pelo analisando e mais facilidade para penetrar-lhe as camadas profundas. Ainda há um controle, mas agora ele pode ser sentido como um apelo: "Fique comigo!". E esse apelo pode ser experimentado como um pedido para que o analista "fique com meu íntimo, com meu real valor". Essa mudança na qualidade do controle é impressionante. De alguém que era experimentado como pessoa enfadonha e superficial, emerge uma pessoa que conhece o significado do termo *espírito*.

É como se o paciente o conhecesse o tempo todo, como se sempre tivesse conhecido a dimensão profunda e religiosa da vida e de sua própria pessoa, mas a tivesse mantido escondida. Ela esperou por alguém que a constelasse, alguém que visse o paciente em sua real profundidade; foi esse o propósito de sua natureza controladora e alienante que se manifestou anteriormente.

Da mesma forma como o *fazer* compulsivo pode ser substituído pela reflexão, a transformação do si-mesmo grandioso-exibicionista também resulta uma capacidade de *ser*. Isso representa um funcionamento feminino positivo da psique,[73] um desenvolvimento discutido nos capítulos 4 e 5.

6. A TRANSFERÊNCIA MISTA

Como observou Kernberg, ao criticar a concepção kohutiana do narcisismo, as formas idealística e especular de transferência se acham entrelaçadas.[74] Embora eu discorde da avaliação negativa que Kernberg faz das idealizações do caráter narcisista, e embora considere a visão kohutiana de um processo potencialmente positivo muito mais de acordo com minhas próprias descobertas clínicas, minha experiência demonstra igualmente que com frequência há uma forte mistura de controle e idealização. Em muitos casos, as transferências não se enquadram imediatamente numa forma especular ou numa forma idealística pura. Não há razão, todavia, para reverter a um ponto de vista negativo com relação à personalidade narcisista; de fato, a mistura pode ser encarada como uma forma de *prima materia* da análise, na qual um par de opostos necessita de separação. Tendo isso em mente, uma abordagem junguiana, que tenha como base, por exemplo, a técnica da amplificação,[75] pode, em muitos casos, mostrar-se útil quando se lida com a chamada transferência mista.

Consideremos o quadro clínico inicial. A fusão consciente-inconsciente do paciente apresenta uma transferência controladora cuja exigência implícita é que *o analista seja ideal*, que ele seja onisciente e sábio. A resposta que o analista dá a isso é diferente da reação comum de contratransferência a uma idealização positiva, na qual o analista se identifica com o papel de ideal, e se sente maravilhoso no processo, em detrimento do paciente.[76] Em lugar disso, o analista sente que uma *exigência* é ideal, uma ordem do si-mesmo grandioso, que pode ser uma espécie de paranoia saudável, um processo em que uma idealização não apenas é apresentada como se mostra controlada. É como se o analista estivesse sendo testado a fim de revelar se ele ou ela *poderia* ser ideal, ao mesmo tempo que o controle protege o paciente de apresentar tolamente uma idealização para (mais uma) pessoa errada. Encontrei essa forma de idealização controladora em indivíduos bastante criativos e espiritualizados.

Embora as amplificações e outros depositários do conhecimento que com frequência se acham bem à mão dos analistas junguianos possam ser extremamente destrutivos diante de uma transferência narcisista – já que operam em favor do terapeuta e em detrimento do paciente –, o estado imposto de idealização constitui uma situação na qual esse mesmo processo de amplificação pode ser útil ao extremo. Em muitos desses casos, quando sou capaz de compreender o material onírico do paciente mediante a amplificação de um processo em andamento – algo semelhante a lidar com as imagens do paciente da forma como Jung lidou em *Symbols of Transformation* ou como Neumann lidou em *The Origins and History of Consciousness* –, o efeito resultante é o desatrelamento da transferência. Gradualmente se desenvolve uma idealização positiva, não controladora, e, ao mesmo tempo, as energias do si-mesmo grandioso-exibicionista são integradas sob a forma de ambições realísticas e de fortalecimento do ego. Nesses casos, a qualidade controladora do paciente não é fundamentalmente um ataque sádico, embora com frequência exiba, de fato, esse acréscimo.

Uma abordagem junguiana, mais do que uma abordagem psicanalítica, pode, portanto, ter mais condições de lidar com a transferência mista que envolva a idealização forçada. Mas a situação oposta, na qual a idealização está presente antes de tudo para fins de controle, é da espécie com relação à qual técnicas como a amplificação apresentam o efeito oposto. Nesse sentido, há muito para aprender com autores freudianos, assim como com os junguianos que assimilaram boa parte do ponto de vista freudiano (principalmente a escola de Londres, de Fordham). Para uma forma de transferência mista, a técnica amplificatória clássica pode representar a cura, ao passo que, para a outra, constitui um perigoso veneno.

Neste último caso, quando a idealização está essencialmente servindo para controlar o analista, não temos outro recurso senão interpretar a natureza sádica da idealização do paciente. Dois importantes aspectos desse procedimento merecem menção: 1) o paciente, ampliando uma idealização forçada com o objetivo de exercer o controle pelo controle, geralmente está dissociado sob o impacto de amplificações. Naturalmente, isso se manifesta perto do final da sessão, em especial para fazer com que o analista se sinta incompetente; e 2) esse estado de dissociação decorre de uma associação entre o sadismo do paciente e o do analista. É necessário que o analista reconheça e se desengaje dessa situação de "compreensão". Assim, será possível interpretar a transferência em termos do objetivo do paciente: levar o analista a se sentir ideal para, finalmente, fazê-lo de bobo.

O trecho seguinte faz parte de minhas anotações de sessões relativas a J., um paciente do sexo masculino com uma idealização forte e controladora. As anotações se originam de um aspecto do nosso trabalho no qual eu finalmente estava percebendo a natureza do processo de transferência/contratransferência, após ter atuado com interpretações "compreensivas".

> A transferência era do tipo controlador, com uma dose de exigência idealizadora. Ao representar essa exigência, tornei-me o pai agressor e, estando eu nessa condição, ele se

torna agressivo e se divide, tornando-se dissociado, "esgotado". Quando contive isso, estava claro que ele precisava me ter na posição "compreensiva", pois essa era a única posição em que seu pai parecia real. Pude mostrar-lhe que eu existia embora não soubesse, permitindo-*lhe* que descobrisse por si próprio. Então, o material edípico começou a emergir. Seu medo de um ataque maciço já não se encontrava oculto sob uma submissão masoquista e ele passou a me perguntar diretamente a respeito de certas situações de vida ou sonhos que me apresentara. Estava claro que uma mensagem mista ainda prevalecia; ele me fazia perguntas e, ao mesmo tempo, me mandava ficar calado. Uma parte dele perguntava e outra parte dizia "Não quero ouvir nada de você!". Ele estava dividido com relação ao seu lado sombra, mas pôde gradualmente aceitá-lo. Ele estava se protegendo do ataque anal que esperava e tentou, em contrapartida, me humilhar. Ele faz o possível para me colocar na posição de saber [compreender] e, quando tudo o mais falha, tenta ser sedutor. No final das contas, torna-se consciente do seu sadismo, o que é uma importante realização, pois isso significava que ele podia começar a sentir a natureza do seu vínculo com a mãe. Ele descobriu que esse vínculo era dominado não apenas por sentimentos de amor, mas, e de forma ampla, por intensos impulsos sádicos. Esse era o resultado de sua identificação com a energia do pai, que era bastante sádico com a mãe de J.

A tragédia dessa revelação residia no fato de o pai também ter sido sádico com J., de uma forma bastante comum e cruel: precisamente quando os sentimentos edípicos de J. se manifestavam, o pai se afastava emocionalmente. Como criança nos seus 3-4 anos, J. reagia de forma normal: ignorava o pai, se afastava por sua vez para ver se o pai, indo ao seu encontro, mostrava que se importava com ele. O resultado foi desastroso: o pai apenas se afastava, deixando J. sobrecarregado com a própria sombra sádica do pai. Contra isso, J. não teve escolha: viu-se aprisionado num nível narcisista, pois sua própria energia sádica o levara a um vínculo incestuoso com a mãe; na ausência de um pai que lhe fornecesse a tensão, seu ego jamais poderia ir além ou para dentro do nível edípico. O resultado foi um desenvolvimento hesitante, de natureza narcisista, que se manifestava na transferência sob a forma de idealização controladora, uma exigência de que eu fosse o pai que lhe permitiria encontrar-se a si mesmo, mas uma exigência que, ao mesmo tempo, me humilhava – ela me trata da mesma maneira como ele foi tratado.

Ao chegar a esse ponto, J. estava integrando sua energia sádica, tornando-se consciente dos seus desejos de ferir as mulheres e, da mesma maneira, das muitas formas que o seu sadismo assumiu quando dirigido contra ele mesmo. Tratava-se, em especial, de imagens negativas do corpo, ódio ao próprio corpo, impressão de que o corpo estava disforme, gordo etc. E, com a emergência do seu sadismo na consciência, também foi possível testemunhar de que forma a perda de sua energia resultou em depressão e o modo pelo qual a recuperação dessa energia levou a um aumento do seu vigor, a uma rápida saída da disposição depressiva.

Em seu estado de defesa narcisista contra seus próprios impulsos sádicos, J. exibe a atitude masculina típica com relação às mulheres que caracteriza a ligação narcisista. Trata-se de uma atitude que quer ser impulsionada pela mulher, quer a energia da mulher para torná-lo real. Ele detesta que a mulher fique deprimida ou afastada. Ela deve fazê-lo sentir-se vital; na verdade, deve acumular sua energia, que está espalhada em seu inconsciente, pela sua agressão dividida. As mulheres logo se esgotavam, deixavam de ser vitais para ele. Pois a última coisa que ele deseja fazer, ou mesmo pensa em fazer, é penetrá-las, despertar a mulher. Ele tem um sentido tão fraco do seu próprio poder que jamais se movimenta nessa direção. Fazê-lo envolveria uma transformação do seu sadismo, uma mudança na qualidade do impulso – que deixaria de estar amplamente a serviço do controle, um impulso de poder que garanta que a mulher não vai desaparecer, para tornar-se um impulso que penetra com gentileza. A assunção do controle da energia sádica, associada à compreensão de que ela pode ser uma energia de penetração, e não de violação psíquica, tende a revelar sua raiz arquetípica, tal como representada no mito grego por Hades, Plutão ou Dionísio.

Para J., reconhecer a ação desse poder arquetípico é uma fonte de grande temor, pois significa que seu ego tem uma espécie de poder que ele considera alienado. Ser forte, nesse sentido, significa ser abandonado.

7. FATORES ARQUETÍPICOS DA TRANSFORMAÇÃO

O caso seguinte é uma impressionante ilustração da transformação do si-mesmo grandioso de um caráter narcisista numa forma positiva, espiritual, de Si-mesmo. A natureza extrema do processo decorreu, é provável, do fato de eu não ter interpretado os elementos da transferência negativa, tendo em vista que, na época, eu não havia percebido a importância catalítica da inveja e da raiva. Se eu tivesse interpretado de maneira consistente os efeitos negativos que se manifestaram, é possível que o processo de transformação tivesse podido ocorrer de maneira mais suave e contida, Da forma como ocorreu, o caso representa uma notável emergência de um arquétipo, que atuou como fator primário de cura. No momento mais dramático de sua emergência, as interpretações personalistas e redutivas teriam destruído o potencial de cura inerente ao arquétipo.

O caso concerne a uma jovem no início da casa dos vinte anos, a quem chamarei de A. A sua era a situação existencial comum das pessoas acometidas por desordens de caráter; isto é, os sintomas aparentes não se revestiam de importância fundamental. Embora com frequência se achasse deprimida, esse sintoma era estritamente secundário em sua queixa de que a vida tinha pouco sentido ou propósito e de que não estava desenvolvendo suas habilidades criativas. Ela havia feito inúmeras tentativas de "encontrar-se a si mesma" (coisas como manter empregos por um breve período de tempo, ter casos com alguns homens que inevitavelmente a rejeitavam, fazer várias viagens ao exterior etc.) e se sentira, tal como ela mesma o disse, "fragorosamente derrotada". Ela veio para a análise com a seguinte atitude: "Tentei tudo o mais. Então, por que não tentar isso?".

Ao lado de sua condição geral, ela mencionou uma queixa específica. Quando viajava num ônibus, sentia-se praticamente dominada pela vontade de furar os olhos das pessoas com as próprias unhas. Isso a assustava, já que ela não tinha certeza de poder controlar essa vontade, que descreveu como "semelhante a um monstro, um *isso* ou uma *coisa* que nada tem a ver comigo".

Uma transferência especular cedo se estabeleceu. Quando me sentia tentado a dizer algo, qualquer coisa, mas refletia por um momento, sentia que aquilo que eu estivera para dizer teria soado um tanto forçado e "fraco" de conteúdo. Quando eu dava muita ênfase a esse sentimento, ela simplesmente fazia uma pausa enquanto eu falava e depois prosseguia como se eu nada tivesse dito. Isso me dava a impressão de que ela estava simplesmente me tolerando. Tratava-se do modo de manifestação do seu controle grandioso arcaico. A expectativa era de que eu apenas ouvisse, que eu fosse um espelho daquilo que ela me diria; em geral, ela me fazia um relato dos eventos da semana, de forma contínua e detalhada. Mas quando era respeitado, seu controle era retirado, perto do fim da sessão, e eu tinha permissão para dizer alguma coisa. O mínimo comentário, talvez uma paráfrase simpática do que ela havia dito, parecia suficiente. Esse relatar de eventos era a revelação do seu exibicionismo, que contava comigo como audiência cativa.

Seu primeiro sonho referia-se simbolicamente à ira que ela experimentava (tal como o "monstro" do ônibus), mas o exibiu de uma forma notável, que indicava o poder de contenção da união de transferência/contratransferência. Ela sonhou: "Tenho um ovo. O ovo tem o poder de uma bomba atômica. Se for quebrado, pode destruir o mundo. Carrego-o de forma bem descuidada, embora ele possa facilmente explodir".

O ovo em geral é um símbolo extremamente positivo, que indica a criação potencial de novas atitudes conscientes. Com relação ao ovo, descreve Jung: "Na alquimia, o ovo representa o caos apreendido [pelo alquimista], a *prima materia* que contém, cativo, o espírito do mundo. A partir do ovo... surgirá a águia ou fênix, o espírito libertado".[77] O caos da paciente, cujo aspecto negativo é a ira invejosa que tendia a se apossar dela no ônibus, é mostrado no sonho sob a forma de um ovo. Em termos da relação analítica, o ovo representa o poder de contenção da transferência especular. Os novos conteúdos psíquicos costumam surgir do caos, algo que, segundo Jung, constitui a condição "*sine qua non* de toda regeneração do espírito e da personalidade".[78]

Trata-se de uma situação típica de um caráter narcisista. Há um forte potencial criativo para o renascimento da personalidade mas, não obstante, há também uma ira capaz de destruir todo o processo de transformação. A. sentia-se tão odiada, e se encontrava, por sua vez, tão cheia de raiva, que toda interpretação prematura teria resultado na quebra do ovo, isto é, na destruição do recipiente transformativo representado pelo processo analítico. No seu caso, como veremos, o ovo continha não apenas as raivosas e invejosas energias do Si-mesmo, em sua forma grandiosa-exibicionista, como também o potencial de desenvolvimento do *animus*.[79]

Após dois meses, ela teve o seguinte sonho:

> Mostram-me uma criança num tubo tampado. Vejo apenas o tubo e fico assustada porque a criança é muito deformada. Ela é tão deformada que não passa de uma coisa dentro de um tubo. Mas, graças a um médico e a mim, ela fica melhor e desenvolve ouvidos, braços e uma forma humana. Torna-se, então, um pequeno garoto, e apenas seu braço é aleijado. Sinto que assim está muito melhor. Seu braço é tocado em algum ponto e eu sinto a dor.

Agora o recipiente, que já foi um ovo, tem uma nova forma, transparente como o *vas hermeticus* alquímico, o vaso selado em que ocorre a transformação. Ele contém o "caos" indiferenciado de suas energias grandiosas-exibicionistas, que agora revelam seu potencial transformador.

Podem-se ver os resultados dessa transformação: um garotinho, um *animus* emergente, encontra-se em desenvolvimento, da mesma maneira como a especulação alquímica fala de uma águia ou fênix que emerge do caos. A. sentiu a dor da criança, o que indica uma crescente capacidade para sofrer e, em particular, uma percepção do seu próprio inconsciente. O fato de ela sentir a dor indica ainda uma percepção de que ela não é invulnerável, ao contrário do que pensaria sua personalidade grandiosa, que carrega bombas atômicas de forma descuidada. A natureza transparente do vaso tinha como significado que seu processo podia ser visto mais prontamente, tanto em termos imaginários como em termos das mudanças de comportamento associadas ao desenvolvimento positivo do *animus*. Por exemplo, ela deixou o apartamento da mãe, onde estava vivendo, e conseguiu um lugar para morar. Da mesma forma, parou de frequentar uma escola que sua mãe, e não ela mesma, havia escolhido. Conseguiu um emprego e passou a pagar sua própria terapia. Essas modificações ocorreram espontaneamente; não foram o resultado da "abordagem educacional".

Após cinco meses, ela contou o seguinte sonho: "Há um pequeno garoto, que fica comigo por um momento. Tenho meu braço em torno dele, de forma protetora. Ele precisa urinar. Levo-o ao toalete".

Aqui, a criança no *vas* está crescendo. O fato de precisar urinar e de controlar a vontade indica sua potência emergente, o início de um sentimento de poder e eficácia.[80] Essa criança, que representa o jovem *animus* emergindo do si-mesmo grandioso, também pode ser vista como produto do processo analítico, nascida da união fértil das nossas psiques inconscientes. À medida que sua criança (suas novas atitudes) continuava a crescer, ela ia relatando sonhos de natureza numinosa. No sexto mês de análise, sonhou:

> Olho para fora por uma janela do sótão. Vejo à distância um objeto branco, indistinto, não claro. Sei que é um disco voador e me sinto bastante excitada. Chamo alguém para olhá-lo, mas só eu posso vê-lo. Ele passa bem perto da janela, com faíscas e brilhos emanando de sua superfície.

Antes disso, os sonhos tinham despertado nela um interesse relativamente pequeno. Mas a numinosidade deste causou-lhe viva impressão e lhe atraiu a atenção. Isso é típico da atitude do caráter narcisista. O lento processo de desenvolvimento, o crescimento do seu pequeno garoto interno, não foi marcante o bastante para compensar o temor de que só houvesse violência e ódio em seu inconsciente. Esse sonho trazia consigo uma dramática sensação de vida nova. O disco voador é um símbolo do Si-mesmo, como Jung o demonstrou amplamente;[81] ele representa, aqui, o centro da nova identidade da paciente. Foi uma visita de

"Na alquimia, o ovo representa o caos apreendido [pelo alquimista], a *prima materia* que contém, cativo, o espírito do mundo. A partir do ovo... surgirá a águia ou fênix, o espírito libertado" (*Codex Palatinus Latinus* 412, século XV).

sua totalidade potencial, que se separava, tal como ocorrera com o *animus*, de uma fusão grandiosa arcaica. Com esse sonho, A. passou a ter a sensação de que poderia haver algo interessante e positivo "dentro" dela.

Nesse momento, uma interrupção na análise – tirei um mês de férias – fez A. decidir encerrar o tratamento. É muito provável que isso tenha sido decorrência de uma raiva pelo abandono com relação a mim, que eu não consegui interpretar. Não obstante, a raiva tinha começado e encontrara sua válvula de escape num ataque invejoso contra a mãe de A. Essa liberação envolveu uma completa falta de controle, na qual A., numa explosão de ira, atacou fisicamente a mãe. A partir daí, ela entrou em colapso e passou a sentir-se inundada por uma vívida sensação de estar completamente preenchida por uma cobra negra. Foi essa a forma assumida pelo inconsciente quando invadiu sua personalidade consciente devido à liberação da raiva ativada. Esse incidente a assustou tanto que ela retornou à terapia. Era o início do nono mês de análise, contados a partir do começo do nosso trabalho.

O nono mês de análise é, com frequência, uma época especial; é como se o processo psíquico seguisse um modelo de gestação física. Isso se verificou no caso de A. Um novo desenvolvimento se manifestou de maneira dramática. No dia em que retornou à análise, A. estivera ouvindo música num café. Subitamente, sentiu que uma mão lhe tocava as costas, apesar de não haver ninguém perto dela. Era uma sensação vaga, mas que ela sabia existir. Durante a sessão analítica, quando me falava sobre essa experiência, começou a senti-la outra vez, mas de maneira mais vívida. Logo a experiência tomou a forma de uma alucinação terrificante. A mão desenvolveu unhas vermelhas e passou a arranhar as costas de A. Isso a aterrorizou e ela comentou: "É meu juiz, julgando-me pelo que fiz à minha mãe!".

Como um processo muito positivo havia sido constelado nos meses precedentes e como novas manifestações de natureza arquetípica muitas vezes são precedidas por experiências intensamente desordenadoras, era inadequado reduzir a experiência à culpa. Eu a encorajei mediante a amplificação de sua experiência com paralelos mitológicos. Ela estava experimentando o caos com o qual havia sonhado e que a havia ameaçado inicialmente em suas viagens de ônibus. Esse caos vinha se transformando, pouco a pouco, até que ela havia sido engolfada pela explosão de raiva contra sua mãe. A raiva atuara como um agente catalisador que acelerou, em grande escala, o processo de transformação. Nesse ponto, a questão era saber se essa experiência

Figura 1

não seria muito rápida e demasiado poderosa para ela. Seria ela capaz de contê-la?

No dia seguinte, a mão ainda estava lá, mas passara a transformar-se. Ela sentiu que havia uma águia em suas costas que a estava devorando. Seu medo aumentou. Ela desenhou a águia (figura 1). Quando sugeri que falasse com a ave, ela lhe disse que fosse embora. Como resultado, A. sentiu que a águia diminuíra, mas teve imediatamente a sensação de que estava sendo preenchida por um fluido negro até que praticamente explodiu. Estava claro que a águia não deveria ir embora. Quando A. a chamou de volta, o [fluido] negro desapareceu. Em lugar de falar com a águia, A. a desenhou outra vez, tendo desenhado também a sensação de negrume (figuras 2 e 3, página 127). Durante esse tempo, a transferência controladora havia cessado, o que me permitiu servir-lhe de guia em sua provação.

No dia seguinte, o terceiro desde o aparecimento da mão, a águia ainda estava presente e ainda representava um presságio; era causa de uma grande preocupação para mim. Mas A. me contou um sonho da noite passada:

> Há uma lagarta com manchas verdes e vermelhas subindo pelo meu braço. Estou um tanto assustada. Mas alguém me diz que a deixe seguir, no mesmo momento em que desejo dá-la a alguém e em que ela caminha na direção das minhas costas. Então ela se transforma numa borboleta amarela (figura 4).

Figura 2   Figura 3

O sonho constituía um bom indício da evolução da doença. A borboleta é um símbolo da psique e anunciava a emergência de uma nova estrutura psíquica. O amarelo mostrava que ela trazia consigo uma nova consciência. Como símbolo do Si-mesmo, significava um processo muito positivo que se desenrolava simultaneamente com a ameaçadora alucinação da águia. A própria águia era um precursor de um processo mais suave, indicado pelo sonho. Era tão notável quanto a fênix que surge do ovo na alquimia.

Nos dias seguintes, a águia, forma espiritual do *animus* de A., foi perdendo aos poucos sua qualidade ameaçadora e sempre

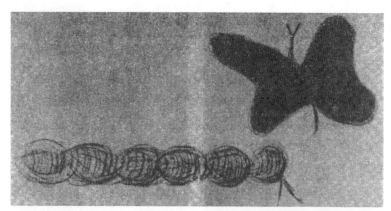
Figura 4

Figura 5

presente. Por volta do quinto dia, estava um pouco menor e foi descrita por A. como "acolhedora" (figura 5). Ao contrário dos desenhos anteriores, neste ela calçava sapatos, indício de retorno a um ponto de vista realista. Naquele dia, A. tivera uma conversa com um jovem a quem conhecera recentemente. Ele era um pintor que vinha insistindo para que ela o acompanhasse numa viagem a outro continente para ajudar os pobres daquele lugar. Pela primeira vez na vida, ela sentiu que não havia aceito prontamente a fantasia de um homem e que havia sentido uma certa relutância com relação a essa mudança súbita e extrema. No dia em questão, ele se mostrara particularmente insistente. À medida que ele insistia mais e mais tentando convencê-la, ela começou a sentir a águia em suas costas, mas a águia agora a protegia e estava pronta a lançar-se sobre o rapaz. Diante disso, ela pôde perceber, subitamente, que o jovem de forma alguma tinha certeza do que queria. A confiança dele se esvaiu e ela se salvou de mais uma fuga para a fantasia. Ela finalmente ganhara um *animus* positivo, um "bom objeto interno".

Perto do fim do nono mês, ela deixou a análise: sentia-se preparada para continuar a viver de modo mais consciente. Vi-a dez meses depois e a experiência da águia ainda era muito real para ela. Na época, o desenvolvimento do *animus*, que havia ocorrido em termos da transformação do si-mesmo grandioso-exibicionista, se achava estável. Sem dúvida, muito mais material ainda teria de ser trabalhado. Por exemplo, a questão do "negrume" que tendia a preenchê-la não fora resolvida. Trata-se de material da sombra, a inveja em particular. Mas, naquele estágio, era mais importante que ela continuasse a consolidar os ganhos em termos de desenvolvimento positivo do *animus*.

A águia representa um conteúdo arquetípico, um fator curativo que não se pode atribuir ao material pessoal sem envolver o risco de destruí-lo. As interpretações redutivas, psicanalíticas, teriam entendido o ser devorada pela águia como um sintoma de masoquismo. Mas essa ênfase, fundamentada na culpa pessoal, teria sido repressiva em termos do seu espírito impessoal emergente.

A união de transferência/contratransferência, inicialmente sob a forma de transferência especular e, mais tarde, de idealização, serviu de vaso de contenção ao processo inconsciente, à transformação da forma grandiosa-exibicionista do si-mesmo. O caso ilustra a natureza catalítica da inveja e da raiva e, em especial, a maneira pela qual um conteúdo arquetípico – simbolizado aqui pela águia – pode emergir no decorrer do processo de transformação.

Embora a transformação do caráter narcisista de A. de modo algum tivesse sido completa, os elementos aqui observados ainda seriam fundamentais, mesmo numa "análise mais ampla e abrangente. Mais tarde, é de se esperar que o reino feminino do *ser* ganhe mais proeminência e que o ego possa assimilar melhor as emoções da inveja e da raiva. Quando isso efetivamente ocorre, o processo de transformação pode ser descrito nos termos do modelo apresentado no final deste capítulo.

8. O EXIBICIONISMO E SUA TRANSFORMAÇÃO

O seguinte material clínico lança luz sobre aspectos do processo de transformação numa desordem do caráter narcisista, cuja *prima materia* são fantasias exibicionistas. Ele se refere a uma mulher no final da casa dos trinta anos; dar-lhe-ei o nome de D. Seu caso ilustra:

1) A importância da revelação das fantasias exibicionistas de grandeza para a transformação das estruturas narcisistas.
2) A maneira pela qual o trabalho num nível tão profundo, feito prematuramente, pode resultar numa raiva invejosa.
3) Como a natureza catalítica dessa raiva pode ser incorporada numa gradual transformação do si-mesmo grandioso-exibicionista.
4) O modo pelo qual a formação e estabilização do processo de transferência/contratransferência é, para o caráter narcisista, análogo ao motivo da "prova do noivo" nos contos de fada.
5) De que forma o si-mesmo grandioso-exibicionista transformado pode tornar-se um *animus* positivo, sob a forma de espelho interno.

Estou tomando o caso após cerca de um ano de trabalho analítico, num estágio em que uma transferência especular branda era dominante. Nesse ponto, o material exibicionista – histórias contadas com um sentimento de vergonha e imagens oníricas de nudez – começou a aparecer. As necessidades exibicionistas de D. eram as necessidades do Si-mesmo no sentido de ser objeto de uma reflexão delicada, e não, como tinha sido o caso até então, de ser psiquicamente violentada pelas exigências e depressões perfeccionistas da sua mãe, que a haviam deixado bastante temerosa de expressar-se a si mesma. A mãe tinha de ser refletida em primeiro lugar, ficando D. com os restos – que eram demasiado parcos para encorajar uma diferenciação ego-Si-mesmo. A única segurança residia na retenção de um estado de fusão entre o ego e o Si-mesmo.

O termo exibicionismo costuma ser considerado pejorativo. Todavia, depende da empatia do observador. Para quem tem consciência da dor extrema nele envolvida, do nível de desespero de um Si-mesmo que não foi visto, e de um ego aprisionado nesse campo de desespero, o termo é muito apropriado à fenomenologia e de forma alguma se reveste de um caráter pejorativo. Há de fato uma necessidade primordial de se ser visto como o centro do mundo. Essa necessidade deve ser aceita como algo saudável e funcional; do contrário, não haverá desenvolvimento.

Enquanto a transferência especular estava intacta e suas fantasias exibicionistas começavam a se manifestar, D. sonhou:

> Encontrei um amplo anfiteatro ao ar livre, onde havia um animal pré-histórico vivo em exibição. Ele era enorme,

preenchendo todo o centro do anfiteatro. Ele tinha asas e penas como um pássaro, mas o corpo era extremamente pesado e estava claro que não podia voar.

O pássaro é uma boa imagem das fantasias em que ela se abandonaria, durante longos períodos – fantasias de realização, fama, poder, dinheiro etc. Mas assim como o pássaro de asas pequenas, essas fantasias jamais podiam sair do solo. Elas não eram sublimadas sob nenhuma forma compatível com o tamanho do seu ego; não podiam entrar em sintonia com o ego. Em lugar disso, mantinham-se plenas de energia arcaica. Caso se aproximassem do seu ego, de sua vida real no tempo e no espaço, produziriam um grande temor de inundação emocional em D.

As pequenas asas se refletiam numa transferência idealística menos potente. Isso seria o resultado de uma dimensão espiritual que ela possuía em larga medida, embora de forma impessoal. Ela se achava bastante sintonizada com os níveis transcendentes, cônscia dessas energias, mas poucas vezes havia logrado estender essa idealização a outra pessoa sem a utilizar mal. Se a dimensão da idealização for experimentada, tão somente, em termos arquetípicos, pode existir uma ótima conexão espiritual – o que não é pouco –, mas há sempre um incômodo temor da arrogância (*hubris*), devido às necessidades exibicionistas não transformadas do Si-mesmo, o que requer uma dimensão interpessoalmente transformativa. Da mesma forma, nesse estado de coisas, há pouco sentido do Si-mesmo incorporado e, portanto, pouco ou nenhum sentido de identidade pessoal. D. tinha um espírito transcendente muito forte, uma estreita familiaridade com os domínios arquetípicos, mas pouco sentido de sua própria "experiência de vida" ímpar.

Para evitar o mal-uso de suas idealizações – o que ela havia experimentado no passado, incluindo-se aí várias relações analíticas –, D. empregava uma defesa muito comum: idealizava os homens, ao mesmo tempo que aceitava o papel de *anima* desses homens.[82] Esse tipo de processo de idealização é um padrão de retenção, mas não permite a integração. Fica-se eternamente às voltas com a pessoa idealizada. Trata-se de uma forma de obtenção de alguma identidade feminina, por meio da identificação com o lado feminino do homem. Mas, em termos de desenvolvimento psicológico, só pode ser temporário e deve ser substituído por uma idealização menos sedutoramente controladora e, mais tarde – esperamos –, por um *animus* positivo capaz de auxiliar a realização do Si-mesmo feminino.

Apenas por meio da assunção do papel de uma "mulher-*anima*" podia D. participar do espírito do seu pai; essa era sua forma habitual de relacionamento com os homens – ela não conhecia outra. Isso era um sinal positivo de que uma transferência especular se havia desenvolvido; indicava uma saudável preocupação de D. para consigo mesma. Posteriormente, a disposição idealizada emergiu, mas não antes de ela ser capaz de desengajar-se do papel de mulher-*anima* e não antes de a transferência especular ter se transformado. Isso a ajudou a obter a força necessária para realizar a transformação.

A transformação da estrutura arcaica de Si-mesmo de D. foi iniciada, como eu disse, pela emergência de fantasias exibicionistas. Resumirei esses eventos a seguir. Com um medo e uma reserva patentes, ela reuniu coragem para me dizer que tinha tido fantasias de ser a melhor em tudo que tentasse fazer. Ela me deu numerosos exemplos do seu passado. No início, não pude entender por que eles tinham sido tão traumáticos. Ela falou dos seus anos de garota-prodígio e de como desistiu de certos intentos, tais como a matemática, sempre que ficava apenas em segundo lugar. Ela era especialmente dotada, mas tinha de ser a primeira em tudo. Continuando a ouvir-lhes os exemplos, senti uma profunda comoção no meu íntimo, um agudo sentido de como seu espírito deveria ter sofrido no passado por não ter concretizado os dons de que ela era dotada. E compartilhei isso com ela, acreditando estar sendo empático com aquilo que ela me apresentava.

À noite, recebi um raivoso telefonema. Ela estava furiosa comigo por eu me ter mostrado do modo que ela definiu como "paternalista" para com ela e pelo fato de eu estar alimentando o seu ego "pobre de mim". Fiquei surpreso, pois me havia sentido realmente comovido e identificado com a sua história. Essa foi a primeira vez que alguém havia demonstrado raiva de mim; disse--lhe que pensaria no que ela havia dito e que o discutiria com ela na próxima sessão. Nesse ponto, a transferência especular branda havia muito se estabelecera e nosso recipiente analítico foi capaz de suportar essa emergência de raiva.

Ao refletir sobre sua queixa, percebi haver cometido um erro. Eu havia escutado suas histórias como se ela estivesse me falando de velhas fantasias da infância, e não havia percebido que ela estivera tentando dizer-me que ainda sofria dessas mesmas preocupações infladas. Qualquer coisa menor que ser a melhor em tudo ainda era impossível, o que provocava um estado de paralisia psicológica. Ao enfatizar sua condição passada, eu desconsiderara a situação atual do seu ego. Se me tivesse relacionado com ela da maneira apropriada, eu lhe teria dito quão difícil era para mim compartilhar essas fantasias embaraçantes e exibicionistas.

Eu também havia fracassado no respeito à sua necessidade de distância; eu me havia mostrado demasiado empático, tendo agido num nível por demais profundo e, como resultado, me tornara um intruso. Embora essa penetração em profundidade seja necessária em estados subsequentes da transformação do caráter narcisista (que serão discutidos adiante e que ocorreram de fato com D.), no estágio em questão, não era apropriada. Essa minha abordagem provocara a ativação da reação raivosa interna, uma crença profundamente arraigada de que eu estava apenas troçando dela e mais tarde a abandonaria. Essa emoção de inveja se traduz na atitude "pobre de mim".

O resultado disso foi ter ela desenvolvido a necessidade de parar de compartilhar suas fantasias exibicionistas comigo por vários meses; elas foram "escondidas no quarto de despejo". Duas semanas após a sessão em que cometi o erro de mostrar muita empatia, ela teve o seguinte sonho:

> Estou andando a cavalo num castelo, subindo e descendo escadas. Há um homem lá e ele está montado na garupa do cavalo. É uma espécie de prova e eu estou pensando se vou ou não me casar com ele. Ele deve ser bem-sucedido no teste, ficando no cavalo atrás de mim. Mas ele cai. Ele diz que pode montar seu próprio cavalo, mas isso não me interessa. Não creio que eu vá desposá-lo.

D. entendeu prontamente que esse é um sonho de transferência, e se mostrou bastante cônscia de uma possível interpretação, segundo a qual ela *deveria* permitir que o homem (eu) montasse seu próprio cavalo. Mas a questão não era interpretá-la dessa maneira. Era muito mais relevante perceber que eu havia fracassado na "prova do noivo", que consistia em cavalgar na garupa do cavalo dela – uma variante do motivo dos contos de fada nos quais o herói só ganha a princesa se for capaz de esconder-se dela.[83]

Esse padrão muitas vezes é dominante quando lidamos com a desordem do caráter narcisista: a resposta de contratransferência do analista — nesse caso, meu excesso de empatia — deve ser contida, para evitar que ele seja visto e não consiga servir ao papel necessário de superfície especular.

Gradualmente, após essa percepção, foi restabelecida uma saudável união de transferência; no final, ela decidira "casar-se" comigo. Mas, no meio-tempo, houve um sonho extremamente importante, que demonstrou a maneira pela qual a raiva mobilizada pelo meu erro havia se tornado, por sua vez, criativa.

> Estou numa ampla casa. Acabou de chegar uma criança semelhante a uma menina-lobo, biologicamente humana, mas de comportamento animal. Os adultos estão correndo de um lado para o outro de modo frenético, tentando retirar as outras crianças do caminho — ou, pelo menos, protegê-las da menina-lobo — pois consideram essa pequena garota semianimal uma ameaça. Penso que também estão temerosos por si mesmos. Contudo, a criança era "nossa"; ela havia sido encontrada e era sabido, de alguma maneira, que pertencia à nossa casa, de modo que não a podíamos mandá-la embora. Começo a procurar pela pequena criança negra de sonhos recentes, que também é parte da casa, pois sinto que ela saberá como lidar com esse ser semisselvagem. Chamo-a pelo nome, que me parece ser Kore ou Kora. Acordo e penso na menina-lobo como a minha raiva, que talvez só possa ser abordada sabiamente pela criança negra, que pode ser um Si-mesmo Terra crescente.

Estava claro para nós que a "menina-lobo" era a nova raiva que havia surgido em função do meu erro. Ela aparece como uma ameaça à família, indicando a repressão, por parte da família de D., de todo afeto negativo, assim como a experiência de D., que indicavam ser essas emoções perigosas. E, no entanto, a relação analítica foi capaz de contê-las e é provável que essa seja a razão pela qual a menina-lobo foi considerada um sinal bastante positivo.

A pequena garota negra, aquela a quem D. chamava Kore (o outro nome de Perséfone, a moça divina da mitologia grega), havia representado, em sonhos precedentes, uma crescente capacidade instintivamente feminina para *ser*. Agora, com a menina-lobo, outro lado sombra, a inveja e a raiva, entrou em cena.

Como observei, uma das principais formas assumidas pela inveja é a atitude "pobre de mim". Essa atitude reflete a posição de que "nada tenho e nada obterei". Mas ela está apartada da raiva, do desejo de "estragar" o objeto recusado. No caso em questão, a raiva se volta contra a própria pessoa raivosa e resulta na atitude "pobre de mim". D. tinha raiva de mim por eu ter encorajado, aparentemente, a atitude "pobre de mim", isto é, por ter despertado e exacerbado sua inveja. Sua "retirada estratégica" – de vários meses – da interação analítica intensa era uma medida necessária para ela, mas também representava uma tentativa de destruir, de alguma forma, o processo analítico. Foi muito importante não analisar essa questão colateral, mantendo-se o foco no notável efeito transformador que a raiva de D. tivera. A menina-lobo havia sido, com efeito, adotada pela sua família interna, seus demais complexos, e apareceu no seguinte exemplo de imaginação ativa:

> No olho da minha mente, posso ver o pássaro-monstro pré-histórico, assim como os ataques que lhe são feitos, não apenas por mim, mas também pela menina-lobo e pela pequena criança negra. Penso ser impossível pintar o que vejo, pois a carne do grande animal é, agora, brilhante (semelhante a um fígado, refletindo luz em sua superfície) e porque há cenas menos definidas, mas, não obstante, distintas, em toda a superfície do imenso corpo. Talvez mais tarde eu possa descrever essas cenas em palavras. A menina-lobo tem uma pequenina machadinha e a figura Kore uma faca afiada. Estou na cabeça do animal, armada igualmente com uma faca semelhante a uma espada, mas não a uso... Depois de certo tempo, a negra Kore me traz um pedaço da carne do pássaro, que eu tento engolir.

A expressão de raiva iniciou, assim, uma transformação na estrutura ego-Si-mesmo. Sua raiva, tal como a menina-lobo, é certamente mais grosseira, e trabalha com uma machadinha, ao passo que os lados mais aprimorados e cultivados de sua personalidade, a Kore e D., usam facas, símbolo do *logos*. Mas o caráter narcisista deve aprender a permitir que sua raiva seja grosseira e indiferenciada, pois ela representa o resultado das feridas anteriores, que muitas vezes são pré-verbais. O caráter narcisista deve aprender a ter raiva, mesmo quando não está "certo", isto é, mesmo que a emoção não tenha um contexto lógico. Isso também é necessário no processo de transformação.

Em outras imaginações ativas, o pássaro foi-se reduzindo e se manteve reflexivo, tal como um espelho ou a superfície do fígado. Ele se tornou um *animus* capaz de *conter* a raiva. Isso também aponta para a função criadora de sua raiva, pois o fígado há muito é concebido como a sede da raiva. E outra imaginação ativa revelou uma das "cenas distintas" sobre o corpo do pássaro: a imagem de um mágico.

O mágico é uma imagem dominante na psicologia do caráter narcisista, uma forma adequada de representação do impulso de poder masculino da onipotência, impulso por meio do qual "a palavra é ação". D. pôde assim começar a refletir, através do *animus* do novo pássaro, a respeito de sua grandiosidade, que a havia paralisado por meio de sua natureza totalmente irrealizável e de sua pressão mágica. Chegando a essa posição privilegiada, ela pôde começar a ser objetiva com relação a esse impulso de poder e a ver sua vinculação com suas necessidades exibicionistas (ser a melhor em tudo). Essa capacidade "masculina" de reflexão interna complementou seus lados femininos emergentes, caracterizados como Kore e a menina-lobo.

Com relação a esta última, personificação da inveja e da raiva de D., é necessário fazer uma observação adicional. Esses afetos, quando aceitos como parte do processo de transformação – o que pode significar ser interpretados de maneira correta ou simplesmente reconhecidos (de forma que possam eventualmente ser sentidos como qualidades da sombra) –, *tornam-se*, com efeito, a capacidade de ter necessidades. O(a) paciente, quase sempre pela primeira vez na vida, passa a sentir-se com direito a alguma coisa. Ocorreram mudanças na vida de D. nesses termos, mudanças essas vinculadas à sua maior independência e à consolidação de uma personalidade orientada pela realidade – elementos por meio dos quais seus dons criativos puderam gradualmente encontrar expressão.

9. O TEMOR DO CARÁTER NARCISISTA AO INCONSCIENTE

São apresentados, a seguir, dois sonhos. Esses sonhos são de mulheres num estágio crucial da vida. A primeira delas se achava em vias de separar-se, após vinte anos de um casamento sobremaneira destrutivo. A segunda havia passado por difíceis e importantes separações anteriormente e, na época, se achava às voltas com mais uma, necessitando da sabedoria orientadora do seu inconsciente.

Ambas as mulheres se encontravam em treinamento como terapeutas e eram bem versadas na literatura a respeito do narcisismo; em consequência, os sonhos exibem uma linguagem de caráter explícito incomum. Não obstante, exemplificam um temor central do caráter narcisista: o temor de que permitir a interação entre o inconsciente e a personalidade consciente *leve inevitavelmente à morte e a nada mais.*

1) Estou com K. Ela diz que, quando cai na fonte, Narciso simplesmente se afoga. Digo que nasce uma flor. Então, ela pega alguns pequenos livros e me diz, com o mesmo tom de desânimo, que ultimamente esteve lendo tragédias de Shakespeare.
2) Não consigo encontrar um táxi que me leve para casa e fico durante horas em frente a uma sinagoga. Fecham as portas da sinagoga. Começo a caminhar e chego a uma autoestrada ou via principal. Aconteceu alguma coisa e há trabalhadores, com fortes lanternas, tentando iluminar uma lagoa ou superfície de água. Depois de muitas buscas, içam o corpo rígido de um garoto. Ele parece morto. Mas, para minha surpresa, quando olho outra vez – embora horrorizada –, vejo que o corpo está muito vivo. Seus cabelos são encaracolados e vibram.

No primeiro sonho, K. era uma amiga mais jovem, uma mulher temerosa de separações e abandonos. A própria sonhadora, contudo, após a realização de um intenso trabalho, ao longo de vários meses, estava lidando muito bem com essas emoções; em consequência, pôde opor, no sonho, uma atitude positiva à atitude desanimada e agressiva de sua sombra. Essa sombra traz consigo o sistema básico de crenças de muitas personalidades narcisistas. Essa crença determina que a penetração no inconsciente, a perda das estruturas e atitudes comuns que temos, não leva a coisa alguma, não há regeneração, nem renascimento, apenas morte. Aqui, a própria sonhadora personifica a visão oposta, segundo a qual algo de novo pode sobrevir; a flor na qual Narciso é transformado é vista como um símbolo de nova vida. (Voltarei a esse sonho no capítulo 4, quando discutir a importância da flor do narciso.)

10. TRANSFORMAÇÃO DO SI-MESMO NARCISISTA

O Si-mesmo configura-se na desordem do caráter narcisista, como um amálgama de elementos autônomos, uma "falsa uroboros". Há uma ausência da tensão entre opostos que caracteriza uma estrutura psicológica saudável. Quando um dos elementos é dominante, não tem vínculos com nenhum dos outros; em vez disso, assume o controle e ativa o sistema defensivo do ego, tornando a consciência difícil e limitada. Quando transformados – o que ocorre a partir do momento em que são reconhecidos e assimilados pela consciência –, esses elementos amalgamados formam uma estrutura diferenciada, dotada de uma tensão inerente entre opostos. Depois disso, o ego pode passar a funcionar de maneira estável.

Podem ser reconhecidos, no interior desse amálgama indiferenciado, quatro elementos primários. Podemos nomeá-los, aproximativamente, da forma seguinte:

1) O *mágico negro*, termo tomado do folclore, representa o fator psíquico que se empenha por obter o controle e exibe uma grandiosidade extrema. Ele insiste na total determinação dos eventos, razão por que se defende contra a espontaneidade e o acaso. A realidade é identificada com *seus* pensamentos e necessidades e o poder de "saber" e de controlar é continuamente exibido. Essa onipotência requer, ao mesmo tempo, a reflexão especular, sem a qual sua própria existência é ameaçada. Um bom exemplo dessa qualidade é o lado sombrio do Yahweh do Antigo Testamento.

2) A companheira do mágico negro no amálgama pode ser chamada a *falsa noiva*. Ela representa um falso vínculo com o Si-
-mesmo em termos de preocupação com o poder e se manifesta na identificação com a aparência. Assim como a bruxa de *Branca de Neve e os sete anões* dispõe de um espelho mágico ao qual consulta para garantir-se de sua própria beleza sobre todas as outras

mulheres, o lado feminino enfeitiçado do caráter narcisista (seja o paciente homem ou mulher), em vez de relacionar o ego com o Si-mesmo, volta a energia psíquica para o próprio ego. Assim, a pessoa se acha numa eterna atitude de vincular os eventos internos e externos ao seu próprio ego.

A falsa noiva é inimiga na verdadeira noiva, que representa a adequada vinculação do espírito com o Si-mesmo e funciona, em parte, como a capacidade de *ser*. A dominância da falsa noiva leva, antes, ao pensamento e à fantasia contínuos e, em especial, ao *fazer*, que costuma encontrar-se vinculado à obtenção de autoestima.

Uma característica essencial da falsa noiva, com frequência aliada ao mágico negro, consiste na recusa em demonstrar sofrimento. Fazê-lo refletiria uma fraqueza e poria em perigo o impulso de poder. Os caracteres narcisistas exibem, em lugar disso, uma fachada de bem-estar: "Estou bem, posso lidar com tudo". Analogamente, diz-se, na tradição cabalista, que a noiva de Yahweh, no exílio, foi a bruxa Lilith.[84] Yahweh foi separado do seu verdadeiro espírito, a Shekinah, que sofreu, juntamente com os filhos de Israel, até sua reunião com Yahweh.

3) A *identidade ego-persona* caracteriza-se pela conformidade e pela adaptabilidade sociais indiferenciadas. A aceitabilidade social é uma necessidade tão dominante para o caráter narcisista que o ego não pode separar-se da *persona*; esta se torna, nesse caso, uma rígida máscara que envolve a atitude da falsa noiva interior no sentido de negar, paradoxalmente, a necessidade de outra pessoa. O ego-*persona* não é individual; ele exige onipotência e perfeição

de acordo com os valores coletivos. Ele se esforça continuamente por atender a essas exigências impossíveis; nesse esforço, com frequência, entra em colapso, o que se manifesta como perda de energia e depressão.

4) A *sombra* é o quarto elemento. Sua característica primária é a inveja e uma raiva associada. A raiva narcisista, com sua qualidade de implacabilidade com relação às feridas infligidas à autoestima do ego, dá um forte colorido ao sentido de história do indivíduo. A inveja, convicção recorrente de que "nada jamais caberá a mim, mas sim aos outros, de modo que estragarei qualquer objeto que possa me ser dado", inibe de maneira crônica a mudança e a integração da *anima* ou do *animus*.

Nesse estado inconsciente e não transformado do Si-mesmo, esses elementos não se encontram separados; são partes de um amálgama homogêneo. Essa mistura costuma ser criada por meio da fusão regressiva entre o ego e o Si-mesmo, talvez como resultado de um manejo impróprio, por parte das figuras parentais, do exibicionismo e da idealização que emergem ao longo da infância. Esse exibicionismo é veiculado, normalmente, por energias instintivas e agressivas. Em sua fuga regressiva, o ego tenta criar o paraíso original ou condição urobórica. Mas é uma "falsa uroboros", condição na qual as necessidades são reprimidas, em vez de automaticamente atendidas por uma experiência parental positiva.

Na psicoterapia, a transformação do amálgama ocorre de maneira análoga à ascensão e ao descenso de energia conhecidos pelos alquimistas.[85] Trata-se de um processo circular por meio do qual "a matéria é espiritualizada e o espírito, materializado". Mas as projeções dos alquimistas refletiam a dinâmica transformativa *no interior* do Si-mesmo, ao passo que na psicoterapia das desordens do caráter narcisista, a ascensão e o descenso da libido se desenrolam por meio do processo de transferência/contratransferência. Esse é o vaso que contém o "movimento circular", inibido pela fusão regressiva entre o ego e o Si-mesmo.

A ascensão da libido é análoga à transferência idealística, enquanto o descenso corresponde à transferência especular. A "ascensão" espiritual, realizada por meio da idealização do paciente, "desce", por seu turno, através da relação adequada entre o analista e a transferência especular induzida; por exemplo, mediante a contenção e, ao mesmo tempo, a experiência, por parte do analista, do próprio exibicionismo.

Da mesma forma, a resposta idealística induzida do analista, assim como o processamento adequado das energias envolvidas, provocam a "ascensão" da transferência especular e de sua energia exibicionista. Assim sendo, a ascensão e o descenso da libido são experimentados mutuamente por meio do recipiente analítico.

Embora o espelho constitua o tópico geral do capítulo 2, vale a pena observar aqui ter sido ele considerado pelos neoplatônicos, em seus comentários a respeito do mito de Narciso, como dotado da capacidade de trazer o espírito para a matéria e para a vida corporal. A reflexão tem precisamente essa função. Afastando-se do temor neoplatônico à matéria, o homem moderno deve dar as boas-vindas a esse descanso, quando há uma concomitante consciência do espiritual.

Quando os elementos presentes à desordem do caráter narcisista começam a se transformar, por meio da constelação do processo de transferência/contratransferência, sua experiência os mostra como aspectos distintos de uma totalidade. Com essa nova estrutura do Si-mesmo, o ego e o inconsciente mantêm uma relação de simetria especular conscientemente realizada, cada um influenciando o outro e sendo por ele influenciado.

A estrutura quaternária que aparece como resultado da transformação pode ser representada e caracterizada da seguinte forma:

1) O *mágico negro* cede lugar a um espírito positivo; o Si-mesmo é sentido como "conteúdo do ego" e como sua fonte, "pai" e, ao mesmo tempo, "filho". Emerge a constelação positiva *puer-senex*. Torna-se possível, para o ego, uma consciência incorporada. O *fazer* compulsivo torna-se reflexão.

2) A *falsa noiva* é substituída pela verdadeira alma. Emerge o valor positivo do sofrimento. A energia psíquica é canalizada na direção do Si-mesmo, afastando-se do seu investimento excessivo na fusão prévia ego-Si-mesmo. A capacidade de *ser* aparece como valor positivo. A ligação, em oposição ao estar certo, torna-se um valor primordial. Em geral, o cuidado com a própria alma torna-se significativo e representa a transformação da atitude precedente, na qual as aparências dominavam. Desenvolve-se uma capacidade de empatia.

3) O *ego* se desengaja da *persona* e se torna portador da identidade pessoal. Emerge a capacidade de sentir e expressar necessidades por outra pessoa. A percepção da raiva por não ser refletida ou por ter as próprias idealizações tratadas de maneira imprópria torna-se mais consciente e gradualmente transforma-se numa capacidade de expressar raiva de uma forma relacionada. O ego também obtém a consciência de sua "pequenez" e passa a mostrar-se mortificado com a experiência da inveja, que pouco a pouco reconhece ser uma experiência psíquica comum, parte da condição humana.

4) A *sombra* da nova estrutura quaternária torna-se a antiga desordem do caráter narcisista. Essa desordem, em sua forma grandiosa-exibicionista, não desaparece simplesmente. Na realidade, torna-se o lado sombra substancial, sempre potencialmente agressivo, da nova estrutura de personalidade.

A desordem do caráter narcisista não resulta apenas da empatia materna insuficiente. Trata-se igualmente de um padrão arquetípico, que se constela para proteger a nova estrutura do Si-mesmo de uma invasão de outros conteúdos arquetípicos, tal como o aspecto sombra do Yahweh do Antigo Testamento protegeu a visão monoteísta do arquétipo da mãe. Da mesma forma, ela existe como forma de resistência à mudança e por isso funciona precisamente como uma formação de um caráter narcisista decorrente das privações da primeira infância. Ela provoca uma fusão com o Si-mesmo e os antigos sintomas de exibicionismo e de controle grandioso tendem a se manifestar. Por conseguinte, a natureza dúplice do narcisismo se mantém como o lado sombra de uma constelação do Si-mesmo, quer protegendo-lhe a integridade, quer resistindo à sua transformação, a partir da qual diferentes centros arquetípicos se tornariam dominantes.

A atitude geral de Jung com respeito às neuroses consistia em achar que elas, a longo prazo, têm um propósito positivo. Ele acreditava que as pessoas que se tornam neuróticas também são, num certo sentido, escolhidas – pois, nessa condição, são forçadas a lidar com o inconsciente. Os caracteres narcisistas podem estar carregando em si as sementes de uma nova experiência

O uroboros, símbolo da autoabsorção narcisista, assim como da individuação, como processo circular e autocontido (Eleazar, *Uraltes chymisches Werk*, 1760).

consciente do Si-mesmo, experiência na qual, tanto a matéria como o espírito, tanto a ascensão como o descenso, têm igual valor. Como tais, podem estar anunciando uma mudança na imagem do Si-mesmo presente ao inconsciente coletivo.

Capítulo ll

A MITOLOGIA DO PRIMEIRO ESTÁGIO: TRANSFORMAÇÃO DO MASCULINO

1. INTRODUÇÃO

O mito de Narciso é uma imagem da existência psíquica que se encontra entre as polaridades pessoal e arquetípica, fazendo parte de cada uma delas e, ao mesmo tempo, delas apartada. Narciso é uma figura que representa o padrão da existência em trânsito na direção de uma realidade arquetípica ou que se desloca a partir dela; uma figura que se apega ao mundo arquetípico ou luta para separar-se dele, desdenhando as relações pessoais que promoveriam sua separação do eterno e ao mesmo rejeitando a diversidade do reino divino que o aproximaria mais do reino humano.

O aspecto mais consciente da imagem de Narciso é análogo ao que Erich Neumann descreve como fase "mágico-fálica" de desenvolvimento do ego.[86] O mais inconsciente é uma fusão entre os elementos masculino e feminino que denominei, no capítulo 1, o mágico negro e a falsa noiva. Essa fusão de opostos há muito se observa na mitologia e na arte. Assim, a decoração da Sala do Espelho do Chateau d'Anet, como observou F. A. Yates, em *The French Academies of the Sixteenth Century*, foi projetada em pares de opostos – Sobriedade e Inebriação, Amor Extinto e Amor Revivido, Virgindade Testada e Virgindade Protegida, Narciso em oposição a Hermafrodita etc.[87]

Essa consciência mitológica – caso enfatizemos, nesse ponto, a natureza "monstruosa" do hermafrodita, na qualidade de união prematura ou forçada de opostos – reconhece a fusão dos opostos no reino de Narciso. Mas ela igualmente representa o fato de o reino do qual Narciso tenta separar-se *ainda não* ser diferenciado em opostos. E, como o arquétipo aponta para o futuro, o hermafrodita prediz uma nova união potencial de opostos, na qual o masculino e o feminino mantêm uma criativa ação recíproca – com o *ser* e o *fazer*, por exemplo, apresentando igual valor. Mas, na fusão de opostos (seja como regressão ou como estágio em direção à progressão), em que os "pais do mundo" ainda não se separaram,[88] a noção clínica de projeção ainda não se reveste de sentido; assim, formas anteriores, de natureza arcaica, tais como a identificação projetiva e introjetiva, predominam.[89] O mundo da mãe não é todo abrangente e ainda não é libertador; os elementos da existência masculina encontram-se vinculados ao maternal, manifestando-se como "uroboros patriarcal",[90] à espera de uma relação humana espiritual que lhes promova a separação.

Sendo intermediário – nem pessoal, nem arquetípico, mas uma combinação dos dois –, o mito de Narciso é um drama que concerne à relação entre Narciso e uma ninfa, Eco. Sua mãe Liríope também era uma ninfa, uma criatura mitológica cuja existência não é plenamente humana, nem meramente divina: representa um terreno intermediário, o terreno da história de Narciso. E essa história ocorre como eterna possibilidade da alma, humana, não apenas perto dos seis meses de idade, quando a criança começa a entrar na chamada fase do espelho e a ficar aprisionada ali por causa de uma empatia maternal fraca, mas, igualmente, sempre que um ego encontra sua fonte arquetípica e deve então dividir-se entre a ligação e as realidades temporal e espacial.

O mito de Narciso se reveste de especial significação na época histórica atual, tal como ocorreu em outras épocas de transição, pois o mundo arquetípico já não é mantido em tensão por formas religiosas coletivamente válidas e, por essa razão, começa a constelar-se com vigor na alma humana, atuando como um magneto que leva a consciência a voltar-se outra vez para o reino arquetípico. Assim, os egos podem parecer narcisistas, mas se encontram, na realidade, sendo conduzidos para um reino do "ainda-não-existente". Eles podem se achar paralisados, dando origem ao padrão conhecido como desordem do caráter narcisista, da mesma maneira como podem tornar-se renascidos para relações externa e interna com o objeto, para relacionamentos com outras pessoas, como pessoas separadas e distintas, e para o Si-mesmo, na qualidade de outro transpessoal. Pode surgir uma nova estrutura do Si-mesmo, hermafrodita no sentido positivo: não uma fusão de elementos masculinos e femininos com os quais o ego se confunde (com uma consequente confusão de gêneros), mas uma união de opostos que dá condições para a existência da igualdade entre fazer e ser e uma união erótica consciente com os outros e com o inconsciente.

Mas na transição ou "paralisação", o ego narcisista se encontra num domínio intermediário, num reino de ninfas e – em termos clínicos – num domínio de auto-objetos e de transferências especulares ou idealísticas. Essas transferências – propensões estruturais energizadas que estabelecem vínculos entre as pessoas quando o reino narcisista é constelado – não são de cunho pessoal, nem arquetípico; trata-se de uma fusão entre ambos os planos que é, ao mesmo tempo, uma transição entre a capacidade de ver as pessoas como reais, dotadas de qualidades e dimensão humanas, e a consciência do plano arquetípico como não ego.

Normalmente, é possível dizer se a condição narcisista presente num indivíduo constitui uma defesa protetora de uma relação emergente entre o ego e o Si-mesmo ou um padrão de paralisação, uma desordem de caráter. Mas essa diferença não pode ser percebida a partir de um catálogo de sintomas; podemos percebê-la, tão somente, por meio da experiência direta da pessoa.[91] Pois o caráter narcisista pode exercer um grande poder sobre outra pessoa, o poder da fase mágico-fálica na estrutura do adulto. Não é diferente do poder do mágico que se identifica com o arquétipo, sendo a diferença essencial o fato de a prática mágica envolver a consciência e o ritual, razão por que o mágico, ao contrário do caráter narcisista, está cônscio do seu poder e eficácia. Mas o poder narcisista inconsciente deixa o objeto ou "alvo" com a sensação de ser controlado, obrigado a lutar pela sua própria existência ou então produzir um fraco eco daquilo que flui para fora e o controla. Esse poder não produz uma elevação nem uma restauração ou espiritualização, ao contrário do poder de alguém que se encontre vinculado com o Si-mesmo, mas não identificado com ele.

Este capítulo não é primariamente clínico, embora possamos redescobrir muitos dos fatos clínicos descritos no capítulo 1. Ele se concentra, com efeito, no próprio mito de Narciso, primeiramente registrado por Ovídio, em suas *Metamorfoses*, no século VIII d.C., e recontado, modificado e comentado nos séculos seguintes. Encontramos, nessa literatura, muito do que hoje se acha incluído nas noções clínicas da moderna psicoterapia. Mas, posteriormente, encontraremos um verdadeiro foco para a fenomenologia do narcisismo, um foco que reconhece as dimensões arquetípica e humana da existência e vê a imagem de Narciso no seu interior.

Sem entender o vínculo entre Narciso e o mundo arquetípico, não podemos obter nenhum sentido do propósito ou significado das chamadas desordens do caráter narcisista; nesse caso, somos obrigados a confiná-las ao infecundo terreno da patologia. E o fato de elas poderem simplesmente ficar ali, ao longo da vida de um indivíduo, é, na verdade, o aspecto mais trágico da paralisada condição narcisista. Mas nada disso é novo, nem específico do nosso tempo. Em graus variados, trata-se de uma condição permanente e vamos testemunhar essa observação, ao lado de outras tantas, conforme revisarmos as interpretações do mito de Narciso ao longo das épocas.

2. O MITO DE NARCISO SEGUNDO OVÍDIO

A seguinte tradução do mito é de Louise Vinge.[92] Incluo-a aqui por inteiro porque vamos lidar com a maioria dos elementos nele presentes. Ele se inicia pela apologia do adivinho cego, Tirésias:

> Ele, famoso em todas as cidades da Beócia, dava respostas que ninguém podia censurar àqueles que o procuravam. A primeira a pôr à prova a veracidade de suas afirmações corretas foi a ninfa Liríope, a quem o deus-rio, Céfiso, abraçou em sua correnteza coleante e a violou, enquanto

a mantinha aprisionada em suas águas. Na época apropriada, a bela ninfa deu à luz um menino, a quem uma ninfa amaria mesmo como um menino, e lhe deu o nome de Narciso. Quando perguntado se essa criança viveria muito, o adivinho replicou: "Se ele jamais se conhecer". Por muito tempo, as palavras do adivinho pareciam não ter sentido. Mas o que sobreveio mostrou-lhes o acerto – o incidente, o modo como o rapaz morreu, a estranheza de sua louca paixão. Pois Narciso alcançara seu décimo sexto ano e podia ser tomado, quer como garoto ou como homem. Muitos jovens e muitas donzelas procuraram o seu amor; mas, naquela esbelta forma, era tão frio o orgulho, que não houve jovem, ou donzela, que lhe tocasse o coração. Certa vez, caçando um veado assustado, foi Narciso perseguido por certa ninfa, de estranha voz, a retumbante Eco, que não podia ficar em paz quando os outros falavam, nem começar a falar enquanto alguém não lhe dirigisse a palavra.

Na época, Eco tinha forma, não era apenas uma voz; e, no entanto, embora fosse dada a falar, ela não usava a fala mais do que usa hoje – detinha apenas o poder de repetir, dentre as muitas palavras que ouvia, a última que escutasse. Juno a havia feito assim; pois frequentemente, quando Juno poderia surpreender as ninfas em companhia do seu senhor nas encostas das montanhas, Eco retinha teimosamente a deusa em intermináveis conversas até que as ninfas fugissem.

Quando se deu conta disso, Satúrnia disse a Eco: "Essa sua língua, pela qual fui enganada, terá seu poder reduzido e gozará do mais ínfimo uso da palavra". O que sobreveio a Eco confirmou a ameaça de Juno. Não obstante, Eco efetivamente repete as últimas frases de um discurso e devolve as palavras que ouve.

Ora, quando viu Narciso vagando pelos campos, Eco foi tomada de amor e o seguiu em segredo; quanto mais o seguia, tanto mais se aproximava da forma de uma chama; era como o enxofre, que queima tão rápido, espalhado em torno da parte superior das tochas, e que se incendeia a partir de uma chama que dele se aproxime. Oh!, quantas vezes pensou ela em chegar até ele, com palavras sedutoras e fazendo suaves súplicas ao jovem! Mas sua natureza não lhe permite isso, nem permite que ela comece a falar; mas, seguindo o que sua natureza permite, ela se mostra pronta a esperar os sons que pode transformar em suas próprias palavras.

Quis o acaso que o rapaz, separado dos seus fiéis companheiros, exclamasse: "Há alguém aqui?"; e Eco exclamou: "Aqui!". Surpreso, ele olha em todas as direções e, em voz alta, exclama "Aproxima-te!", e ela replica "Aproxima-te!". Ele olha para trás de si e, como não vê ninguém se aproximando, exclama outra vez "Por que foges de mim?" e ouve, em resposta, suas próprias palavras. Ele para, enganado pela voz que responde, e diz "Aqui nos encontraremos".

Eco, que jamais repetiu um som com tanto prazer, diz: "Nos encontraremos" e, para transformar suas próprias palavras em ação, sai da vegetação para poder atirar seus braços em torno do pescoço ao qual deseja abraçar. Mas ele foge dela e, fugindo, diz-lhe: "Retira as mãos! Não me abraces! Que eu morra antes de conceder-te poder sobre mim!". "Conceder-te poder sobre mim", diz ela, e se cala.

Assim rejeitada, ela se recolhe à floresta, oculta sua face envergonhada entre a folhagem e passa a viver, a partir de então, em cavernas vazias. Mas ainda assim, desprezada, seu amor permanece e se transforma em desespero; seus cuidados insones desfazem suas formas desgraçadas; ela se torna descarnada e enrugada e todo o viço do seu corpo se desmancha no ar. Restam apenas sua voz e seus ossos; depois, apenas a voz; pois dizem que seus ossos se transformaram em pedra. Ela se esconde nas florestas e já não é vista nas encostas das montanhas; mas todos a podem ouvir, pois a voz, e somente a voz, ainda vive nela.

Assim como a desdenhou, Narciso desdenhou outras ninfas das ondas ou das montanhas; e, da mesma forma, desprezou a companhia dos homens. Por fim, uma dessas jovens desdenhadas, elevando as mãos aos céus, pediu: "Pois que possa ele amar a si mesmo e não obter aquilo que ama!". A deusa Nêmesis ouviu sua justa prece. Havia uma clara fonte de límpida água prateada, à qual nenhum pastor, ou cabra que se alimentava nas encostas da montanha ou qualquer outro gado haviam chegado; fonte cuja superfície perfeita jamais havia sido maculada por ave, besta ou galho caído. Havia grama em toda a volta da fonte, alimentada pela água próxima, assim como uma mata que jamais padecia sob o sol para aquecer o local. Ali o jovem [Narciso], exausto pela caça e pelo calor, repousa, atraído até aquele sítio pela paisagem e pela fonte.

Enquanto tenta aplacar sua sede, outra sede o acomete, e, enquanto bebe, enamora-se pela visão da bela forma que vê. Ele ama uma esperança sem substância e crê ser substância o que não passa de sombra. Ele olha, num mudo deslumbramento, para si mesmo, e ali se deixa ficar, imobilizado, com a mesma expressão, como se fora uma estátua esculpida no mármore de Paros. Estendido no solo, observa seus próprios olhos, estrelas gêmeas, e seus cabelos, dignos de Baco, dignos de Apolo; observa suas bem talhadas faces, seu pescoço de marfim, a gloriosa beleza do seu rosto, o rosado combinado à brancura da neve: enfim, tudo aquilo que nele provoca admiração é por ele mesmo admirado.

Inadvertidamente, ele se deseja a si mesmo; ele louva ao que vê e é a si próprio que louva; e, enquanto busca, é buscado; ele é, a um só tempo, causa de amor e ardoroso apaixonado. Quantas vezes oferece ele vãos beijos à enganosa fonte! Quantas vezes lança os braços na água buscando abraçar o pescoço que ali vê e, não obstante, não segura a si mesmo neles! Ele não sabe o que vê, mas arde de amor pelo que vê e a mesma ilusão zomba dos seus olhos e os enfeitiça. Ó, jovem, apaixonadamente tolo, por que buscas, debalde, abraçar uma imagem fluida? O que procuras não está em parte alguma; mas dai as costas e o objeto do seu amor já não existirá. Aquilo que contemplas não passa da sombra de uma imagem refletida e nada tem de substância. Contigo ela vem, contigo fica e contigo irá – se puderes ir.

Não há alimento ou descanso que dali o afaste; e ele, estendido na sombreada grama, fita a falsa imagem com olhos que não podem olhar aquilo que os preenche e, por seus próprios olhos, perece. Elevando-se um pouco, e estendendo os braços na direção das árvores, lamuria-se: "Alguma de vós, ó árvores, tereis um dia amado tão cruelmente quanto eu? Sabeis do que falo, pois tendes sido o conveniente abrigo de tantos amantes. Lembrai-vos, nas idades passadas – pois é de séculos vossa vida –, de alguém tão arrebatadoramente apaixonado? Estou enfeitiçado e vejo; mas aquilo que vejo, e que me enfeitiça, não posso alcançar – tão grande é a ilusão que merece o meu amor. E, para tornar mais cruel meu sofrimento, não um poderoso oceano, uma longa estrada ou cadeias de montanhas nos separam; somos apartados por uma tênue barreira de água.

"O próprio [objeto do meu amor] está ávido por ser abraçado. Pois, sempre que estendo meus lábios na direção da luminosa onda, ele, com a face levantada, tenta chegar com seus lábios aos meus. Diríeis que ele pode ser tocado – tão frágil é a barreira que nos separa os corações apaixonados. Quem quer que sejas, vem até mim! Por que, jovem ímpar, me escapas? E para onde vais quando luto por alcançar-te? Por certo minha forma e idade não merecem teu desdém e a mim amaram as ninfas. Ofereces alguma esperança com teus amáveis olhares e, quando estendi meus braços, também estendeste os teus. Quando sorri, sorriste; e muitas vezes vi, quando chorei, as lágrimas que corriam de tuas faces. Responde a meus apelos com meneios de cabeça e suspeito, diante do movimento dos teus doces lábios, que também respondes às minhas palavras, mas com palavras que não me chegam aos ouvidos. – Oh! Eu sou ele! Eu o senti, conheço agora minha própria imagem. Ardo de amor por mim mesmo; eu mesmo provoco as chamas e sofro o seu efeito. Que devo fazer? Devo cortejar ou ser cortejado? E, afinal, para que fazê-lo? O que eu desejo, eu tenho; a própria abundância da minha riqueza me faz mendigo. Oh! Se eu pudesse ser separado do meu próprio corpo! E, estranho desejo de um amante, gostaria que aquilo que amo estivesse apartado de mim! E o sofrimento me tira as forças; mas tenho ainda alguma vida e me vejo privado dela em plena juventude. A morte nada é para mim, pois na morte ficarei livre dos meus problemas; eu gostaria que aquele que é amado pudesse viver mais; mas, nessa situação, devemos morrer juntos num único fôlego."

Tendo falado, Narciso, um tanto desesperado, voltou-se para a mesma imagem. Suas lágrimas turvaram a água e, tênue, desapareceu a imagem na água perturbada. E ele, vendo-a partir assim, exclamou: "Oh! Para onde vais? Fica aqui, e não abandones aquele que te ama, ó cruel! Que eu ainda possa fitar aquilo que não posso tocar e possa, ao fazê-lo, sentir minha infeliz paixão".

Enquanto se lamenta nesses termos, ele despe seu manto e golpeia o peito nu com pálidas mãos. Seu peito, quando golpeado, exibe um delicado rubor; tal como as maçãs, embora parcialmente brancas, exibem um rubor em outra parte ou como uvas, pendentes dos cachos, que apresentam um tom púrpura quando ainda não amadureceram. Tão logo vê isso, quando a água volta a ficar límpida, ele não mais suporta; e assim, como a cera amarela se derrete ao mínimo calor, e brancas gotas de orvalho se dissolvem ao quente sol da manhã, assim também Narciso, esgotado pelo amor, se desmancha, e é consumido, pouco a pouco, pelo seu fogo oculto. Ele já não tem o róseo combinado ao branco, nem a força e o vigor de outrora, nem aquilo tudo que era tão prazeroso ter nos braços; pouco lembra sua forma, aquela que Eco amou tão ardentemente. Mas Eco, quando o vê, embora ainda irada e pouco disposta a perdoá-lo, sente pena dele; e, toda vez que o pobre jovem diz "Ai!", com as mãos golpeando o peito, ela lhe devolve os mesmos sons de pesar. Suas últimas palavras, ditas quando ele ainda fitava a familiar fonte, foram: "Ai!, querido rapaz, amado em vão!"; e o lugar lhe devolveu suas próprias palavras. E quando ele disse "Adeus!", também Eco disse "Adeus!".

Ele deitou sua torturada cabeça na verde grama e a morte fechou os olhos que se maravilharam à visão da beleza do seu senhor. E mesmo quando foi recebido nas moradas infernais, continuou a fitar sua própria imagem na fonte do Estige. Suas irmãs náiades batem no peito e cortam os cabelos, em sinal de pesar pelo irmão morto; as dríades também lamentam e Eco lhes devolve os sons de tristeza. E elas foram preparando a pira funerária, as tochas de mão e o ataúde; mas o corpo de Narciso não foi encontrado. Em lugar do seu corpo, elas encontram uma flor, cujo centro amarelo estava cercado de pétalas brancas.

Quando essa história foi contada além, aumentou a bem merecida fama do vidente por todas as cidades da Grécia e grande era o nome de Tirésias.

3. A ESTRUTURA INICIAL DO MITO

O pano de fundo do nascimento de Narciso é violento; uma união forçada: Liríope é violentada pelo deus-rio Céfiso. Do ponto de vista estrutural, isso indica um problema na área do arquétipo da *coniunctio*, a união dos opostos. Como é bem sabido em termos clínicos, o tratamento das desordens narcisistas lida principalmente com as defesas extremas contra a ligação, tanto com os outros, como com o inconsciente. A união é objeto de grande temor ("Retira as mãos! Não me abraces! Que eu morra antes de conceder-te poder sobre mim!" – eis palavras que bem representam a atitude do caráter narcisista), razão por que boa parte da terapia tem como foco a formação e o relacionamento com a união de transferência/contratransferência. O mito de Narciso, assim com as explicações que lhe são dadas, ilustram o problema da *coniunctio*, em especial do que concerne aos episódios do encontro com Eco e do reflexo.

Mas, poderemos começar a compreender o caráter de Narciso – cujo mito representa a etiologia e a possível transformação do caráter narcisista clínico – a partir da imagem da violação que descreve a união que produziu seu nascimento? Há algo a ser obtido, por exemplo, a partir da qualidade negativa da força masculina, Céfiso, ou, talvez, da passividade de Liríope e de sua consulta a Tirésias?

Em primeiro lugar, consideremos Céfiso, descrito como deus-rio e, portanto, mais poderoso em estatura, mais "arquetípico" que Liríope, uma ninfa. A força masculina é claramente dominante e opressora, uma forma de poder que Neumann chama "uroboros patriarcal":

A figura da uroboros patriarcal beira o informe. Pertence ao estrato arquetípico mais profundo de... forças que atuam na mulher e se acham estreitamente vinculadas à natureza. Mas essa natureza-espírito assume dimensões cósmicas. Em seu aspecto inferior, pode tomar a forma de um animal – cobra, pássaro, touro ou carneiro. Todavia, como espírito demoníaco ou divino, que se impõe à mulher e a fertiliza internamente, costuma tomar como símbolos o vento e a tempestade, a chuva, o trovão e o relâmpago... Apesar do seu aspecto masculino-patriarcal, o simbolismo da uroboros patriarcal transcende a polaridade do simbolismo sexual e abarca os opostos numa única totalidade.[93]

Céfiso era o rio associado ao Santuário de Apolo em Delfos,[94] e por isso pode ser visto, com relação a Apolo, como a força dominadora da inspiração que invadia as sacerdotisas [pitonisas]. Mas aqui, na realidade de violador de Liríope, seu aspecto negativo de uroboros patriarcal é enfatizado.

Um conto de fadas sueco ilumina a relação entre a força masculina abarcadora e a formação narcisista. Chama-se "O alce saltador e a princesinha de lã":

> A princesinha de lã estava apaixonada: "Sou jovem e ardente. Tenho ardor suficiente para todos e desejo compartilhar do bem que possuo". Ela deseja deixar o Castelo de Sonhos, onde vive com a mãe e o pai.

Ela vê um alce, o saltador Perna Longa, e lhe pede que a leve pelo mundo afora. Ele a adverte das dificuldades, mas ela insiste e, em seu lombo, se afasta do Castelo de Sonhos. O saltador Perna Longa alerta que ela não deve soltar seus chifres, nem falar com um bando de duendes que tentarão confundi-la. Mas, quando estes lhe estão fazendo inúmeras perguntas, sua coroa começa a escorregar e ela solta uma das mãos para segurá-la. Isso basta para que os duendes lhe arrebatem a coroa. O alce a adverte outra vez e lhe diz que daquela vez ela teve sorte. À noite, ele vela o sono da princesinha, mas está "tomado por uma ânsia de lutar e por um desejo de não mais ficar sozinho".

No dia seguinte, com a princesa no lombo, ele se dirige à floresta, mas dá um jeito de refrear o passo e de seguir devagar. Mais uma vez, ele a adverte para não soltar os seus chifres – desta vez, quando uma bruxa lhe fizer perguntas. Mas, como suas vestes comecem a cair, ela busca alcançá--las e a bruxa delas se apossa. O alce lhe diz que ela teve muita sorte; se tivesse soltado ambas as mãos, teria sido forçada a ir com a bruxa.

Ao longo do caminho, o alce vai ficando cada vez mais agitado, desejoso de correr e encontrar companhia sem restrições. Ele consegue controlar-se, com dificuldade, e logo leva a princesa ao seu local muito especial, um poço. Ele a adverte para que não deixe cair o coração que ela usa no pescoço, mas, mesmo assim, ela olha para o poço e o coração de ouro, presente de sua mãe, cai nas profundezas das águas e ela não o consegue recuperar. Ela insiste em ficar, embora ele lhe peça que se vá. Agora, a princesinha se acha enfeitiçada e ali fica, fitando a água, buscando o coração.

Muitos anos se passam. A princesinha de lã ainda senta e olha interrogativamente para a água, em busca do seu coração. Ela já não é uma menininha. Há, em seu lugar, uma delgada planta, coroada de algodão branco, inclinada sobre a beira do poço.[95]

Nesse conto, a princesa tem um bom vínculo maternal inicial, simbolizado pelo fato de a sua mãe ter-lhe feito presente de um coração de ouro, mas é bastante ingênua. Ela tem um complexo materno positivo; ela é semelhante a um recém-nascido, que vive num mundo de sonhos. Mas sabe que deve partir e a separação necessária acontece, através de uma força masculina – nesse caso, o alce saltador. A princesa eventualmente terá de passar pelo estágio do narcisismo, que representa a capacidade emergente de reflexão interna de sua estrutura do Si-mesmo e, em consequência, de formação da identidade. Esse estágio se segue à sua separação da unicidade urobórica no castelo; a imagética materna negativa que surge em seguida, os duendes malévolos e a bruxa, representa as forças da regressão, que tentam levá-la ao retrocesso. Mas, embora vença os duendes e a bruxa, ela se deixa aprisionar pelo poço, com uma fixação no coração que perdera,

presente de sua mãe, símbolo de uma conexão erótica com o Si-
-mesmo. Tal como Narciso, ela se encontra enfeitiçada, numa
condição de fusão regressiva com o inconsciente, apartada da
possibilidade de refletir conscientemente o Si-mesmo.

Uma conexão inicial positiva com o Si-mesmo é perdida porque a força masculina era demasiado primitiva, indomada e compulsiva. O alce simboliza a uroboros patriarcal, a força de acento
masculino, profundamente embebida na natureza, que trabalha
na direção da individuação, levando a pessoa para fora da vida
inconsciente de fusão e inocência. Mas, nesse caso, a força masculina é por demais selvagem para ser um bom guia; em lugar de
tornar-se um príncipe que poderia ter-se casado com a princesa,
essa força permanece como um observador e, além disso, mantém uma forma não humana. Eis por que o desenvolvimento do
feminino malogra: a princesa sofre uma regressão, transforma-se
em planta, da mesma forma como Eco se transformou em pedra.

A força masculina dominadora, caracterizada como Céfiso
ou como o alce, é um atributo essencial da condição narcisista.
Mesmo com um vínculo maternal inicial de caráter positivo, a
selvageria e as abarcadoras necessidades de fusão da uroboros
patriarcal tornam impotente a formação inicial do Si-mesmo em
termos do crescimento psicológico contínuo e da formação da
identidade. O impulso masculino de poder esmaga o feminino
– nos homens e nas mulheres – e a capacidade de *ser* – essencial
para a consciência do "eu sou", elemento central da formação da
identidade – está ausente; há em seu lugar um *fazer* compulsivo.

(Pergunte a um caráter narcisista quem ele é e ele em geral dirá o que faz.)

A força semelhante a Céfiso é experimentada, em vários graus, sempre que somos o alvo das energias controladoras que dominam o lado narcisista de uma personalidade. Em sua natureza positiva, voltada para um propósito, essas forças constituem uma exigência que se traduz em "cale-se e escute!" e "fique comigo!". São energias que tendem a inundar o ego, mas que podem tornar-se um sentido de poder experimentado, de uma verdadeira e válida eficácia. Em sua forma negativa, essas forças são sádicas e implacavelmente controladoras, insensíveis destruidoras da ligação, ao mesmo tempo que são alimentadas por um lado inferior que insiste em impedir uma relação especular positiva.

No interior do indivíduo, a uroboros patriarcal é responsável pelo medo da inundação por parte de energias e da inveja exibicionistas, um temor que leva tanto à construção de fortes defesas como à pressão inconsciente. O ego é, assim, ou periodicamente esmagado – enfraquecido pela pressão interna do fazer, incapaz de valorizar o simples *ser*, a alegria de existir –, ou impulsionado na direção de um número cada vez maior de realizações, quase sempre desprovidas de sentido.

A violação de Liríope pelo deus-rio Céfiso ilustra esse tema arquetípico em ação, na formação da desordem do caráter narcisista. Mesmo que haja um alto grau de afeto maternal, a desordem pode vir a se desenvolver, como resultado de problemas vinculados ao reino arquetípico masculino. É fácil superestimar o papel do elemento maternal nas primeiras formações do caráter, ao mesmo tempo que se subestimam os efeitos negativos dos fatores arquetípicos masculinos. Mas ambos os planos se revestem de um caráter essencial.

Sob a forma de poder intrusivo na mulher, ou de poder que tende a dominar o homem, o aspecto da uroboros patriarcal do inconsciente coletivo já não é submetido ao controle por meio da projeção em formas religiosas (tais como o Yahweh do Antigo Testamento) e por isso se manifesta de forma particularmente imediata. Há muito, os homens vêm se defendendo contra ele por meio da identificação com aquilo que se conhece popularmente como atitude masculina chauvinista; ela permanece profundamente enraizada como atitude inconsciente de depreciação e, muitas vezes, de ódio às mulheres. As mulheres, por sua vez, um tanto à feição de Liríope, têm-se defendido contra o poder invasivo da uroboros patriarcal por meio de atitudes masoquistas.

À medida que essas defesas vão-se desgastando, fica claro o desafio à consciência. O poder sádico e controlador, representado por Céfiso na história de Narciso, deve ser enfrentado com a consciência individual. O homem e a mulher devem fazer isso, não apenas individual, mas também conjuntamente. Os homens são tão responsáveis pelas invasões urobóricas patriarcais de suas companheiras – e pelos "excessos irracionais", a histeria e o medo, há muito internalizados nas mulheres – como as mulheres o são pelo desenvolvimento positivo do *animus*, que pode mostrar-se uma forte barreira contra a inundação emocional. Pois a falta de percepção do homem e, normalmente, sua atitude defensiva com respeito à depreciação inconsciente que faz das mulheres são um canal para as mesmas forças que levam à inundação emocional. A negação pelo homem de suas qualidades de sombra, por exemplo, com frequência se configura precisamente como um fator determinante – na constelação da força urobórica patriarcal negativa que domina sua companheira – e como tudo aquilo que possa estar ativo apenas nesta última.

O fator representado como Céfiso é um aspecto da estrutura geral do narcisismo. No capítulo 1, observei a analogia entre o deus alquímico Mercúrio e a fenomenologia do narcisismo, tal como descrita na literatura psicanalítica. A uroboros patriarcal é uma qualidade de Mercúrio, um aspecto de sua natureza não transformada, no qual os opostos se fundem, mas que, não obstante, pode levar a um novo desenvolvimento do Si-mesmo. A natureza arquetípica das forças que atuam nas formações do caráter narcisista aponta para o fato de poder haver um Si-mesmo recém-surgido por trás dos sintomas narcisistas. Esse desenvolvimento, que transcenderia o plano pessoal, indicaria uma mudança no inconsciente coletivo, mudança essa que talvez tivesse sido concebida, de início, nas especulações alquímicas, mas que teve de esperar a objetividade e o desenvolvimento do ego do pensamento científico antes de poder fincar raízes de forma plena.

Dada sua natureza arquetípica, faz-se necessária uma atitude espiritual com relação à força semelhante a Céfiso. Trata-se de um problema, não apenas em termos de ligação pessoal, como também em termos religiosos, implícito nas questões do narcisismo, um problema que pode tornar-se acessível por intermédio da criatividade, da introversão e da meditação – ações capazes de constelar a psique arquetípica positiva (qualidade sutilmente percebida na figura de Tirésias). Uma atitude que respeite os dominantes arquetípicos, e que, ao mesmo tempo, leve em devida consideração as questões da ligação e os problemas da transferência, mostra-se essencial na terapia das desordens do caráter narcisista. A crescente consciência disso pode explicar o atual aumento do interesse pela abordagem junguiana.

Há um importante fenômeno no tratamento das desordens do caráter narcisista que exemplifica a ação da força urobórica patriarcal negativa. Trata-se da resposta de contratransferência que costuma ser induzida pela transferência idealística. Infelizmente, ela com frequência repete o que outrora aconteceu entre os pais e o filho, a destruição de uma saudável relação ego-Si-mesmo no momento mesmo em que esta tenta desenvolver-se por meio da idealização.

A idealização, o processo por intermédio do qual um indivíduo ou imagem coletiva são vistos como perfeitos onipotentes e sábios, é uma via necessária ao longo da qual a energia do Si-mesmo se manifesta. Kohut e Neumann, embora tenham partido de perspectivas diferentes entre si, o tornaram claro.[96] Mas a pessoa paralisada num nível narcisista, num estado de fusão com o Si-mesmo, e fortemente protegida contra a raiva interna e as relações externas, deve seu sofrimento ao fato de jamais ter sido capaz de estender uma idealização a outra pessoa significativa, nem ter conseguido que essa idealização fosse adequadamente recebida. A recepção adequada da idealização envolve o conhecimento – instintivo, se não puder ser consciente – de que essa energia pertence à criancinha: o objeto da idealização não é divino, mas a energia o é – e pertence à estrutura emergente do Si-mesmo da criança. O adulto deve ser capaz de permitir a idealização, de forma tal que, mais tarde, a energia possa ser integrada outra vez à estrutura psíquica da criança. Esse processo jamais foi bem-sucedido para o caráter narcisista, e suas dificuldades se repetem no processo psicoterapêutico de transferência/contratransferência.

Por meio das reações de contratransferência ao fato de ser objeto de idealização, podemos perceber algo da força da uroboros patriarcal. Pois o terapeuta sente-se "visto", reconhecido como importante, uma fonte de sabedoria e de valor e, por essa razão, tende a identificar-se com sua resposta emocional. Pode ser difícil evitá-lo, pois o ímpeto da reação é compulsivo. Naturalmente, esse ímpeto se aferra ao próprio exibicionismo não integrado do analista, às suas necessidades frustradas de ser considerado uma pessoa ímpar. Mas, mesmo que essas necessidades estejam um tanto integradas, a força da idealização pode levar o analista a assumir o controle da sessão por meio de historietas autoengrandecedoras, relatos pessoais, amplificações mitológicas etc. O resultado disso é um novo esmagamento do processo do paciente, sua violação simbólica pelo exibicionismo não reflexivo do analista.

Os aspectos negativos da energia emanada da uroboros patriarcal fornecem uma clara imagem do que é enfrentado clinicamente no tratamento da desordem do caráter narcisista. Por intermédio do pano de fundo mitológico, é possível obter uma visão geral dessa força, de vez que é muito difícil agir sob uma perspectiva puramente clínica. Por exemplo, sua natureza positiva, transformadora, pode ser perdida de vista com facilidade, levando a uma perspectiva muito pessimista com respeito às formações narcisistas. Uma atitude abertamente positiva também pode ser ilusória. Mas, no material clínico apresentado no capítulo 1 (seção 7), vimos um aspecto positivo da uroboros patriarcal, uma águia, que apareceu pela primeira vez como força dominadora, devorando a paciente, mas que terminou por transformar-se num guia positivo, de cunho espiritual.

A ligação interpessoal, especialmente quando do seu desenvolvimento no curso do processo de transferência/contratransferência, é essencial para a transformação da força urobórica patriarcal, de modo que seu significado positivo, espiritual, possa emergir. Mas, para reiterar, esse poder é de origem transpessoal;

não se trata de um objeto introjetado a partir das relações interpessoais, muito embora estas possam transformá-lo para o bem ou para o mal. E essa constelação, dado seu caráter interpessoal, pode depender tanto de fatores irracionais como de questões interpessoais; tanto de atividades introvertidas, tais como a imaginação ativa e a meditação, como de todos os envolvimentos externos, vinculados ao objeto.

Consideremos agora Liríope, mãe de Narciso. Ela parece desempenhar um papel menor, mas haverá algo no seu comportamento que nos possa auxiliar a compreender o desenvolvimento de Narciso? Os comentadores do mito notaram uma qualidade "narcisista" em sua mãe. Por exemplo, a obra de Robert de Blois, *Floris et Liriope*, publicada por volta de 1250, descreve Liríope como uma bela princesa de Tebas que não queria ouvir falar de noivos. Por meio da duplicidade, Flóris se aproxima da orgulhosa moça e a seduz. Quando ela engravida, ele deve partir. E embora ele mais tarde obtenha distinções e honras como cavalheiro, seu casamento, realizado quando do seu retorno, doze anos depois, é considerado uma desonra por Liríope. A história, tal como Vinge nos conta, centra-se então em Narciso, que é "tão orgulhoso e inacessível quanto fora sua mãe".[97]

Mas não haverá algo de suspeito com relação a Liríope no próprio relato de Ovídio? Afinal de contas, por que tanta preocupação com o tempo de vida do seu filho? Em resposta à pergunta a respeito da vida longa de Narciso, Tirésias replica que sua vida será longa "se ele jamais se conhecer". Mas conhecer-se seria para ele ter um conhecimento do seu eu, distinto de outros eus, o que implica a separação do mundo materno. Não vemos assim, na preocupação de Liríope pelo seu filho, o temor de que ele se separe dela?

Liríope, tal como é descrita em *Floris et Liriope*, exibe qualidades da "falsa noiva". Ela se preocupa consigo mesma e não reflete o masculino. Esse aspecto do feminino também é enfatizado em algumas discussões da figura de Eco, apresentadas adiante, nas quais ela é vista, de forma negativa, como uma mera criatura dedicada à bisbilhotice (outros, como o veremos, percebem-lhe o potencial positivo). Talvez a qualidade não especular de Liríope explique o fato de ela ter sido violentada por Céfiso. Isso estaria de acordo com o conhecimento clínico, segundo o qual é frequente que uma resposta do tipo dominador, como a dada por Céfiso, seja constelada pela reflexão fraca por parte do analista. Esse tipo de resposta pode revelar o desejo de provocar uma reação *erótica* pessoal que leve o paciente mais em conta.

Internamente, Liríope indicaria uma falta de reflexão interna em Narciso, uma falta da qualidade especular que lhe desse um sentido de sua própria natureza ímpar. Externamente, no nível do objeto, ela exibe qualidades que é comum encontrar na mãe do caráter narcisista, autoenvolvida e sem o mínimo traço de capacidade especular.

Voltamo-nos agora para Tirésias, a última figura da estrutura quaternária com a qual se inicia a história. Tirésias é o velho sábio arquetípico. Ele teria um conhecimento especial do problema da *coniunctio*, notadamente por ter perdido a visão graças a um desses problemas: ele fora convidado a arbitrar uma desavença entre Hera e Zeus a respeito de qual dos gêneros aproveitava mais do sexo. "Com frequência", disse ele, "o homem aproveita apenas uma parte. Nove partes a mulher preenche, com o coração pleno de gozo." Hera ficou furiosa com essa resposta e o cegou, mas Zeus lhe deu o dom da profecia como uma compensação. Em outras histórias, Tirésias também se vê às voltas com problemas de *coniunctio*, por exemplo, quando encontrou duas cobras acasaladas e matou a fêmea. Por isso foi transformado em mulher e assim viveu sete anos. Quando viu outro par de cobras se acasalando e matou o macho, voltou a ser homem.[98]

Por conseguinte, a vida de Tirésias é condicionada pelo envolvimento na questão central da história de Narciso. Sua visão é perdida como resultado de uma luta pelo poder entre o macho e a fêmea, Zeus e Hera. Mas, como resultado, obtém a visão interna, que vê o inconsciente. (Diz-se que Tirésias foi o único a manter seu *thymos*, o órgão da consciência, no Hades.) Tirésias representa a possibilidade de transformação por meio da introversão, através da conexão com o mundo interior. Voltaremos a esse potencial positivo em versões ulteriores do mito de Narciso e mediante uma análise do episódio do reflexo. Se Narciso pudesse mergulhar em seu mundo interno, e conhecer-se a si mesmo *como o Si-mesmo*, morreria. Isso significa que o todo vaidoso

Narciso, tal como esse tipo de comportamento no caráter narcisista, desapareceria.

Mas o fruto da união de Céfiso e Liríope é indiferente e rejeita intimidades, com os outros ou consigo mesmo. O que não é de admirar, com o pano de fundo de sua vida. E não é de admirar que haja essa indiferença e essa crônica difusão de identidade no caráter narcisista, diante do abarcador impulso interno de poder da força semelhante a Céfiso, que tende a inundar o ego com energias exibicionistas, e diante do estado interno não reflexivo simbolizado por Liríope. Mas a história mostra, não obstante, uma forma de possível desenvolvimento, que se aproxima de maneira notável da moderna abordagem clínica, na figura de Eco.

4. NARCISO E ECO

Afirma-se que o episódio de Eco foi acrescentado por Ovídio a uma versão anterior do mito; se isso for verdade, configura-se como mais uma prova do gênio de Ovídio, considerando-se que Eco representa de modo admirável a contraparte feminina de Narciso. E ela igualmente representa aquilo com que nos deparamos na situação clínica, ao lidar com as atitudes narcisistas de extremo controle defensivo. Assim é que a exigência de reflexão, a exigência traduzida em "cale-se e escute" – isto é, respeite o significado desse controle – nos reduz, na realidade, a um eco; a não ser, é verdade, que trapaceemos e quebremos o encanto, identificando-nos com a força negativa representada por Céfiso. Mas, afora nessa circunstância, somos efetivamente controlados pela transferência especular do paciente, e temos pouca voz própria.

Ora, a questão principal tem a ver com a *maneira pela qual* ecoamos aquilo que nos contam. Deveremos apenas balbuciar em resposta, refletir como se disséssemos "sim, sim"? Ou é possível produzir o eco num sentido mais profundo e mais significativo?

Nas primeiras abordagens do mito, talvez até o século XII, Narciso ocupa o foco de interesse e Eco é secundária. Mas ela se torna, pouco a pouco, dotada de importância própria, passando a ser tratada, com compaixão, como um exemplo de amor não correspondido. Isso pode indicar um desenvolvimento da consciência coletiva. Da mesma maneira, o ecoar como forma de reflexão empática (distinta da interpretação) tornou-se mais disseminado na terapia ao longo da última década. Tornou-se cada vez mais claro que o modo pelo qual produzimos o eco é um dos principais fatores da cura da desordem do caráter narcisista.

Se dermos respostas ocas, nosso eco será como a Eco da máxima moral de Berchorius, do século XIX: "Eco significa aduladores que cercam as montanhas, isto é, homens de alta posição... Se ocorrer de algo ser proferido por alguém, eles responderão *incontinenti* ao que tiver sido dito e devolverão as mesmas palavras como uma bênção".[99] E já antes, no século XII, escreveu Alexander Neckham: "Designa-se por eco aqueles que se mostram por demais inclinados a falar; em verdade, eles desejam a última palavra, esses grandes conquistadores".[100]

Na psicoterapia do caráter narcisista, é possível sucumbir ao desejo de falar em demasia, de ter a última palavra – se nos identificarmos com a pressão grandiosa que domina o paciente. Há também uma tendência de refletir de maneira vazia, dando a impressão de que se está entediado, sem tentar penetrar o sentido das defesas narcisistas. É comum, da mesma forma, sentir que pouco importa o que se faça ou o modo como se tenta alcançar o paciente, pois nada é o bastante. Tal como Eco, podemos sentir que o nosso amor não é correspondido, que nosso interesse de nada vale; em geral, sentimo-nos desdenhados.

E, no entanto, ecoar simplesmente pode ter um resultado muito positivo, caso entendamos o seu sentido. Uma intrigante explicação de Eco ilumina isso. Como nos conta Vinge, as "máximas simbólicas" de Pitágoras formavam um conjunto de sentenças consideradas como a mensagem de Pitágoras aos seus discípulos, sentenças essas que os neoplatônicos e seus sucessores dos séculos XVI e XVII fizeram um ingente esforço na tentativa de interpretá-las. Entre essas sentenças, há uma que foi traduzida para o latim e que Gyraldus ordenou de forma a afirmar: "Devemos dirigir orações a Eco quando sopra o vento".[101]

Gyraldus diz que não conhece nenhuma interpretação dessa máxima, muito embora se refira ao filósofo neoplatônico jâmblico, que viveu no início do século IV: "Disse ele que [Pitágoras] sugeriu que devemos amar a imagem da natureza e o poder do divino".[102] Mas essa máxima tornou-se objeto de interesse no início do século XVI, graças à publicação da obra de Gyraldus, e, em *The Seven Days*, o advogado italiano Alexander Farra dá uma descrição do caminho para a paz em Deus, de acordo com as doutrinas do platonismo renascentista, comentando a máxima "do vento e do eco":

> *Dirigir orações a Eco quando sopra o vento.* O vento simboliza o espírito de Deus... Ele move a mente; assim, a razão é posta em movimento e, quando tiver sido movida, a imagem ou forma é refletida e retorna, pelo mesmo caminho, à unidade intelectual, iluminando, excitando e elevando até Deus todas as partes do espírito, o que as torna um único espírito com Ele. Esse reflexo é chamado, pelos teólogos simbólicos, *Eco...* ela é a filha da voz e, como envia um divino e bendito esplendor por todo o reino espiritual, merece ser adorada e respeitada sem nenhum endurecimento do coração, de forma que não [nos] sobrevenha o que sobreveio a Narciso – o qual, em sua ingrata fuga a Eco, apaixonou-se pelo próprio reflexo... Eco significa o espírito divino que desce para iluminar-nos as almas... Narciso, ao escapar, significa a pessoa impura e viciosa que não obedece à voz divina.[103]

Eco, a ninfa, parece ser entendida aqui como representação alegórica do relacionamento entre Deus e o homem. Essa relação é comparada à reflexão da luz ou do som.

Eco representaria, assim, em termos psicológicos, o vínculo entre o ego e o mundo arquetípico. No trabalho clínico, é isso igualmente que se passa. Quando o analista ecoa os comentários controladores do paciente, deve fazê-lo com uma compreensão implícita do pano de fundo arquetípico (por vezes chamado metapsicológico). Essa compreensão requer que aquilo que o paciente oferece não pare no ego do analista, mas seja levado ao seu inconsciente e possa então voltar ao paciente, sem trazer nada de novo além da percepção daquilo que ele revelou. Trata-se de um processo circular, que depende de se ouvir, naquilo que parecem balbucios sem sentido, o significado arquetípico, significado esse que reconhece o trabalho de um Si-mesmo que tenta nascer.

A interpretação neoplatônica do eco encontra um paralelo de semelhança incomum nos dados etnológicos referentes a uma cultura primitiva, os índios tucanos, da região do noroeste da Amazônia, na América do Sul. Os tucanos dispõem de um sofisticado esquema para o desenvolvimento da personalidade individual, expresso por meio de quatro categorias. A quarta e mais importante delas inclui apenas cerca de três por cento da população, os sacerdotes e xamãs. Estes últimos são indivíduos excepcionalmente dotados que

> conhecem a grande lei do circuito de energia e o mecanismo do *eco* por meio do qual toda Criação transmite continuamente a mensagem do seu Criador.

Eles distinguem entre perceber e conceber. Perceber é *ver* e *conhecer*: aquilo que pode ser visto e conhecido é passível de ser classificado. Mas conceber é diferente: conceber é *ouvir* e *conhecer*. Ao perceber, o olho vê e reconhece, mas, ao conceber, a mente ouve e reflete e aquilo que é ouvido é o *eco das coisas*. Ouvindo esse "eco", conhecemos o que é simbolizado... o conceito de simbolismo e de pensamento simbólico é expresso na palavra eco, a sombra, a imagem, a essência.[104]

Eis algo notavelmente próximo da visão neoplatônica; ambas as visões reconhecem ser o eco uma profunda metáfora da compreensão do significado arquetípico dos eventos. O terapeuta deve ser dotado da capacidade de ecoar o sentido divino, e não o profano. Isso requer o conhecimento das forças arquetípicas em ação; do contrário, é muito difícil "se desapegar" das reações destrutivas de contratransferência. Isso requer a percepção do funcionamento profundo de um Si-mesmo emergente no interior daquilo que pode ser uma das mais cansativas, sem sentido e defensivas parlapatices.

A figura de Eco na história de Ovídio parece bem distante da Eco descrita nas máximas simbólicas de Pitágoras, assim como na concepção dos tucanos. Ela pareceria uma pálida cópia das capacidades reflexivas da psique, o que talvez explique seu fracasso em vincular-se a Narciso, assim como seu trágico fim.

Mas devemos recordar as circunstâncias no âmbito da qual ela foi reduzida a um eco. Hera foi responsável por isso, da mesma forma como havia cegado Tirésias. E, em ambos os casos, havia um problema de poder em jogo, entre Hera e Zeus. Assim sendo, há, ao lado da forte constelação materna negativa, no contexto inconsciente de Narciso, um contexto similar na aflição de Eco.

Num certo sentido, Eco transforma-se numa espécie de irmã "tudo, exceto mãe". Ela está a serviço do Pai, alienada do arquétipo da mãe. Sua condição final como voz sem corpo é característica da alienação maternal e constitui uma razão pela qual seu eco é ineficaz.

O conflito masculino-feminino, que tanto domina a etiologia de Narciso, domina igualmente a de Eco. Não apenas há uma severa ferida do desenvolvimento do ego na condição narcisista, como também uma desordem do dominante contrassexual, que se torna, quer ineficaz, quer impulsionado pelo poder. É precisamente esse parco desenvolvimento estrutural do fator *anima / animus* o elemento a requerer correção, ao longo do processo analítico, por meio de um eco de raízes mais profundas, uma reflexão que exprima a profundidade da psique. Deve-se acrescentar, em conexão com o triste fim de Eco, que a reflexão por parte do analista mostra-se mais eficaz quando é *incorporada*. Em outras palavras, ela requer um sentido de experiência e realidade corporais; não uma conexão fugidia com símbolos, mas sim uma percepção e uma comunicação do seu poder no contexto da vida do paciente.

Mas será esse processo de ecoar, de ser um espelho empático, mesmo numa profundidade real, de cunho psíquico, suficiente para a transformação da desordem do caráter narcisista? É inegável que, sem uma sensível e efetiva reflexão, há poucas oportunidades de se penetrar as defesas narcisistas. Tal como Narciso, os caracteres narcisistas têm verdadeiro pavor de serem controlados, pois têm um sentido muito parco de poder pessoal. Daí decorre o sadismo e a extrema crueldade que dominam seu comportamento sempre que se sentem, de alguma forma, pressionados; da mesma forma que "Retira as mãos! Não me abraces! Que eu morra antes de conceder-te poder sobre mim!" são as respostas de Narciso às iniciativas de Eco. Mas, embora seja necessária uma resposta ecoante significativa, há razões para duvidar de sua eficácia transformadora, mesmo quando sua existência apresenta grande profundidade psíquica.

Para usar um símile matemático, o eco, que em termos clínicos configura-se como o caminho da empatia, pode ser necessário, mas não suficiente. E, como o sugere a história de Narciso, há muito mais coisas envolvidas na transformação do caráter narcisista, tanto mais se a dimensão do *descenso*, a incorporação do Si-mesmo como algo distinto de uma solução simplesmente espiritualizada, for desejada. Além do eco, há os substanciais problemas da raiva e da inveja, e, ulteriormente, a experiência introvertida do Si-mesmo.

5. A MALDIÇÃO DA INVEJA

Vários comentadores do mito de Narciso observaram o papel da inveja em Narciso, observação sustentada pela moderna compreensão clínica do narcisismo.

Por exemplo, um poeta lírico do século XVII, Marino, em seu poema épico *L'Adone*, compara o amante a Narciso, e fala de sua punição: "Ele olha [seu reflexo] e o saúda – Ai do tolo! – deriva uma real dor da falsa imagem. Como amante e amado, ele ora se vê congelado, ora em chamas, tornou-se tanto flecha como alvo, tanto arco como disparo. Ele inveja a figura transitória da doce água fluente".[105] E, antes disso, no século XVI, um dos sonetos de Spenser, que combina o motivo dos olhos que percebem a beleza com o tema de Narciso, exprime a emoção da inveja:

> *My hungry eyes through greedy covetize,*
> *still to behold the object of their paine:*
> *with no contentment can themselves suffize,*
> *but having pine and having not complaine.*
> *For lacking it they cannot life sustayne,*
> *and having it they gaze on it the more:*
> *in their amazement like Narcissus vaine*
> *whose eyes him starv'd: so plenty makes*
> *me poor.*[106]

[Meus famintos olhos, em ânsia, cobiçam / a razão de sua dor mais e mais fitar: / e com nenhum prazer jamais se contentam, / e, tendo-o, lamentam; não o tendo se queixam. / Eis que, à sua falta, não dão à vida substância, / e, tendo-o, mais o fitam, à deriva: / enfeitiçados, do vaidoso

> Narciso à semelhança / cujos olhos eram apenas para si: é abundância o que me priva.]

Frases como "e, tendo-o, lamentam; não o tendo, se queixam" e "é abundância o que me priva" expressam o sentido da inveja, tal como o faz o lamento de Narciso: "O que desejo, tenho; a própria abundância da minha riqueza me faz mendigo". O sentimento expresso é de que jamais haverá o suficiente; quanto mais houver para os outros, tanto mais me é mostrado quão pouco há para mim.

O papel dominante da inveja é evidente na interação entre Narciso e seus pretendentes. Eles sentem a inveja, pois ele representa um objeto a um só tempo desejado e completamente inalcançável. E, tal como essa emoção pode, em casos graves, levar ao suicídio, assim é que, numa outra versão do mito, feita por um autor antigo, Canon, um dos pretendentes de Narciso sente-se tão miserável que ameaça atentar contra a própria vida. E Narciso lhe envia uma espada![107]

Se atentarmos para a maldição lançada pelo pretendente no conto de Ovídio – "Pois que possa ele amar a si mesmo e não obter aquilo que ama!" –, veremos a dinâmica da inveja. Pois a maldição diz que Narciso deve sentir o mesmo vazio invejoso experimentado pelos seus pretendentes, sempre incapaz de alcançar o que deseja, embora o objeto de satisfação se encontre tão próximo. Isso está implícito na afirmação de que a deusa Nêmesis ouve o pedido do pretendente, já que, de acordo com

Helmut Schoeck, em sua exaustiva análise sociológica, Nêmesis e a inveja estão estreitamente vinculadas entre si. Diz-nos ele que "a concepção clássica de um poder divino que representa o princípio da inveja é vinculado, com muita frequência, à palavra 'nêmesis'" e acrescenta "em Heródoto, Nilsson descobre uma tendência a chamar a divindade [Nêmesis] 'invejosa'".[108]

Em outras versões do mito, outras divindades são frequentemente responsabilizadas por carregar a maldição da inveja. Amor e Vênus costumam ser mencionadas. Em todos os casos, o princípio arquetípico de eros é violado por Narciso e este, em seu estado de *hubris*, é alvo da maldição, como se tivesse de experimentar a inveja que mais teme. E, nesse aspecto, ele é exatamente igual ao caráter narcisista, temeroso de toda intimidade e, em especial, de todo sentimento de necessidade, para que a inveja não seja evocada e sentida. Ao que parece, a temida emoção da inveja – que os caracteres narcisistas em geral costumam encontrar, pela primeira vez, em suas próprias mães narcisistas – deve, eventualmente, ser enfrentada.

Minha experiência clínica indica que a dinâmica da inveja entra no processo de transformação da desordem do caráter narcisista depois de a atitude defensiva da transferência especular ter-se dissolvido. Ou entra no início, quando as transferências narcisistas se configuram como formações primariamente defensivas contra a inveja, contra a crença inconsciente de que nenhum objeto estará disposto a aceitar as energias da transferência, a ser idealizado ou controlado em benefício do paciente. A crença recai precisamente no oposto – ninguém jamais se importará o bastante. Isso provoca o ódio contra o objeto sobre o qual recai a energia da transferência, isto é, leva a uma transferência negativa. O que se manifesta, portanto, é o aspecto da inveja associado ao ódio, que costuma ser revertido sobre o Si-mesmo e que se evidencia sob a forma de ódio do sujeito a si próprio. Na realidade, como se costuma observar, o problema do caráter narcisista, assim como de Narciso, não é o amor, mas sim o ódio a si próprio. Um poema do século XVI, de Maurice Sceve, por exemplo, compara o amante a Narciso: "Suporto sem queixa o amor que me consome, como a Narciso, embora eu não tenha ofendido Amor. Amor me mata, ao acender dentro de mim o amor por um objeto inatingível, mas, ao mesmo tempo, deseja me manter vivo por meio do amor".[109] Esse estado de inveja tortuosa leva inevitavelmente ao ódio a si próprio, que encontra uma dolorosa expressão no final do poema: "Por que devo eu ser morto, se já morre bastante aquele que ama em vão?".

O problema da inveja, da forma como aflige a condição interna de Narciso, é evidente, em especial no estado em que ele fica, na fonte, depois de reconhecer-se a si próprio. Ao examinar várias interpretações disso, veremos, não só o problema da inveja, como também sua possível resolução. A cena de Narciso no poço, o chamado episódio do reflexo, sempre foi, de longe, o mais popular elemento do conto. Recordemos que a causa de sua ida ao poço foi a maldição da inveja, assim sendo, até o ponto em que a redenção possa ser alcançada no reflexo ou sombra que Narciso vê, a própria inveja apresenta um potencial positivo.

6. NARCISO E SEU REFLEXO

Uma importante chave para a compreensão do episódio do reflexo encontra-se no sentido das palavras *imago* e *umbra*, reflexo [ou imagem] e sombra. Elas são usadas conjuntamente na apóstrofe que o narrador dirige a Narciso: "Aquilo que contemplas não passa da sombra de uma imagem refletida". Como as palavras *imago* e *umbra* costumavam ser intercambiáveis, Vinge menciona o fato de não estar claro o sentido da expressão; mas ela acha insatisfatório explicar o trecho como uma tautologia, em particular diante da precisão linguística do texto de Ovídio.[110] Ademais, por que há uma apóstrofe? Por que é necessário parar e comentar sobre Narciso junto à fonte, quando sua condição é por si só evidente?

Fica claro que o narrador está identificando reflexo [ou imagem] com sombra e sublinhando-lhe o sentido. Esse sentido é claro, desde que lembremos a maneira pela qual as culturas tradicionais, as chamadas culturas primitivas, viam a sombra das pessoas.

Em *O Ramo de Ouro*, sob o subtítulo *Tabu e os Perigos da Alma*, Frazer fornece um amplo material para demonstrar que, entre os primitivos, a sombra ou o reflexo era considerado a alma e era, em consequência, objeto de grande interesse e importância.

Suas amplificações desse tema cobrem vinte e três páginas; eis alguns breves exemplos:

> Ele considera sua sombra ou reflexo como a sua alma, ou todos os eventos como partes vitais de si mesmo e, como tais, constituem para ele, necessariamente, uma fonte de perigo. Pois se ela [a sombra ou reflexo] for pisada, golpeada ou cortada, ele sentirá a ferida como se esta tivesse sido infligida ao seu próprio corpo... Na ilha de Wetar, há mágicos capazes de tornar um homem doente ao cortarem sua sombra com um chuço ou traspassarem-na com uma espada... Os Baganda na África Central consideravam a sombra como o fantasma do homem; eis por que costumavam matar ou ferir os inimigos por meio de corte ou cruzamento de sua sombra... Observa um velho autor chinês: "Ouvi que, se a sombra de um pássaro for cortada por um pedaço de madeira atingido pelo raio, o pássaro cai imediatamente. Jamais tentei fazê-lo... mas considero correta essa afirmação."... Os nativos de Nias tremem diante de um arco-íris, pois creem tratar-se de uma rede, estendida por um poderoso espírito, para capturar suas sombras...
>
> Se a sombra é uma parte vital do homem ou do animal, sob certas circunstâncias pode ser tão perigoso ser tocado por ela quanto o seria entrar em contato com a pessoa ou animal... Os Kaitish, da parte central da Austrália, afirmam que, se uma mulher que amamenta cruzar a sombra de um

falcão marrom, seus seios ficarão inchados e explodirão... O selvagem mantém como regra o evitar a sombra de certas pessoas... que ele considera fonte de perigosas influências.[111]

Todos os exemplos encontrados no estudo de Frazer mostram que o reflexo ou sombra é um objeto de *mana*, poder transpessoal, a qualidade divina ou espiritual da pessoa. Quando vê seu reflexo, Narciso olha para sua alma, para o seu centro vital.

Um importante exemplo da identidade entre a imagem especular e o Si-mesmo se encontra nos primeiros Mistérios Dionisíacos gregos. Vale a pena atentar para esses mistérios, não só em

Parte do mural pintado na Vila dos Mistérios, em Pompeia, demonstrando o uso do espelho na cerimônia dionisíaca de iniciação (ver páginas 196-7).

função do seu valor amplificativo intrínseco, como também devido ao fato de por vezes serem estabelecidos, na Antiguidade, paralelos entre Dionísio e Narciso.

Nos mistérios de Dionísio, o espelho desempenhava um papel no ritual de iniciação. Seu significado no mito de Dionísio também se reveste de relevância para Narciso, já que a morte ou tentativa de assassinato de Dionísio acontece quando este fita um espelho. Como nos diz Karl Kerényi:

> Conforme a história órfica do mundo, tão logo nasceu de Perséfone, filha de Réa, Dionísio foi entronizado rei do mundo — dirigente da nossa era — na própria caverna onde nasceu... O menino nu (tal como o mostra um escrínio em mármore, feito por volta do século V d.C.) eleva ambas as mãos, como se estivesse dizendo, deliciado "Aqui estou!". Atrás dele, veem-se dois Kouretes armados. Um deles executa a dança da faca; o outro, que retira sua faca, está prestes a participar. A criança será apunhalada quando fitar-se a si mesma no espelho. Nonnos fornece o texto das ilustrações. O espelho, que captura a alma juntamente com a imagem, oferece a promessa de que o deus não desaparecerá inteiramente.[112]

Nos rituais de iniciação, tal como os descrevem os murais pintados na Vila dos Mistérios, em Pompeia, parte das imagens consiste, como nos descreve Kerényi, de

> dois silenos idosos que instruem jovens sátiros e os iniciam na idade adulta dos sátiros. Um dos silenos é o professor de lira e canto; o outro, celebra a cerimônia de iniciação. *O conteúdo da cerimônia é: numa tigela de prata, que serve de espelho côncavo, o jovem a ser iniciado vê um reflexo, não de sua própria face, mas de uma assustadora máscara de sileno que é segura por outro jovem, provavelmente já iniciado. O iniciando está sendo preparado para o* thiasos *com mulheres dionisíacas.* [113]

Assim, o espelho não mostra o rosto do jovem, mas sua alma dionisíaca, fazendo-se um uso ritual do fato de o espelho poder refletir não a experiência do ego, mas a experiência de suas raízes arquetípicas. Da mesma forma, dentre essas cerimônias de iniciação havia algumas que envolviam algum tipo de mutilação, talvez a circuncisão, praticada quando o iniciado olhava para o espelho.[114] Está claro que isso seria um rito no qual a identidade com o deus Dionísio, ele mesmo apunhalado quando olhava para o espelho, era obtida.

O aspecto negativo de Dionísio apresenta afinidades com a força do tipo Céfiso. Como veremos no capítulo 4, Dionísio foi um personagem central dos Mistérios Eleusinos e, segundo se afirma, o rio Kephisos corria perto de Elêusis. Com Dionísio, vem a possibilidade de redenção do impacto do seu aspecto intrusivo, semelhante a Céfiso.

Em termos psicológicos, a sombra ou reflexo porta a imagem do Si-mesmo, e não do ego. É interessante, e mesmo útil, em termos psicoterapêuticos, levar as pessoas portadoras de desordens do caráter narcisista a estudarem o próprio rosto num espelho. Com frequência, elas verão alguém muito poderoso e eficaz, precisamente as qualidades que lhes faltam. Pois mesmo que tenham condições de abafar outras pessoas com sua energia e com as qualidades de sua personalidade, elas sentem-se a si mesmas como ineficazes.

Lembro-me de ter encorajado um homem acometido por esse problema a observar-se no espelho na minha presença; disse-lhe para relaxar, respirar fundo e estudar o objeto no espelho. A pessoa que ele via tinha tanta força que ele mal podia fitá-la. Esse homem possuía de fato uma forte qualidade religiosa e uma personalidade que abafava os outros em sua capacidade executiva, situação da qual as pessoas costumavam queixar-se. Ele mesmo se sentia surpreso por causar esse efeito nos outros. Seu reflexo no espelho deu-lhe um sentido do seu real poder, o poder do Si-mesmo. Mas, no estado de fusão com o Si-mesmo, ele pouco podia sentir de sua força e, com frequência, se deixava dominar por sentimentos de inferioridade. Se pudesse separar-se no Si-mesmo e respeitá-lo, em lugar de identificar-se com o impulso de poder deste, seria capaz de sentir sua verdadeira eficácia e saber que ela não lhe pertencia, mas provinha da energia arquetípica do Si-mesmo.

Eis, com efeito, precisamente aquilo que o caráter narcisista tem mais dificuldades de fazer. É também um problema para

Narciso quando este reconhece sua própria imagem: "Por que, jovem ímpar", diz Narciso, fitando seu próprio reflexo,

> me escapas… Quando sorri, sorriste… Respondes a meus apelos com meneios de cabeça; e suspeito, diante dos movimentos dos teus doces lábios, que também respondes às minhas palavras, mas com palavras que não me chegam aos ouvidos. – Oh! Eu sou ele! Eu o senti, conheço agora a minha própria imagem. Ardo de amor por mim mesmo; eu mesmo provoco as chamas e sofro o seu efeito. Que devo fazer? Devo cortejar ou ser cortejado? E, afinal, para que fazê-lo? O que eu desejo, eu tenho; a própria abundância da minha riqueza me faz mendigo. Oh! Se eu pudesse ser separado do meu próprio corpo! E, estranho desejo de um amante, gostaria que aquilo que amo estivesse apartado de mim!

Narciso não pode separar-se do seu núcleo arquetípico, e esse tormento o leva, de fato, a ter o "estranho desejo de um amante… que aquilo que amo estivesse apartado de mim!".

A causa do trágico fim de Narciso é, em última análise, sua recusa a separar-se, sua necessidade de possuir o Si-mesmo, a sua potência e a sua beleza arquetípicas. Ele reconhece que o Si--mesmo é o outro ao reconhecer o seu próprio reflexo. – "Oh! Eu sou ele!" – mas pouco pode fazer com esse outro além de voltar a concentrar-se no ego – "Devo cortejar ou ser cortejado?" – e identificar-se, mais uma vez, com o Si-mesmo: "O que eu desejo, eu tenho; a própria abundância de minha riqueza me faz mendigo". O reconhecimento momentâneo de Narciso é, portanto, rapidamente substituído pela autopiedade, um indício do invejoso e exibicionista interior que o atormenta e que é, na realidade, responsável pela sua incapacidade de separar-se do Si-mesmo e de admitir-lhe a natureza de outro.

Narciso deve possuir sua imagem idealizada; ele não pode permitir que ela seja o outro, pois isso seria por demais ameaçador para seu projeto básico – ser ele mesmo refletido. Daí decorre sua súbita mudança: "Devo cortejar ou ser cortejado?". A libido de Narciso torna-se rapidamente de idealização em forma especular, revelando de que maneira sua inflação não redimida – em termos psicanalíticos, seu si-mesmo grandioso-exibicionista – obtém o controle.

7. INTERPRETAÇÕES HISTÓRICAS DO EPISÓDIO DO REFLEXO

O tema de Narciso e do seu reflexo mereceu muita atenção nas interpretações do mito. Algumas são fiéis à versão de Ovídio, mas muitas se afastam dela sob aspectos significativos, com importantes implicações psicológicas. Elas revelam a mesma fenomenologia do narcisismo que hoje encontramos na prática clínica, mostrando que o mito representa uma propensão estrutural básica da psique.

Mas as atitudes com relação ao mito, em especial no tocante ao interesse de Narciso por sua própria imagem, também mudam, demonstrando que as mudanças na consciência do ego e da imagem cultural do Si-mesmo determinam diferentes atitudes com relação a Narciso.

Na antiga literatura clássica posterior a Ovídio, há algumas versões curtas do mito, por vezes com uma interessante mudança de direção. Por exemplo, o poeta Pentadius escreveu: "O jovem, cujo pai era um rio, adorava fontes e louvava ondas; ele, cujo pai era um rio. O jovem se vê a si mesmo quando procura seu pai no rio; e, no claro lago, o jovem se vê a si mesmo".[115] Trata-se, pelo que sei, de uma interpretação ímpar, que talvez mostre uma percepção do fato de o pai ausente poder ser um aspecto tão crucial para o caráter narcisista quanto o pai opressivo e intruso. Com efeito, ambos os tipos de pai são, em termos psicológicos, exemplos do pai negativo. Fica claro que a história contada por Pentadius é derivada do incidente que envolveu Céfiso no mito ovidiano, com a importante percepção de que a força urobórica patriarcal também pode apresentar um aspecto positivo, o "bom pai" por quem o jovem anseia.

Embora haja textos antigos que se referem ao mito com uma inclinação de ordem moral ou psicológica, tal como os de Luciano ou de Clemente, que enfatizam o motivo da vaidade, o conto é usado de maneira particularmente interessante por Plotino, em sua discussão da relação existente entre a beleza material e a beleza espiritual. O problema é saber como um homem, que vive na terra, pode alcançar a beleza oculta no "santo dos santos", que só pode ser visto pelos iniciados. Plotino, como nos conta Vinge, conclama os homens a penetrarem no sagrado e a abandonarem tudo o que os olhos podem ver:

> Quando percebe as formas da graça que se mostram no corpo, que ele não as busque: deve ele tomá-las por cópias, vestígios, sombras, e não seguir a direção daquilo de que elas nos falam. Pois que ninguém siga o que se assemelha a uma bela forma impressa na superfície da água – e não há um mito que nos fala de um tolo que afundou nas profundezas da corrente e foi transformado em nada? Da mesma maneira, aquele que se deixar aprisionar pela beleza material, e dela não se libertar, será precipitado, não em corpo, mas em espírito, nas sombrias profundezas odiadas no Ser Intelectual, onde, cego mesmo no Mundo Inferior, terá contato apenas com sombras, lá como cá.[116]

É importante observar o forte acento positivo no "superior", ou espiritual, ao lado da ênfase negativa no "inferior", que seria a consciência do corpo, assim como o envolvimento na vida. Em Plotino e nos seus seguidores, o descenso na matéria costuma ser discutido por meio da metáfora do espelho, que, segundo se dizia, puxava a alma para baixo, afastando-a da sua verdadeira fonte e do seu verdadeiro alvo, tal como o espelho de Dionísio.

Como observamos no capítulo 1, a transferência especular, no âmbito da qual o analista é um objeto produtor de reflexo para o paciente, tem o efeito de dar corpo à vida mental-espiritual. A transferência idealística tende na direção oposta, da ascensão do espírito e de sua consolidação como fonte de valor e de transformação de energia. Ambos os tipos de transferência são discutidos (na seção 10) como parte de um único processo conjunto, o *ascent ad descensus* do pensamento alquímico, equivalente à *opus* circular da *sublimatio*, na qual há o mesmo cuidado pela redenção do corpo e do instinto e pela extração do espírito. Logo, no âmbito do padrão dinâmico posto em movimento quando uma consciência emergente passa pelo estágio do narcisismo – o caminho ao longo do qual ocorre a separação entre o ego e o Si-mesmo, ao lado do desenvolvimento da capacidade de reflexão interior –, o espírito e a matéria são transformados.

Esse padrão também pode manifestar-se toda vez que a personalidade consciente encontra sua origem arquetípica, o Si-mesmo. E é precisamente o que ocorre como resultado da *unio mystica*, a união mística com Deus, que mais tarde (talvez após alguns anos) leva a uma escolha: a experiência do "santo dos santos" começa a tomar corpo, transformando a experiência corporal e a consciência do corpo, ao passo que a própria Luz se reduz e a pessoa pode tentar, seguindo a preferência exclusiva de Plotino, religar-se, recarregar-se como for possível com a Luz que outrora conheceu na união mística. A alternativa pode ser penetrar na vida corporal com uma consciência transformada do corpo.

Toda experiência do Si-mesmo eventualmente leva à questão da incorporação; há sempre um elemento de escolha, mesmo que sua força possa sofrer uma grande limitação por causa de feridas narcisistas precoces decorrentes de uma parca reflexão maternal. Mas, nos ensinamentos de Plotino, o descenso deve ser evitado a todo custo.

O pensamento de Plotino seria compatível com a visão de que a idealização – o caminho da ascensão e consolidação espiritual, que conduz a alvos e a uma estrutura – é uma passagem suficiente pelas dificuldades da constelação narcisista. É verdade que a idealização e a resultante introjeção (ou constelação) do arquétipo do espírito como realidade psíquica interna podem levar a uma separação do reino arquetípico, uma separação entre o ego e o Si-mesmo e uma conexão sentida entre os dois. Mas não se trata necessariamente de uma relação ego-Si-mesmo incorporada, nem resulta sempre na valorização dos relacionamentos externos. E a idealização também desvia a atenção das questões da inveja e da raiva, vinculadas à sombra.

Quando surgem essas emoções extremamente difíceis, a necessidade de um espelho, de alguém que reflita nossa identidade e nossa qualidade espiritual, torna-se crucial. Para um indivíduo que já dispõe de raízes fincadas no espírito, esse descenso nas profundezas emocionais pode ser perigoso, não apenas porque representa uma ameaça à conexão espiritual que gera um sentido de identidade e de propósito, mas também devido a uma fusão regressiva entre o ego e o Si-mesmo, que tende a instalar-se. Na realidade, a parte da personalidade que jamais se separou em opostos, o amálgama indiferenciado no qual os elementos do ego e as energias arquetípicas ainda se confundem num núcleo de grandiosidade e de exibicionismo, é constelada e arrasta outras funções, mais desenvolvidas, do ego.

A interpretação neoplatônica final do mito de Narciso é atribuída a um estudioso anônimo dos mitos: "Pois ele não afundou na água; mas, quando viu sua própria sombra na corrente de matéria... que é a imagem última da verdadeira alma, tentou tomá-la para si".[117] Essa fusão, alimentada pelas necessidades inconscientes de reflexão, excitadas pelo vislumbre do Si-mesmo, é especialmente sedutora para o caráter narcisista.

As necessidades de reflexão podem ser perigosas e há, portanto, muita coisa, implícita na dinâmica do narcisismo e no seu representante mitológico, Narciso, que deve ser abordada com cautela. Mas Plotino representa uma atitude fóbica com relação aos perigos da reflexão. Para ele, a reflexão provocou um descenso *para longe* da única realidade, o "santo dos santos" espiritual.

O mito de Narciso foi mais uma vez objeto de grande interesse no século XII. Como nos conta Vinge, a versão mais antiga se encontra numa passagem do *Roman d'Alexander*, escrito por volta de 1180. Nela, duas damas cantam uma canção a respeito de um jovem que "não se dignou a amar uma moça. Um dia, foi atingido por um infortúnio: aproximou-se de um poço e percebeu sua sombra na água... Ele ficou de tal modo prostrado junto ao poço, e tanto sofreu de paixão, que os deuses o transformaram numa bela flor".[118]

A narrativa é fiel à versão de Ovídio, mas outras tantas modificam a história e muitas se revestem de um significado especial em termos da psicologia do caráter narcisista.

No poema narrativo do século XII, *Narcissus*, por exemplo, a figura central é Dané, uma princesa que se apaixona perdidamente por Narciso. Dané tem pleno uso da palavra; vai a Narciso e confessa seu desejo. "Eu, que assim vos falo, sou irmã do vosso senhor, o rei." Ele ouve o que ela tem a dizer e sorri: "Estais insana, senhora? Deveis estar dormindo, tudo isso é muito imprudente... Somos por demais jovens para o amor, e nada posso fazer por vós apenas porque dizeis que Amor vos atormenta; ademais, nada sei desses problemas, nem desejo saber". Ela se atira sobre ele, desnuda; e ele, embora a considere bela, não tem piedade dela e a desdenha. Ela se sente cheia de dor e de abatimento: "Que há em mim que não o agradou? Sou atraente e de nobre berço – ele é um mal-educado valete. Mas ainda assim o amo; jamais me esquecerei dele. E ele não há de melhorar, pois é mal por natureza". E então, diante de sua "aviltada vida", ela apela a Vênus: "Fazei-o sofrer para que ele saiba o que é o amor e, de tal forma, que ele não encontre alívio!".[119]

Temos aqui um "objeto" mais substancial que Eco e, na descrição que o poema faz do autoconfronto no poço, esse "nível do objeto" da consciência torna-se mais claro. Depois que a maldição o leva a encontrar o seu próprio reflexo, que a princípio ele pensa ser uma ninfa ou fada, Narciso reconhece estar apaixonado por um reflexo e que a beleza que vê pode ser encontrada nele mesmo:

> Ele fala aos prados e à floresta: tereis um dia testemunhado um amor como este? E aos deuses: não tendes como me ajudar? Mas, na realidade, ele não sabe o que pedir que lhe concedam: naturalmente, não lhes é possível dar aquilo de que ele já dispõe. "Ai!" – exclama ele – "Queixo-me mas ninguém me escuta. Meus pais nada sabem disso. Meus amigos se perderam de mim. Por que a minha mãe de nada sabe? Se ela viesse e se afligisse e se lamentasse por mim, eu teria algum consolo. Mas, então, ninguém que possa me lamentar a beleza me viu?" "Sim", lembra-se ele, "pelo menos a moça que achei tão bela esta manhã e que me implorou que eu lhe desse meu amor. Se pelo menos ela viesse até mim, eu poderia esquecer esta loucura", soluça ele.[120]

O poema aponta, aqui, para uma realidade psicológica e, na verdade, para uma condição existencial. Pois, uma vez que se torne consciente de encontrar-se aprisionada num dilema narcisista – e enfatizo a importância da consciência, tendo em vista que o caráter narcisista conta com fortes defesas contra a consciência desse nível de traiçoeira fusão com o Si-mesmo e, por conseguinte, contra o resultante sofrimento –, uma das principais saídas da pessoa consiste em estabelecer relações externas, relações com o objeto. Isso significa que pode haver um elemento de escolha, mas esse elemento envolve a disposição para sacrificar o vínculo sob forma de fusão com o mundo arquetípico. A figura de Narciso, aqui, é incapaz de fazê-lo; ficou tempo demais no poço. Este último aspecto também apresenta interesse psicológico, tendo em vista que, quanto mais longe tiver ido a desordem do caráter narcisista, tanto mais difícil se torna sua transformação. Não é que a pessoa se encontre contínua ou periodicamente num estado de fusão com o Si-mesmo; na realidade, essa fusão passa a ser um mau hábito. Todavia, caso não tenha ido longe demais, ou se o caráter narcisista tiver uma qualidade especial, de cunho religioso, há a possibilidade de uma escolha consciente no sentido de sair da fusão por meio de uma ligação empática.

A poesia trovadoresca do século XII nos oferece importantes comparações com Narciso, revelando ter consciência dos perigos que espreitam a necessidade narcisista de reflexão especular. Por exemplo, num poema de Bernard de Ventadour, "When I See the Lark Flying":

> Não tive mais controle sobre mim mesmo, ou pertenci a mim mesmo, a partir do momento em que ela me permitiu fitar-lhe os olhos – espelho que tanto me agrada. Espelho, desde que em ti me vi refletido, profundos suspiros têm-me levado à morte. Destruí-me a mim mesmo, tal como o belo Narciso se destruiu a si mesmo junto à fonte.[121]

Há então uma mudança de disposição, uma amarga explosão contra todo o sexo feminino, contra a mulher que o destruiu e contra todas as demais mulheres que se recusam a ajudá-lo. Ele caiu em desgraça e termina dizendo que "não sendo meu amor causa de gozo para ela, ir-me-ei para o exílio, em busca de proteção contra o amor e o gozo". Esse amargor e essa súbita mudança de disposição, que nos acometem quando nossas necessidades de reflexão não são atendidas, constituem precisamente aquilo que o caráter narcisista vê. Há uma ameaça de jamais esquecer as feridas e de jamais correr o risco de envolvimento numa necessidade de reflexão. Pelo contrário, o afastamento de toda relação amorosa é quase sempre a escolha determinada pelo medo.

Em outro texto trovadoresco, um poema anônimo, podemos ver a importante dinâmica envolvida na necessidade de um objeto ser ideal e a recusa em permitir que esse ideal seja reduzido:

> Sou como uma criancinha que vê seu rosto no espelho e o toca e tanto passa os dedos sobre ele que termina – com sua atitude tola – por quebrar o espelho; depois disso,

passa a se lamuriar pelo dano que causou. De maneira semelhante, uma bela visão me enriqueceu e, não obstante, ora me foi tirada pela falsidade e vilania dos descobridores de erros.

E, dessa maneira, acho-me mergulhado em profundo desgosto; dessa forma, temo perder-lhe o amor. E assim sou levado a cantar, tomado de saudades. Pois a bela dama tanto me iludiu e tanto me agrilhoou que temo perder a vida pelos olhos, tal como Narciso, que viu a própria sombra no límpido poço e a amou de forma extrema, tendo morrido devido à loucura do amor.[122]

O poeta teme a perda da dama porque sua qualidade ideal foi maculada. Tal como ocorre com o caráter narcisista, ele só pode amar uma forma ideal, pois ela – e somente ela – pode refletir suas próprias necessidades de um objeto idealizado. A posse de um objeto de alguma forma menos que perfeito produz um temor de perda.

Esse poema tem sido amplamente comentado e há outros modelos dele em que é acrescentada uma estrofe. Significativamente, há, num desses modelos, uma parte que tem como origem um sonho:

Senti-me tomado de agonia com a possibilidade de sua rubra boca tornar-se pálida. E assim comecei uma nova lamentação pelo fato de meu olho ter de ver tal infortúnio, tal como uma certa criança que, não tendo ainda extraído sabedoria da experiência, viu seu próprio reflexo num poço e teve de amá-lo até a morte.[123]

Mesmo o sonho do poeta tentou compensar sua atitude consciente, mostrando a dama com imperfeições. Mas o poeta não pode aceitá-la e por isso permanece com sua idealização; como Narciso, ele se mantém no estado de fusão regressiva com a imagem.

Assim sendo, as vicissitudes da necessidade de reflexão (de transferência especular), assim como de idealizar o objeto como perfeito, são claramente reconhecidas na literatura do século XII. A estruturação narcisista da psique nada tem de novo; podem mudar, tão somente, as atitudes com relação a ela. Essa possibilidade, uma intuição do valor da introversão, emerge no século XIII.

A mais conhecida versão do mito de Narciso no século XIII está contida no *Roman de la Rose*, de Guillaume de Lorris. De início, a narrativa segue de perto Ovídio. Em seguida, o autor conta a história de um amante que "lembra o destino de Narciso [e] permite que a beleza do poço exerça seu poder de atração. No fundo do poço, ele vê dois cristais; neles, os raios do sol são refletidos com uma peculiar luminosidade, que torna belo todo o ambiente circundante".[124]

Penetrar mais profundamente no poço por meio da imaginação representa uma transição que, em geral, o caráter narcisista evita. Isso porque a crença sobremaneira enraizada afirma que nada – nada de valor – existe no mundo interior, da mesma forma, como não haverá objetos externos positivos. Em consequência, mergulhar mais profundamente no inconsciente é um passo arriscado, mas que deve ser dado quando se pretende que a condição narcisista bloqueada passe por uma transformação. Vemos, no *Roman de la Rose*, uma intuição daquilo que é possível encontrar quando se penetra mais profundamente no inconsciente, em vez de ficar fascinado com a superfície: a verdadeira luminosidade do Si-mesmo, aqui descrita como cristais que refletem os raios do sol.

Essa seria uma solução introvertida potencial para o dilema de Narciso. O amor de uma fusão ego-Si-mesmo é transformado em amor do Si-mesmo, em sua especificidade arquetípica. Mas essa atitude só viria a ser uma resolução tomada com sucesso nos séculos XVII e XVIII. Nesse meio-tempo, testemunhamos uma preocupação dominante com a inflação – a identidade com a imagem do Si-mesmo.

O modo pelo qual Marsílio Ficino lida com o episódio do reflexo constitui um bom exemplo. Sua retomada da explicação neoplatônica, levada a efeito no século XV, configurou-se como uma significativa renovação do sentido e das possibilidades funcionais da personalidade de Narciso. A contribuição de Ficino não consistiu em agregar alguma coisa nova à compreensão do mito, mas em tornar conhecidas as interpretações da Antiguidade. Ele conta a história da seguinte forma:

> O jovem Narciso, isto é, a alma do jovem atrevido e sem experiência, *não analisa sua própria face*, de maneira nenhuma considera sua própria substância e sua real essência. Em vez disso, tenta alcançar e abraçar seu próprio reflexo na água – isto é, ele admira a beleza do corpo, que é frágil e semelhante à água corrente e que se configura como o reflexo da própria alma. *Mas, ao fazê-lo, abandona sua própria forma. A sombra que jamais alcança.*[125]

A ênfase no fato de que Narciso "não analisa a sua própria face" é importante, pois acentua a visão neoplatônica, segundo a qual a imagem, embora traga consigo alguns aspectos de sua fonte arquetípica, não é idêntica a ela. Nesse particular, essa visão constitui um exato paralelo do permanente lembrete de Jung com relação ao fato de haver uma diferença entre o arquétipo em si e sua imagem. Narciso representaria, ao ver dos neoplatônicos, a ignorância quanto à existência dessa diferença – e, mais ainda: o perigo da inflação, da identificação com a imagem.

Narciso seria um excelente paradigma do perigo da inflação. Pois sua identidade com a imagem, tal como ocorre no caráter narcisista, internamente atormentado pelas necessidades invejosa e exibicionista, exibe uma qualidade compulsiva. Não se trata apenas do tipo de perigo presente a toda experiência de cunho arquetípico, por exemplo, um sonho ou visão; é uma qualidade acentuada, um movimento mais bem caracterizado como um *impulso* na direção da fusão regressiva. E Ficino (tal como Platão, Plotino e outras personalidades da Antiguidade, cujas obras traduziu) representa uma percuciente percepção da maneira pela qual essa fusão com o Si-mesmo perturba o funcionamento *deste*.

Trata-se evidentemente de um grande risco e esta é a razão por que Jung adverte que o ego não deve identificar-se com as imagens do inconsciente, mas relacionar-se com elas. Todavia, embora o perigo de inflação seja sobremaneira real, desdenhar a imagem e concentrar-se exclusivamente na luz ascendente do Espírito é perder de todo o contato com o corpo e com as realidades positivas que ele apresenta. Quando refletida, mais ou menos nos termos do processo de reflexão especular, a imagem tem a tendência de levar a consciência para dentro do corpo. A arte consiste em permitirmos que a imagem exista sem nos fundirmos com ela. A grande dificuldade do caráter narcisista reside precisamente em fazê-lo; isso explica, da mesma maneira, a grande importância de que se reveste, para o processo de transformação, o desvelamento das questões subjacentes da inveja e do exibicionismo frustrado.

Por conseguinte, Narciso representa, para os neoplatônicos, o oposto do autoconhecimento. Para eles, seu verdadeiro infortúnio é sua falta de percepção do seu verdadeiro Si-mesmo.[126] E, na versão do mito elaborada por Ficino, tal como no caso da alusão a Narciso feita por Plotino, *o episódio do reconhecimento é omitido*. Os autores que têm a intenção de acentuar o papel de Narciso como representante da ignorância com relação ao Si--mesmo costumam descrever o mito com riqueza de detalhes, mas deixam de lado o fato de que, segundo Ovídio, Narciso efetivamente se reconheceu a si mesmo: "Oh! eu sou ele!". Essa possibilidade faz parte da configuração narcisista e revela por que o descenso para o corpo, assim como para a própria imagem, não tem de levar a uma falta de percepção do plano arquetípico. Essa experiência pode levar a uma nova percepção do Si-mesmo, que inclua o corpo, tal como ocorre no *opus* alquímico, que representa o processo de individuação.

Posteriormente, a possibilidade do autoconhecimento passa a ser associada a Narciso. Isso é verdadeiro sobretudo com relação ao século XVIII. Mas esse potencial requer, para ser realizado, uma capacidade de observarmos imagens sem nos identificarmos com elas. Começamos a perceber essa ênfase no século XVI, com *The Faerie Queene*, de Spenser.

Spenser usa a comparação entre o amante e Narciso. Ao fitar um espelho mágico, Britomart, que representa a castidade, se apaixonou pela imagem de um cavaleiro que nele apareceu. Junto à ama, Britomart lamenta seu infortúnio:

> *But wicked fortune mine, though mind be good,*
> *Can have no end, nor hope of my desire,*
> *But feed on shadowes, whiles I die for food,*
> *And like a shadow were, whiles with entire*
> *Affection, I do languish and expire.*
> *I fonder than Cephisus foolish child,*
> *Who having vewed in a fountain share*
> *His face, was with the love there of beguild;*
> *I fonder love a shade, the bodie farre exild.*

[Maldito fado o meu, por mais esforços, / Fim não pode ter, nem esperança, o meu desejo, / que se nutre de sombras enquanto anseio por alimento, / E, tal como um molde de sombra, mas pleno de / Afeto, desfaleço e expiro. / Mais apaixonado que o tolo filho de Céfiso, / Que, ao ver, na lâmina de um poço, / Seu próprio rosto, ao amor para sempre sucumbiu; / Com mais paixão amo uma sombra, do próprio corpo exilada.]

Mas a ama contesta a comparação feita por Britomart entre si mesma e Narciso:

> *Nought like (quoth she) for that same wretched boy*
> *Was of himselfe the idel Paramoure;*
> ....
> *But better fortune thine, and beter howre,*

> *Which lou'st the shadow of a warlike knight;*
> *No shadow, but a bodie hatn in power;*
> *That bodie, wheresoeuer that it light,*
> *May learned be by cyphers, or by Magicke might.*[127]

[Não igual (diz ela), pois aquele amaldiçoado jovem / De si mesmo era o Modelo ideal; / . . . . / Mas melhor sorte a tua, e menos vexatória, / Pois perdeste a sombra de um guerreiro; / E não uma sombra, mas um corpo, tens em seu poder; / E esse corpo, onde quer que brilhe, / Por decifração, ou por Arte Mágica, pode ser apreendido.]

Assim sendo, a ama instiga Britomart a buscar sua própria imagem interna no mundo exterior, mesmo que tenha de recorrer à magia.

Por conseguinte, a solução da condição potencialmente narcisista de paralisia deve encontrar-se, nos termos do poema de Spenser, nas relações externas com o objeto. Entendida do ponto de vista psicológico, a descoberta do "guerreiro" através da "Arte Mágica" significa que o objeto deve ser encontrado por meio da identificação projetiva, que dá origem a uma qualidade idealizada. Trata-se de um estágio na direção de relações mais realistas com o objeto, nas quais as pessoas adquirem importância com base em sua própria realidade.

Até o século XVII, a maioria dos comentários a respeito de Narciso via-o como figura negativa. Nesse mesmo século, ainda é comum a tendência a lhe atribuir um acento negativo. Assim, no "Tale of Narcissus", de Reynolds, ele "fecha os ouvidos à Divina Voz [Eco], ou o coração às divinas Inspirações... [Ele é] uma coisa terrena, fraca e sem valor, cuja única serventia é prestar-se ao esquecimento eterno".[128]

Muitas outras interpretações são menos severas com Narciso; mas só no século XVII surgem descrições positivas. Isso provavelmente decorre da transformação da consciência que ocorreu na época, uma mudança descrita por Lancelot Law Whyte, que afirma terem sido desenvolvidas, na Europa do século XVII, palavras que significam "autoconsciência" ou "consciência do próprio eu". Isso ocorreu primeiramente na Inglaterra, em 1620. Também na Alemanha, o termo "consciente" – "saber com" (ou "compartilhar de conhecimento") –, em sua fonte latina, passou a significar: "saber apenas por si próprio". Segundo Lancelot Whyte:

> Trata-se de um passo decisivo no desenvolvimento social do homem... a tomada da forma de um indivíduo em busca da imposição de sua personalidade como forma preferida de ordem em meio à desordem circundante, ou de um indivíduo em busca da descoberta de uma nova forma de ordem, capaz de sobreviver num estado de isolamento do mundo, em si mesmo.[129]

Dotado de uma nova autoconsciência, o homem do século XVII talvez pudesse correr os riscos inerentes à figura de Narciso, tendo em vista que o crescimento da força do ego poderia levar a um menor perigo de inflação e de fusão regressiva com o Si--mesmo. Assim, Narciso poderia ser reconhecido como um aspecto necessário da criação, símbolo de um movimento saudável na direção de uma nova consciência, e não apenas um horror de se ver paralisado e eternamente sem valor. Essa tendência se manifesta, de forma embrionária, numa dissertação acadêmica do século XVII, na qual o exagerado amor por si próprio de Narciso é tomado como ponto de partida para uma descrição da verdadeira virtude, tendo como base uma justa avaliação do próprio eu e um nobre sentimento com relação a si mesmo. Mas, para o autor, a *perversa philautia* [amor por si próprio deturpado], que Narciso alimenta, é o pior dos males.[130]

Não obstante, já antes, em 1650, o jesuíta alemão Jacobus Masenius havia apresentado Narciso sob uma óptica notavelmente positiva. Depois de contar brevemente o mito, o autor descreve o próprio Narciso como representante daqueles que, tomados por um amor cego, colocam seus próprios feitos antes de todos os outros – em parte, aqueles que preferem a beleza do corpo à graça divina. Mas há, em seguida, uma ênfase totalmente diversa: Narciso é também uma espécie de imagem de Deus, que foi arrebatada pelo amor aos homens e se fez carne. A alma humana perdida, assim como o Divino Salvador, poderiam ser descritos nos termos desse mesmo quadro simbólico – Narciso apaixonado pelo próprio reflexo.[131]

E assim, a natureza dúplice do narcisismo começa a manifestar-se, sendo representada como um processo passível de levar a uma nova criação – psicologicamente, a uma experiência do Si-mesmo – ou a um beco sem saída, uma perda de talento e uma necessidade mórbida de reflexão.

Francis Bacon, que representou uma atitude essencialmente nova com relação à ciência e à filosofia – ao insistir que essas disciplinas fossem aplicadas, isto é, não especulativas, mas atualizadas em resultados materiais –,[132] viu Narciso sob uma óptica bastante negativa. Mas, incidentalmente, apresenta uma descrição bem precisa da natureza paradoxal do caráter narcisista:

> Tendo-se tornado depravados e presunçosos e tendo sido, por fim, transportados pela sua autoadmiração para esse modo de vida, eles sucumbem a uma curiosa indolência e letargia. [Eles] foram dotados de beleza e de outros preciosos dons e, por essa razão, amam-se a si mesmos e perecem, por assim dizer... vivem isolados do mundo, distantes e cercados por uma pequena roda de admiradores, que lhes ouvem as palavras e os cobrem de lisonjas e que, tal como Eco, concordam com tudo o que dizem.[133]

Bacon vê aspectos negativos no caráter narcisista, seus dons não realizados e sua necessidade de constante adulação, que vão piorando com a idade. E ele vê seu colapso, sob a pressão interna de que sofrem, como o sucumbir "a uma curiosa indolência", descrição que é conhecida por Kohut como enfraquecimento. Mas, noutro ensaio, "Of Wisdom for a Man's Self", Bacon revela perceber a possibilidade oposta no caráter narcisista. Nesse ensaio, como nos diz Vinge, Bacon fala das pessoas tomadas pelo amor por si próprias, que revelam uma preocupação desproporcionada com a ação, desde que voltada para o seu próprio bem. "Seriam capazes de atear fogo à casa, apenas para frigir os ovos [que desejam comer]."[134] Nesse último ensaio, Bacon vê a vaidade como qualidade positiva precisamente porque ela pode incitar à ação – aquilo que constitui o seu ideal.

Em consequência, ambos os lados do caráter narcisista – a tendência a sucumbir sob a pressão da grandiosidade e, alternativamente, de identificar-se com ela num surto de ação – são observados de maneira convincente por Bacon. Esse tipo de observação, com seu sabor e ingenuidade peculiares, é paradigmático da nova consciência individual emergente, de clara natureza extrovertida, mas semelhante à consciência introvertida descrita por Masenius, pois ambos os autores identificam algo de positivo na figura de Narciso.

Quando chegamos ao *Paradise Lost* (1667), de Milton, encontramos o tema de Narciso como parte do processo da criação do mundo e como representante de um estágio da transformação e da criação de um novo mundo para o indivíduo. Eva, no poema de Milton, é apresentada como estando diante de uma escolha:

ou entra no processo da criação, na qualidade de Mãe da raça humana, ou fica aprisionada pelo próprio reflexo. No Livro IV, Milton apresenta a própria Eva narrando o que aconteceu. Tendo despertado para a vida, depois da criação, pôs-se ela a caminho, para encontrar Adão, mas ocorreu algo que a atrapalhou. Havia, não muito longe do local à sombra das árvores em que descansava, uma fonte, cuja água formava uma superfície imóvel. Ela para ali se dirigiu, narra Eva,

> *With unexperienc'd thought, and laid me downe*
> *On the green bank, to look into the cleer*
> *Smooth Lake, that to me seemd another Skie.*
> *As I bent down to look, just opposite,*
> *A Shape within the watry gleam apeerd*
> *Bending to look on me, I started back,*
> *It started back, but pleas'd I soon returned,*
> *Pleas'd it returned as soon with answering looks*
> *Of sympathie and love; there I had fixt*
> *Mine eyes till now, and pin'd with vain desire,*
> *Had not a voice thus wames me, What thou seest,*
> *What there thou seest fair Creature is thy self.*
> *With thee it came and goes: but follow me*
> *And I will bring thee where no shadow staies*
> *Thy coming, and thy soft embraces, hee*
> *Whose image thou art; him thou shalt enjoy*
> *Inseparable thine, to him shaft beare*

Multitudes like thy sett; and thence be call'd
Mother of human Race: what could I doe,
But follow strait, invisibly thus led?[135]

[Inadvertidamente, e me estendi / Na verde margem, a observar o claro / Lago calmo, que se me afigurou outro Céu. / Quando me inclinei para olhar, à minha frente, / Eis que uma Forma no aquoso fulgor apareceu, / Inclinando-se para me fitar; afastei-me e / Ela se afastou; mas, deliciada, presto retornei, / E, deliciada, presto ela também retornou, seu olhar respondendo ao meu / Olhar de simpatia e amor; ali estaria eu, / Meus olhos até agora fixos, presa de vão desejo, / Não houvesse uma voz assim me incitado: O que vês, / O que ali vês, bela Criatura, é o teu eu. / Contigo ele vem, e vai; mas, segue-me / e te levarei aonde nenhuma Sombra te abraça / o caminho, nem o doce abraço, dele, / Cuja imagem és; dele te agradarás / Para ele, de ti inseparável, deves gerar / Multidões iguais a ti, e serás assim chamada / Mãe da Raça Humana: que poderia eu fazer / Senão prosseguir, conduzida assim, invisivelmente?]

Eva prossegue, contando com ingênua franqueza que Adão, à primeira vista, por certo lhe pareceu belo, e no entanto, menos suave e atraente que o reflexo no espelho da água. Ela dele se afastou, mas foi compelida a ficar porque ele lhe pediu.

A entrada na criação no espaço e no tempo envolve a perda da completude da realidade arquetípica, que não pode "enquadrar-se" na história. Mas, por meio desse sacrifício, ocorre a criação do mundo. No indivíduo, isso significa a criação de uma consciência estável, que se acha vinculada às suas origens arquetípicas, mas não está identificada com elas, nem se mantém num estado de fusão com elas por temer a perda da Luz Primal.

O mundo da multiplicidade, dos filhos de Eva, representa, em termos psicológicos, um estágio em que passam a existir os complexos e a projeção, bem à maneira como é representada, nos mitos, a criação do mundo: um processo produzido por meio da morte de um gigante ou Homem Primal. E, com a projeção, vem a possibilidade de integração e de aumento da consciência. Mas essa manifestação do Si-mesmo na multiplicidade – a que Fordham denomina *de-integração* – é bloqueada quando a psique se encontra paralisada num nível narcisista de fusão entre o ego e o Si-mesmo. Essa fusão impede a evolução do Si-mesmo, da mesma maneira como mutila o ego. A desistência da sedutora fusão com o mundo arquetípico, tal como a apresenta o poema de Milton, depende de uma Voz; em termos psicológicos, isso indica que a solução da condição de paralisação narcisista obtém seu ímpeto, tanto do mundo interno, de caráter arquetípico, como das relações externas com o objeto.

A desordem do caráter narcisista para no ponto de uma nova criação de consciência. E, como a consciência sempre apresenta um fundamento transcendente,[136] (por exemplo, a Voz que Eva ouve), a nova criação envolve também uma nova percepção do Si-mesmo. Não apenas o ego, mas também o Si-mesmo, são renovados na passagem bem-sucedida pelo padrão do narcisismo.

No curso dos séculos XVI e XVII, houve uma suficiente diferenciação ego-Si-mesmo, epitomizada na ciência e na filosofia cartesianas, o que faz a atribuição de um potencial mais positivo a Narciso emergir de modo mais forte. O perigo de "cair no inconsciente", de uma fusão inflada com imagens arquetípicas, torna-se menos severo. Eis por que, no século XVIII, prossegue a apreciação positiva do mito de Narciso, que passa ainda a ser utilizado de uma nova forma. Narciso se transforma em símbolo da auto-observação consciente e da adoração do divino que há no homem. Não obstante, pode ser ainda símbolo da errônea confusão entre ilusão e realidade, da falta de autoconhecimento e do amor por si próprio arrogante.[137] A natureza dúplice do narcisismo jamais se perde; os filósofos dos séculos XVII e XVIII prefiguram as modernas observações clínicas e as aprofundam. Isso porque, ao contrário das concepções mais modernas (especialmente das escolas das relações com o objeto e das orientações freudiano-psicanalíticas), essas primeiras observações reconhecem os aspectos, tanto introvertidos como extrovertidos do narcisismo e de sua imagem mitológica, Narciso. Da mesma forma, reconhecem, ao mesmo tempo, o potencial positivo e o potencial negativo presentes no padrão mítico. Narciso foi considerado especialmente positivo pelo poeta inglês Edward Young, que – juntamente com Rousseau e Shaftesbury – reconheceu o valor da introspecção de uma forma que levava a sério as imagens do inconsciente.

Especialmente significativo para essa nova concepção de Narciso foi um livro anterior, de autoria de Jacques Abbadie, escrito no fim do século XVII, mas reeditado já com o século XVIII bem avançado. Esse livro trata do valor do egotismo. Abbadie considera o amor por si próprio como idêntico à busca da felicidade e vê o autointeresse como a força básica que impele a ação do homem. Mas faz uma importante distinção entre o *amour de soi* e o *amour-propre*. Este último é a egolatria viciosa; o primeiro, uma legítima e natural proteção do próprio eu. Esses dois conceitos tornaram-se bem conhecidos na França e se revestiram de importância para o sistema moral e social de Rousseau.[138]

Psicologicamente, a diferenciação estabelecida por Abbadie representa a distinção entre energia dirigida para o ego e energia dirigida para o Si-mesmo. Essa distinção constitui a chave da diferença entre o narcisismo patológico e o narcisismo saudável e, no século XVIII, se desenvolve ao lado da capacidade crescente de distinguir entre o ego e o Si-mesmo, entre o consciente e o inconsciente. Assim é que Shaftesbury, no *Soliloquy or Advice to an Author* (1710), acentua a necessidade de auto-observação e de autocrítica: "A coisa mais difícil do mundo consiste em se ser um bom pensador sem ser um forte examinador de si próprio, dotado da capacidade plena de dialogar dessa maneira solitária".

Ele também faz uma paráfrase da descrição Délfica como "Divide-te a ti mesmo, ou sede dois".[139] Ele postula nada menos que a condição segundo a qual, para atingir o verdadeiro autoconhecimento por meio da introspecção, faz-se necessária uma diferenciação entre o consciente e o inconsciente, uma possibilidade estrutural que, quando alcançada, permite uma visão positiva de Narciso.

Tal como Rousseau, Young representa uma abordagem da introversão que é, a um só tempo, crítica – acentuando a egolatria apropriada – e positiva – ao considerá-la um caminho para o verdadeiro autoconhecimento. Ademais, Young representa uma notável mudança na concepção histórica de Narciso, mudança essa que, como vimos, vinha sendo preparada nos séculos precedentes. Nesse ponto, Narciso é utilizado para ilustrar o bom e verdadeiro amor por si próprio. Ele não se encontra, segundo Young, absorvido numa ilusão, mas numa imagem reconhecível: ele efetivamente vê-se a si mesmo e está cônscio disso. Essa versão difere não apenas da dos autores tão temerosos de se perderem em imagens, que deixam de fora, quando recontam o mito, o motivo do reconhecimento, como também das antigas referências que distinguem entre realidade e ilusão. Agora, a imagem é real e o importante reside na forma pela qual o ego a aborda. É necessário haver consciência crítica e, no final das contas, estima pela imagem, e não pelo próprio ego.

Na "Virtue's Apology", de Young, o oitavo livro de *The Complaint*, ou *Night-Thoughts*, há os seguintes versos:

The true is fix'd, and solid as rock;
Slippery the false, and tossing as the wave.
This, a wild wanderer on earth, like Cain:
That, like a fabled self-enamour'd boy...[140]

[É fixo o verdadeiro, e sólido qual rocha; / Escorregadio o falso, e fluido qual onda. / Este, selvagem a vagar na terra, como Caim: / Aquele, como o jovem, de si enamorado, da fábula...]

Narciso, imagem da introversão e da imobilidade, é comparado ao "verdadeiro"; Caim, ao "falso". Isso está em total contraste com a abordagem mais tradicional, que via Narciso como um homem que prepara a própria ruína por meio do amor por si próprio.

Com Young, chegamos às reais profundidades do potencial introvertido no mito de Narciso. Vinge assinala que "para Young, o autoconhecimento é o caminho da descoberta das forças individuais criativas. Ignoramos as dimensões da nossa própria alma...".[141] De acordo com Young:

The writer starts at it; as at a lucid meteor in the
night, is much surprised, can scarce believe it true.
During his happy confusion, it may be said to him, as to
Eve at the lake.
"What there thou seest, fair creature,
is thyself." – Milton[142]

> [O poeta o fita fixamente, como se diante de claro meteoro na / noite; queda surpreso, mal crê em sua verdade. / Quando, nessa feliz confusão, pode-se dizer-lhe, tal como a / Eva junto ao lago, / "O que ali vês, bela Criatura, é o teu eu." – Milton]

Vinge observa que Young faz uma falsa representação de Milton, ao ignorar que Eva deixou o lago e tornou-se a Mãe da raça humana, mas as imagens empregadas por Young sugerem a permanência das conotações do episódio do reflexo. Elas também lançam luz sobre a natureza da situação caracterizada por Narciso junto ao poço: ela pode levar para níveis mais profundos, para as camadas arquetípicas profundas, assim como para o mundo [exterior]; em ambos os casos, a criação se faz presente; num deles, dentro da alma, no outro, fora dela. Narciso já não é um jovem estupefato, fixado e fundido com sua própria imagem; torna-se um caminho para o conhecimento do Si-mesmo. A saída introvertida do dilema narcisista consiste em penetrar mais profundamente nele. Como diz Young:

> Por conseguinte, mergulha profundamente em teu íntimo, apreende a profundidade, grau, tendência e plena fortaleza de tua mente; adquire plena intimidade com o estranho que há dentro de ti; instiga e estima todo raio de luz e calor intelectuais, por mais enfraquecido sob a antiga negligência, ou espalhado na sombria e indistinta massa

> dos pensamentos comuns; e, reunindo cada raio para formar um corpo, deixa que teu gênio se eleve (se tens um gênio), tal como o sol se eleva do caos; e se devo dizer, como um índio, "Adora-o", (tu por demais arrojado), devo, no entanto, dizer pouco menos do que dita minha segunda regra; a saber, "Reverencia a ti mesmo".[143]

Isso sugere que a questão não reside em ter a luz dentro de si mesmo ou de ser infundido por ela em êxtase, mas sim em buscá-la ativamente e em conhecê-la.

O potencial positivo que se encontra no interior de Narciso alcança seu auge com *De Culta et Amare Dei*, de Swedenborg, escrito no decorrer de uma crise cujo resultado foi sua aceitação do chamado a transmitir os segredos do mundo espiritual à humanidade. Nessa obra, Swedenborg descreve a criação e o início da vida de Eva, provavelmente fazendo uso do *Paraíso Perdido* de Milton, mas com mudanças excepcionais. Eis aqui a tradução de Vinge:

> Quando essa moça prodigiosamente bela [Eva] se achava em sua sorridente e prazerosa juventude e todas as coisas agradáveis lhe traziam prazer, eis que lhe aconteceu de olhar para a água de uma fonte, transparente como cristal puro, cujo fundo era sombrio. Quanto fixou seus olhos nessa fonte, ela se surpreendeu, ao ver uma imagem flutuando sob a superfície da água, imagem que, quando ela se aproximou, emergiu como se viva estivesse. Mas, logo,

quando percebeu que essa figura fazia pequenos movimentos semelhantes aos seus e que, quando olhava mais de perto, reconhecia sua própria figura da cor do marfim, com seus próprios seios, braços e mãos, ela voltou, da petrificada perplexidade, a si mesma, como se da sombra para a luz, e percebeu que se tratava da imagem refletida de si mesma. Mas, depois de ter-se deliciado nesse quadro, gozando do estranho fenômeno, veio-lhe nova consternação, que lhe refreou os pensamentos que já se haviam tornado mais e mais vívidos; uma estupefação em que ela reconheceu, em seu próprio semblante, tudo que lhe passava na mente, e redescobriu, até mesmo, a própria estupefação e os pensamentos que em torno dela circulavam, e ela ficou surpresa por ter sido sua alma secreta, dessa maneira, exposta e revelada em sua inteireza. Como não pudesse dissipar a nuvem criada pela surpresa de que fora tomada, semelhante àquela que primeiro a atingira, ela apressou os passos na direção dos seres celestiais.[144]

Eva pede a um anjo que lhe explique o fenômeno e isso provoca uma longa discussão a respeito do homem como imagem do céu ou da Ordem, resumida por Vinge:

> O reflexo no poço é utilizado como um espelho real – de maneira que o anjo mostra a Eva a maneira pela qual seus traços trazem consigo uma imagem da Ordem – e, ao

mesmo tempo, como símile: o homem se acha vinculado à Ordem Mais Elevada da mesma maneira pela qual o reflexo se acha vinculado a Eva. Eva será capaz de encontrar o Divino em si mesma.[145]

Assim sendo, o anjo instrui Eva a respeito do vínculo existente entre o microcosmo e o macrocosmo – conhecendo sua própria natureza, o homem também conhece a natureza do universo. Diz-nos Vinge que somente em Swedenborg encontramos esse conceito desenvolvido com a ajuda do mito de Narciso. Em termos psicológicos, ele está vinculado a uma conexão vital entre o ego e o Si-mesmo.

Resumo

Assim, vimos a ampla gama de comentários em torno do mito de Narciso. Há inúmeros outros (o de Creuzer é especialmente digno de nota; ele foi tratado por Murray Stein em seu estudo sobre Narciso),[146] que, para nossos propósitos, não são necessários. Aquilo que vimos cobre todo o espectro; da consideração de Narciso como um grave perigo para a alma à sua concepção como metáfora útil para captar a natureza do macrocosmo no próprio homem, o microcosmo. De ilusão perigosa, como o queriam os filósofos antigos, tais como Plotino, Narciso torna-se elevado a um caminho que conduz à iluminação espiritual.

O grande valor da revisão dessas concepções históricas a respeito do mito de Narciso repousa no fato de se ampliar a visão facilmente distorcida que as abordagens de cunho clínico podem produzir. A fenomenologia da desordem do caráter narcisista e as intensas dificuldades que apresenta à prática analítica furtam com facilidade à vista o fato de haver um processo de criação do mundo subjacente ao mundo clínico das idealizações, da inveja, do exibicionismo e das transferências. Num certo sentido, essas desordens são sintomas, no microcosmo que é o indivíduo, dos esforços de nascimento de um novo símbolo coletivo do Si-mesmo.

Como sói acontecer, tudo depende da consciência do indivíduo e, nesse aspecto, a incômoda realidade da natureza dúplice do narcisismo se reveste de um caráter fundamental. Pois a fenomenologia da desordem do caráter narcisista pode levar à dissipação, à perda do talento e ao exagero, conforme avança a idade, de sintomas como exibicionismo e grandiosidade. Mas ela pode, da mesma maneira, dar origem a um novo Si-mesmo individual, um Si-mesmo hermafrodita e, em consequência, fonte de valor para os lados masculino e feminino dos homens e das mulheres, um forte impulso na direção do equilíbrio entre o *fazer* e o *ser* e de valores mais elevados que o impulso de poder do ego.

Para que essa transformação ocorra no caráter narcisista, a tendência compulsiva à inflação, à fusão com o Si-mesmo, deve ser superada. Isso significa que a difícil emoção da inveja e a consciência das necessidades frustradas de exibicionismo devem ser trabalhadas. Mas se essa "sombra" puder ser sentida, a condição narcisista pode verdadeiramente tornar-se o *caminho* para uma nova consciência do Si-mesmo. Nesse processo, a natureza dúplice do narcisismo não desaparece; em vez disso, o ego é capaz de manter ambos os aspectos em tensão e de responder à vida de maneira positiva, protegido contra o impulso demoníaco de poder, que marca o lado sombrio do Si-mesmo.

Uma observação adicional a respeito da inveja é de crucial importância: clinicamente, quase sempre tive a impressão de que o tormento da inveja é uma maldição do Si-mesmo, mas uma maldição que tem como origem a rejeição do Si-mesmo por parte do ego. Essa condição interna de inveja costuma projetar-se no mundo exterior e o caráter narcisista se acha na posição de alvo da inveja dos outros. A única cura dessa situação consiste em voltarmo-nos para o Si-mesmo que existe dentro de cada um de nós, inicialmente para "não nos incomodarmos" com os outros enquanto nossa atenção é dirigida para os valores e alvos internos que definem o caminho da individuação. Assim sendo, "o deus que fere é o mesmo que cura"; a inveja que tanto atormenta Narciso, e que leva o caráter narcisista ao desespero interno, pode ser esmagadora e destrutiva, mas é também um portador de luz, uma forma de sair do próprio dilema.

Essa é a saída interior da condição da inveja; e, no processo geral de cura do estágio narcisista de paralisação, deve ser combinada a uma nova forma de respeito para com as outras pessoas. Ao arriscar-se nas relações exteriores, o caráter narcisista deve descobrir que suas próprias expectativas invejosas nem sempre são preenchidas. Essa descoberta pode ser realizada, em parte, na psicoterapia. Da mesma maneira como a ferida interior da inveja pode ser curada pelas realidades interiores de cunho arquetípico, assim também a ferida exterior, que com frequência resulta das primeiras falhas empáticas maternais, necessita de cura com base em objetos exteriores, reais. As curas interior e exterior não se substituem entre si e o caminho a ser percorrido na condição narcisista passa pelos terrores da inveja e se dirige para objetos interiores e exteriores, para as pessoas, que representam o mundo real e, ao mesmo tempo, para o mundo arquetípico, que representa a realidade psíquica.

Por fim, gostaria de chamar a atenção para o modo pelo qual a obra de Jung se relaciona com as mudanças históricas por que passou a atitude com relação ao mito de Narciso. Quando postula o complexo como um caminho para o inconsciente, e o define como algo dotado de um conteúdo pessoal e um núcleo arquetípico, Jung entra diretamente nos séculos de conflito quanto ao valor das imagens e, em especial, com relação ao valor das imagens que não sejam idênticas à (nem mesmo próximas da) Divina Luz. A abordagem de Jung decerto deixaria horrorizados os neoplatônicos, pois levar a sério os aspectos pessoais do complexo seria algo perigosamente próximo de se tornar perdido na vida do corpo. Mas Jung, na verdade, leva a sério esses aspectos e acredita piamente que eles levarão a uma reavaliação arquetípica do seu significado. Levar imagens a sério, meditar sobre o seu significado pessoal e examiná-lo meticulosamente – eis atitudes compatíveis com o desenvolvimento histórico da consciência, em especial no tocante ao mito de Narciso.

Narciso representa a vida psíquica em trânsito do ou para o mundo arquetípico. E a concepção junguiana de realidade psíquica volta-se precisamente para essa questão. Jung, tal como os mais recentes comentadores do mito de Narciso, reconhece o potencial positivo presente na introversão. Tal como o mais astuto deles, ele também reconhece as possibilidades, marcadas por um grau extremo de perigo, envolvidas na experiência do Si-mesmo, os riscos de inflação e perda da alma. Ele nos adverte, repetidas vezes, contra a identificação da imagem com o arquétipo, assim como contra a identificação do ego com a imagem.

A questão do narcisismo é a questão da nossa época, tendo em vista ser ela o ponto focal de uma nova imagem, em transição, do Si-mesmo. Assim, Jung embora raramente tenha usado o termo, já vinha trabalhando com os problemas do narcisismo bem antes de o tema estar clinicamente em voga. Isso não significa, de forma alguma, desprezar as recentes contribuições psicanalíticas; essas contribuições são valiosas, em particular no tocante ao seu estudo do processo de transferência/contratransferência e das questões da inveja, da raiva e do exibicionismo. Mas essas abordagens podem beneficiar-se de uma panorâmica mitológica, assim como da visão historicamente sintonizada de Jung.

As várias concepções psicanalíticas conflitantes, a respeito do narcisismo, se acham contidas no material mitológico. Por exemplo, o mito de Narciso descrito por Ovídio concorda com a concepção de Kernberg, que vê a formação do caráter narcisista como resultado de uma fusão regressiva, pois Narciso efetivamente se reconhece a si mesmo, mas, em seguida, retorna ao seu estado de fusão com o Si-mesmo. Mas as interpretações do fim do século XVII e no século XVIII, a de Milton em particular, representam mais a visão de Kohut, já que acentuam ser a estrutura do caráter narcisista um desenvolvimento retardado no caminho que leva à criação do mundo. Além disso, temos as muitas explicações que veem uma saída introvertida para o dilema de Narciso, saída essa que leva ao autoconhecimento objetivo, tal como a de Swedenborg.

A subavaliação de uma dimensão interna ou introvertida constitui, em especial, o elemento que limita a capacidade de cura do ponto de vista psicanalítico. As relações externas com o objeto jamais resolvem, por si sós, a condição narcisista. Ademais, sem a reverência ao objeto interno, o Si-mesmo, não há transformação do estado narcisista de paralisação; há apenas repressão e um eventual pessimismo. A abordagem junguiana da psique parece-me um caminho absolutamente necessário para passar pelos problemas do narcisismo, caminho que deve ser combinado com as mais recentes descobertas do pensamento psicanalítico.

8. GANHOS E DEFICIÊNCIAS DO PRIMEIRO ESTÁGIO

O processo de transformação do primeiro estágio envolve em larga medida o trabalho com as transferências narcisistas, durante as quais a importância da introversão, da imaginação e da função curativa do arquétipo é estabelecida.[147]

Minha experiência revela que, nesse ponto, surge um quadro clínico completamente diverso. Trata-se de um quadro que, a princípio, assemelha-se a um problema esquizoide; mas, como veremos nos capítulos 4 e 5, o que ora se manifesta é uma parte do Si-mesmo que estivera oculta pelas estruturas narcisistas precedentes. Nesse contexto, é apropriado considerar-se a formação narcisista como uma *defesa do Si-mesmo*.[148]

Essa imagem do Si-mesmo exibe um caráter amplamente feminino; ela representa o aspecto do Si-mesmo que foi dividido na personalidade narcisista (a união do mágico negro com a falsa noiva, a que fizemos referência no capítulo 1, seção 10). Em termos mitológicos, uma boa representação dessa imagem é a deusa grega Perséfone. Sua redenção requer uma espécie de consciência dionisíaca, considerada no capítulo seguinte. Mas, antes, tratemos das limitações do processo de transformação no primeiro estágio.

O feminino e o instinto

Uma falta de transformação profunda na área do feminino caracteriza o primeiro estágio. Isso é indicado, no mito de Ovídio, pela qualidade vazia de Eco. Em interpretações posteriores, assim como em paralelos etnológicos, vemos que Eco assume parcelas mais significativas. Mas, ainda assim, como revelam as máximas pitagóricas e o mito dos índios Tucano, ela permanece como criatura puramente psíquica, uma função do relacionamento com o mundo psíquico dos arquétipos, mas não com o mundo do corpo e do instinto.

Há poucas dúvidas de que o fracasso no sentido de lidar com os chamados processos instintivos constitui uma severa limitação para a personalidade narcisista. *Mas a questão essencial é o modo como se faz isso.* Essa questão constitui uma das principais preocupações do segundo estágio. O nível instintivo que emerge não pode ser abordado, tão somente, a partir das concepções freudianas. Pelo contrário, ele nos leva ao domínio arquetípico, representado, por exemplo, pelo deus grego Dionísio. *O ponto de vista freudiano da sexualidade e, em especial, da sexualidade infantil, é uma concretização da natureza ordenadora particular desse arquétipo.*

Requer-se, ao reclamar a consciência instintiva, principalmente do corpo, não uma abordagem redutiva que integre questões edipianas – que se acham, no caráter narcisista, plenas de fantasias onipotentes –, nem a integração da agressão, que são necessárias, mas não suficientes. Encontramo-nos, em vez disso, diante de uma questão muito mais complexa e desafiadora, que envolve não apenas os instintos ou impulsos, mas uma espécie diferente de consciência, estruturada segundo as linhas do modelo dionisíaco. A sexualidade e a agressão fazem sentir sua presença, mas apenas na qualidade de fala de um arquétipo, o deus Dionísio.[149]

Tendência para a rigidez

Uma das principais limitações do primeiro estágio, resultado de sua abordagem restrita do feminino, consiste na tendência residual para a rigidez. Por maior que possa ser o alcance do processo de transformação do primeiro estágio, o caráter narcisista ainda resiste à mudança. Os novos valores descobertos, tais como a individuação, a criatividade e a introversão, assumem facilmente o sentido enrijecido de um "caminho". A mudança, no primeiro estágio, para um funcionamento masculino positivo – por exemplo, para um sentido de alma não envolvida no poder e na ambição dominadora, mas vinculada, em vez disso, às exigências do Si-mesmo e de seu desvelamento – se reveste de um grande valor. Logo, contudo, talvez depois de alguns anos, a rigidez volta a manifestar-se. A pessoa não perde o que havia ganho, mas começa a ter todas as respostas, ou a saber, de maneira demasiadamente pia, que não as tem. A pessoa passa a ser mais uma criação do espírito do que da alma.

No segundo estágio, o processo de integração ou redenção da alma feminina emergente dividida requer uma espécie de consciência masculina penetradora que não é gerada pelo padrão *puer-senex* do primeiro estágio. O desenvolvimento dessa nova consciência masculina, de caráter dionisíaco, é parte do segundo estágio da transformação, tal como o é o uso da redenção da alma dividida semelhante a Perséfone (consulte o capítulo 3).

A relação entre o ego e o inconsciente

Para o caráter narcisista não transformado, o mundo interno da realidade psíquica é algo que não merece crédito; a crença profundamente arraigada é: tudo de bom desaparecerá. Mas mesmo a pessoa que tenha trabalhado com as transferências narcisistas do primeiro estágio ainda tem um relacionamento limitado com o inconsciente e com seu poder afetivo. Podem ser observadas pelo menos algumas limitações, que se transformam no segundo estágio.

1) Há uma forte tendência a empregar o inconsciente como espelho das construções do ego. Por exemplo, quando surge uma ideia criativa, o inconsciente é utilizado, via sonhos ou fantasias, para dar substância à ideia ou justificar-lhe o valor, em lugar de ser aceito como fonte de uma consciência muito mais ampla que a do ego. Como resultado, não há uma real dialética criativa entre o ego e o inconsciente; as ideias e fantasias da pessoa não são modificadas a serviço de um processo de descoberta em andamento. Permanece uma necessidade de "contar a própria história", quase sempre sem dar muita importância à comunicação clara.

Ademais, há uma tendência de "saber antecipadamente" e de utilizar o inconsciente como sistema de suporte para as próprias ideias e para sua elaboração. O medo precedente da perda do objeto agora se transforma em medo de se abrir plenamente às ideias como instrumentos de exploração, e não como coisas que apenas espelham o ego. Aceitar o *não saber* como realidade em andamento ainda é algo muito ameaçador. A ideia criativa passa a exibir poucos elementos de surpresa; torna-se dominada pela dúvida sobre "como apresentar uma ideia", diante da rejeição esperada.

2) Há uma tendência a dar demais aos outros. O inconsciente é usado como fonte de grande riqueza, em termos de conhecimento

e de energia, e esse tesouro é dado aos outros, mas não à própria pessoa. Trata-se de uma situação muito comum junto aos psicoterapeutas, que se manifesta como um *forte desejo de ajudar*. Essa situação se reveste do caráter de outra forma de temor da perda do objeto, que aqui aparece como temor de possuir verdadeiramente a própria eficácia como pessoa distinta. Dar a si mesmo, cuidar da própria alma e das próprias necessidades, é algo que, com frequência, sequer ocorre ao ego. O medo de não ser refletido ainda é forte e o padrão de se submeter para sobreviver – que muitas vezes existe há um bom tempo – não é facilmente abandonado. Como resultado, a pessoa não *experimenta* o inconsciente como fonte pessoal de energia e nutrição; ela não é *afetada* pelo inconsciente, mas o usa para ter um efeito sobre os outros. O ganho em termos de egolatria, adquirido a partir do fato de a pessoa ser valorizada pelos outros, é sedutoramente satisfatório, mas é submetido a um agudo questionamento no segundo estágio da transformação.

3) Vinculada à falta de experiência pessoal do valor da realidade psíquica, há uma grande dificuldade em lidar com a realidade das *imagens* psíquicas. O resultado da internalização de uma transferência idealística pode levar ao sentido da existência de um objeto interno do qual é possível depender, mas a tendência consiste em consultar de forma contínua essa imagem, tomando-a como uma espécie de sábio ou guia espiritual – algo que difere amplamente do tipo de imaginação ativa defendido por Jung, no qual o ego encontra as imagens carregadas de afeto do inconsciente e reage da forma como se reagiria na vida real. Quando

nos deparamos com um leão, sentimos medo; com uma figura espiritual, uma sensação de respeito e de elevação; com uma cobra, uma espécie de horror pelo mistério do desconhecido; uma pessoa assustadora evoca o medo e as reações apropriadas, e assim por diante. Nesse processo, desenvolve-se um diálogo, entre o ego e a imagem inconsciente, que afeta a ambos.

Mas, no decorrer do primeiro estágio da transformação, e mesmo quando seus resultados se encontram, de certo modo, consolidados, a imagem não se reveste, para o ego, desse tipo de realidade psíquica. Há uma relativa ausência de imagens espontâneas que apareçam, afetem e sejam afetadas. Há, em vez disso, uma espécie de consulta a imagens já estabelecidas. Embora seja um avanço considerável com relação à condição não transformada do caráter narcisista, trata-se de algo sobremaneira limitado em termos de um relacionamento com o inconsciente. No segundo estágio, há um enorme aumento da apreciação de imagens e do seu poder afetivo.

9. O PODER FEMININO DE PENETRAÇÃO

Embora o primeiro estágio dê origem a uma atitude masculina que respeita a reflexão e pode refletir o fundamento arquetípico da existência, pouco se ganha por intermédio da capacidade ou do desejo de *penetrar ativamente* na psique e de ser por ela afetado. Essa limitação tem sua existência tanto numa dimensão introvertida como nos relacionamentos. A capacidade para aquilo que descreveremos mais adiante (no capítulo 3) como *visão* imaginária inexiste, tal como inexiste uma vida sentida e incorporada a partir da qual essa capacidade imaginativa funcione. Embora a penetração, feita dessa maneira, seja demasiado intrusiva no primeiro estágio,[150] a penetração profunda, sob uma forma imaginária — que *vê* a parte dividida e é por ela afetada — é necessária à integração da parte dividida.

Essa capacidade de penetração existia na personalidade narcisista, primeiramente, sob forma negativa, tal como na uroboros patriarcal, — simbolizada, no mito de Ovídio, por Céfiso. Com a transformação, um respeito crescente pela alma também traz consigo a suspeita com relação à penetração ativa de outra psique, suspeita cujo alvo é evitar a intrusão e a repetição dos ataques infligidos aos outros quando sob o domínio da estrutura narcisista de caráter em seu estado não transformado. No segundo estágio da transformação, o poder de uma visão efetivamente penetradora pode ser recuperado, ao passo que os motivos orientados para o poder são reduzidos pelo fato de essa consciência dever funcionar a partir de um nível incorporado de percepção. O corpo configura-se como o grande elemento limitador, a principal garantia de que não se está inflado e, por conseguinte, não relacionado.

Quando o aspecto feminino dividido do Si-mesmo começa a ser integrado, a vida psíquica adquire uma qualidade diferente. O aspecto feminino — que é melhor considerar, a partir de agora, como um novo respeito pelo reino da Deusa, assim como uma nova forma de percebê-lo – adquire um valor que, com frequência, excede o das formas masculinas.[151] Quando uma mulher estabelece um vínculo entre seu próprio poder penetrador e a Deusa, o homem o sente como algo a que ele deve submeter-se caso pretenda ganhar com isso. A força masculina existe por si própria nesse estágio, mas fá-lo com pleno conhecimento de que é sobremaneira superficial sem o relacionamento com a mulher.

Pela expressão "poder feminino de penetração", tento definir uma experiência específica que tive com analisandas no processo de trabalho do segundo estágio. O poder feminino de penetração é muito diferente da eficácia que emana de um *animus* bem diferenciado, assim como do poder que uma mulher pode exercer mediante a identificação com a *anima* de um homem. Esse poder representa, em vez disso, sua percepção consciente do lado feminino do Si-mesmo; com isso, a mulher tem uma autoridade que se baseia numa sabedoria sobremaneira diferente do conhecimento do homem. É como se ela tivesse assumido o controle do poder, que antes conhecia apenas de maneira inconsciente, ao representar a *anima* do homem. Agora, ela possui a percepção, por parte do ego, das raízes desse poder, não mais a partir da fusão com o inconsciente do homem, mas de sua fonte arquetípica feminina.

Pode ser muito chocante estar diante de uma mulher que tenha penetrado nesse domínio, seu direito natural de nascimento. Do assentimento e da prontidão para agradar, ainda que com um bom grau de assistência orientadora que muitos podem ter apreciado de modo maravilhoso, a mulher adquire uma autoridade que pode ir contra, assim como além de, tudo que eu, como homem, posso saber. Aprendi, e sempre procuro lembrar-me disso, a nunca tomar a mulher-*anima* submissa pelo que exibe à primeira vista, aplicando o mesmo princípio a toda mulher que aja de maneira por demais submissa. Por trás disso, há sempre o potencial de surgimento do Si-mesmo feminino instintivo e, quando este ocorre, meu conhecimento masculino é colocado no recipiente bem pequeno que lhe cabe. As teorias caem por terra. A mulher que descobriu seu poder de penetração fala a partir de uma fonte dotada de uma eficácia e de um impulso que podem ser sentidos como uma forma de energia diferente de tudo o que faz parte do elemento masculino.[152]

A qualidade mais característica desse poder feminino de penetração reside no fato de que, quando se manifesta, vemos, muito claramente, que ele não resulta do desenvolvimento do *animus*, ou da integração da experiência de vida. Na verdade, quando esse poder chega à superfície, fica claro que ele sempre esteve presente e se ocultara, tão somente, em razão de um grande temor. Trata-se do poder que Perséfone, no Hino Homérico a Deméter, alcançou no narciso gigante, antes de ser violentada por Hades/Dionísio (consulte o capítulo 4, seção 3). Essa é sua expectativa, e apenas por meio da experiência da violação logra o poder sua consolidação. Isso faz parte dos Mistérios Eleusinos: o temor à força atacante masculina, uma vez dominado, torna-se criativo e passa a ser um fator que leva à força da mulher. Perséfone torna-se rainha do mundo inferior e, ao mesmo tempo, conserva seu poder no mundo superior, quando para ali retorna, periodicamente.

Uma tal mulher pode constelar, no seu parceiro, o reconhecimento de que ele precisa da mulher de uma forma que jamais imaginou. Ele se torna consciente de um poder feminino, pelo menos tão penetrante quanto o seu. Ele se abre à capacidade que tem esse poder no sentido de transformá-lo e torna-se aberto a permitir que suas estruturas espirituais masculinas pereçam. Seu próprio poder é colocado a serviço da Deusa.

Trata-se de algo completamente diferente da passividade masculina e bem distinto de uma constelação arquetípica mãe-filho. (Quando tratarmos, no capítulo 4, dos Mistérios Eleusinos e do Hino Homérico a Deméter, veremos que esses ritos diferem em muito dos mitos do filho-amante do Oriente Próximo.) Uma mulher jamais estenderia seu poder feminino, adquirido por meio de sua conexão com a Deusa, a um homem passivo. Nesse caso, ou seu poder não seria constelado – e ela mesma não saberia de sua existência –, ou ela não o revelaria. Mas um homem pode obter uma nova percepção de sua eficácia, do valor e propósito do seu próprio poder, ao ser afetado por esse poder do feminino.

Num nível introvertido, o homem torna-se vinculado à sua alma semelhante a Perséfone, tomada como guia. Ele se torna cônscio da realidade de que se reveste o mistério da alma, de profundidades desconhecidas, e sente visões potenciais que poderiam destruir seus valores conscientes, e criar novos valores, com exigências que tendem a assustar. Ele passa a ter condições de render-se ao mistério feminino que também se encontra dentro dele. Esse tipo de rendição é a chave da mudança e só se manifesta no segundo estágio da transformação.

A mulher dotada da consciência do seu poder-Deusa também experimenta uma nova forma de relacionamento com o homem. Ela aprende que também não pode funcionar bem sem a ajuda de uma força de penetração externa. Ela necessita de um parceiro da vida real, ou jamais se realizará a si mesma no mundo do espaço e do tempo. Sem esse parceiro, ela só pode viver como uma Perséfone não penetrada e, em consequência, não redimida; seu poder permanece inconsciente, pertinente ao mundo inferior, talvez eficaz mediante o papel da mulher- -*anima*, mas fora de contato com a fonte do verdadeiro conhecimento e do verdadeiro eros feminino, que constituem

Ishtar, a Grande Deusa (terracota, período sumeriano, Museu do Louvre).

seu direito de nascimento. Para estabelecer esse contato, precisa de um homem – um homem cujo narcisismo tenha sido trabalhado.

Se se encontrar paralisado em padrões narcisistas, seu parceiro não poderá ser de grande ajuda para ela, em sua busca da verdadeira identidade feminina, ligada, como sempre está, à Deusa. O macho narcisista configura-se, na realidade, como o maior obstáculo ao desenvolvimento da mulher dotada do real poder feminino.

Capítulo lll

FORMAS DE RELACIONAMENTO: O INCONSCIENTE PSÍQUICO E SOMÁTICO

1. INTRODUÇÃO

No segundo estágio da transformação (o qual, volto a acentuar, se acha interligado ao primeiro), é particularmente importante que nossa empatia atinja uma espécie de profundidade diferente da requerida anteriormente. Em consequência, faz-se necessário considerar diferentes formas de relacionamento no processo analítico.

Há muita literatura a respeito da técnica e de concepções como a de resistência à transferência, sobre o valor do uso do divã ou de uma cadeira, sobre quando e como lidar com a raiva, sobre a importância de ficar ativo ou em silêncio, assim como a respeito de temas sutis tais como a que profundidade analítica nós devemos trabalhar.[153] Mas quando chegamos à questão da própria ontologia do analista, que lida não apenas com descrições do seu processo subjetivo como também com seu *modo de ser no processo*, temos muito menos textos a consultar. É mais fácil discorrer acerca de interpretações do material do nosso paciente, assim como de nossas próprias reações de contratransferência, do que tentar descrever a natureza do nosso processo ao longo da caminhada. Todavia, quando chegamos às questões relativas ao Si-mesmo e à identidade, a questão central não se refere às interpretações a que chegamos, mas sim ao processo, à natureza do *modo* pelo qual dele participamos.

Como observou Rosemary Gordon, quando se trata do Si-mesmo, muitos clínicos reconhecem a necessidade de lançar mão de diferentes abordagens. Discutindo, por exemplo, Kohut e Kahn, escreve ela:

> Há uma considerável interpolação entre as ideias desses dois analistas. Pois Kahn também afirma haver na psique uma determinada área, o si-mesmo, que ele vê como um conjunto distinto das estruturas id-ego-superego. Por conseguinte, o analista precisa relacionar-se com seu paciente de dois modos: quando se acha voltado para a estrutura id-ego-superego, ele ouve as comunicações verbais do paciente e tenta decifrar sentidos em termos dos conflitos estruturais – nessa circunstância, ele oferece interpretações. Mas quando seu centro de atenção é o si-mesmo, seu estilo, assim diz Kahn, "é mais difícil de definir; reside na

natureza da forma pela qual ele dá resguardo à experiência do si-mesmo do paciente".[154]

Seja Kohut definindo a empatia como "introspecção vicária", ou Kahn referindo-se ao fornecimento de "resguardo à experiência do si-mesmo do paciente", adentramos inevitavelmente um domínio no qual cada analista emprega suas próprias metáforas. Podemos acrescentar a noção da análise como processo dialético, proposta por Jung.[155]

Não pode haver dúvidas de que é necessário trabalhar com uma abordagem de natureza pessoal. Quando o Si-mesmo é o ponto focal, a própria personalidade do analista constitui o principal recurso deste. No que segue, minha própria subjetividade e o caráter pessoal das metáforas que escolhi serão por demais evidentes. Mas também é possível oferecer uma espécie de análise estrutural à minha abordagem. Creio, por exemplo, que me comporto no processo analítico nos termos de uma estrutura mítica. Várias amplificações auxiliarão a descrevê-la, mas as principais são o mito egípcio de Ísis recolhendo os membros esquartejados de Osíris,[156] e a do deus grego Dionísio e da natureza de sua consciência.[157] A noção de lógica primitiva, tal como descrita por Lévi-Strauss, também se mostra útil.[158] Em termos gerais, a qualidade da consciência e do ser que estarei descrevendo segue a metáfora alquímica da extração do espírito a partir da matéria. Mas, nesse contexto, matéria é mais bem entendida como o corpo humano, e não como uma abstração para designar o inconsciente coletivo.

2. COLETA SOMÁTICA DE INFORMAÇÕES

Sempre há, na situação analítica, informações a serem coletadas, algo que não se acha restrito à transmissão, pelo paciente, dos seus sonhos ou fantasias.[159] Por exemplo, a contratransferência é uma fonte contínua de dados potencialmente objetivos ou de uma forma de, por exemplo, abordar a resistência. Todavia, pretendo discutir aqui a maneira pela qual eu costumava coletar informações antes de obter muitos conhecimentos operacionais da contratransferência, época em que era muito dependente do material onírico e de fantasias do paciente. O modo pelo qual deixei essa prática – que hoje reconheço nada ter de original – vinculou-se à percepção do valor de minhas próprias respostas subjetivas, primariamente experiências corporais. Esses elementos, como vim a descobrir, são um guia para os processos do paciente.

Sabe-se bem que os caracteres fronteiriço e narcisista com frequência revelam ter dificuldades em fazer associações livres com o material onírico. Para trabalhar com eles, assim como com outros pacientes que simplesmente não levavam material onírico para a análise, concebi o seguinte método. Em primeiro lugar, considerando-se que a imagem onírica de um cinema com frequência representa um lugar para a projeção de fantasias, eu pedia ao paciente que imaginasse uma tela de projeção em branco. Em seguida, dava uma série de instruções, tais como: 1) desenhe um círculo, com tinta, na tela; 2) deixe que a tinta flua na direção do centro do círculo até sentir uma tensão perto do centro, com um ponto branco remanescente; 3) deixe que a tinta retorne na direção da circunferência, até que haja apenas um círculo negro outra vez. Enquanto isso, eu acompanhava imaginariamente a fantasia do paciente.

Minha experiência inicial desse processo mútuo foi ter ou não a sensação de estar sendo preenchido, uma sensação de que uma *gestalt* tentava ser fechada e que o fato de não estar fechada poderia ser percebido por meio do vaivém da *minha* atenção, e, de modo geral, por intermédio de uma sensação de frouxidão a respeito do campo de energia criado em torno de nós. Mas descobri, primariamente, que essa sensação de fechamento era mais aguda caso eu acompanhasse o processo imaginário ao mesmo tempo que estava ativamente cônscio de permanecer *no meu próprio corpo*. Isto é, havia uma maior potência na minha sensibilidade para com um sentimento de completude – o ato de criar um círculo, de preenchê-lo e desfazê-lo era completo em si mesmo, uma *gestalt* total – se eu tivesse cônscio da real magnitude do meu corpo e da tonalidade do meu sentimento de estar num corpo, do que se eu utilizasse uma consciência mais mental e menos envolvida.

Uma vez adquirido o sentimento de uma *gestalt* total, eu pedia ao paciente que desenhasse linhas no círculo, dividindo-o em quatro quadrantes. Mais uma vez, o sentido de inteireza da *gestalt* dependia do modo pelo qual eu acompanhava o processo imaginário. Minha própria consciência sempre se achava "vazia"; eu mantinha um estado semelhante ao do início de uma imaginação ativa e tomava minha capacidade de fazê-lo (ou não) como indício do grau de completude da *gestalt* de totalidade que havia entre nós. Quando não havia interferência de conteúdos subjetivos, e o sentido de completude se mantinha, eu solicitava ao paciente que visse as imagens espontaneamente surgidas nos quadrantes, guiando-o, na direção dos ponteiros do relógio, em torno do círculo.

Nesse estágio, deu-se a descoberta de algo totalmente novo para mim. No estado de fusão que criava por meio da técnica da imaginação compartilhada, eu experimentava inervações corporais que dependiam da produção de imagens ou da resistência a ela por parte do paciente. Por exemplo, a pessoa via uma árvore num quadrante e eu sentia certa ansiedade, talvez um leve ou agudo enrijecimento da mandíbula. Outras imagens que os pacientes criavam podiam produzir mudanças corporais semelhantes ou não as produzir. Mas, tendo os pacientes criado suas imagens, se eu retornasse àquelas que haviam resultado em mudanças corporais em mim, sempre achava que muito mais material estava próximo de revelar-se. Uma árvore, por exemplo, poderia ter a "mais estranha imagem consigo", como disse uma pessoa de que me recordo. A árvore tinha algo mais dentro de si. Nesse caso, ficávamos com a imagem oculta da árvore e, eventualmente, descobríamos inúmeras associações incestuosas com uma prostituta e com a mãe da pessoa. Mas a não ser que eu tivesse seguido o indício fornecido pela minha própria resposta corporal, essa "associação sem sentido" teria sido definitivamente desprezada. Da mesma forma, estava claro (mais uma vez em virtude das minhas próprias respostas corporais) que, quando uma imagem demorava um longo tempo para aparecer num quadrante, eu tinha outro indício de que deveria acompanhar a imagem que surgira, assim como aquilo que não se revelara.

O que mais me impressionou nesse método foi a natureza banal das associações que costumavam ser suprimidas e que, não obstante, mostravam ser decisivas. Do ponto de vista mental, elas poderiam ser facilmente descartadas por mim e pelo paciente, caso chegassem a se manifestar. Todavia, ao tomar o meu corpo como guia, eu me surpreendia por ver aquilo que se ocultava sob a capa do mais trivial conjunto de imagens.

(Muitas vezes me foi perguntado se essa abordagem de ouvir o corpo não seria uma questão de preferência tipológica. Podemos imaginar que ela seria mais fácil para um tipo sensação-sentimento do que para um tipo intuição ou pensamento, mas creio estar envolvida, aqui, uma questão de alcance mais amplo, a saber, a capacidade de ser incorporado de maneira introvertida, *de uma forma que também valorize o objeto* – sendo este último, no caso, uma combinação entre a outra pessoa, seu sonho ou fantasia e o resíduo diário que ela relata. Para um homem, isso depende de uma consciência lunar ou *anima*, ao passo que, para uma mulher, depende de uma consciência enraizada no Si-mesmo feminino, com seu respeito implícito pelo corpo.)

Surgiu outra característica: enquanto o paciente se encontrava no processo de produção espontânea de imagens, e enquanto era acompanhado o procedimento do círculo, vagos pensamentos por vezes me percorriam a cabeça, balbucios desprovidos de sentido. A imagem de uma criança, uma casa, um regato, uma batalha, um encontro perigoso etc. Como disse, minha técnica consistia em permitir que essas e todas as minhas demais imagens mais pessoais se afastassem até que minha mente se encontrasse vazia. Eu tentava, dessa maneira, não interferir no processo imaginário dos pacientes. Mas, depois de consegui-lo (isto é, depois de terem sido produzidas imagens, cuja origem poderia ser encontrada com referência às minhas próprias respostas corporais – as quais, devo acrescentar, eram as mais diversas, variando de tensões aleatórias a inervações, com frequência, mas não primariamente, de cunho sexual), eu retornava às várias imagens e ideias que antes haviam fluído pela minha consciência. E essas imagens e ideias, quando do retorno, adquiriam sentido em termos das produções posteriores do paciente.

Estava claro que, de algum modo, existia uma forma que ia sendo preenchida, mas de uma maneira que me era deveras estranha. Por exemplo, mediante a observação desses balbucios aleatórios, e das imagens a que chegávamos, quase sempre era possível reconstituir os eventos do dia anterior. Assim, uma série dessas imagens e pensamentos fugidios começava a assumir, no paciente, vida própria. Era como se fossem parte de um padrão ainda desconhecido cujo efeito se fazia sentir. Não se tratava apenas de uma questão de *gestalt* em processo de preenchimento, mas a sensação de um padrão particular, se bem que desconhecido. Mas tudo que o paciente dizia podia tomar esse padrão como referência. Certas associações ou processos de pensamento pareciam enquadrar-se de maneira perfeita; outros simplesmente não cabiam. Dessa forma, muitas vezes descobrimos que havia eventos do dia anterior, eventos imaginados de modo metafórico, que se revestiam de um caráter particularmente doloroso e necessitavam ser recordados.

Por exemplo, um conjunto de imagens de certo paciente era composto de maneira perfeita um carro, um eixo, uma árvore, uma casa e sementes. Dentre meus elementos mentais desconexos, que precederam essas imagens, havia cenas de violência. Trabalhando da forma que descrevi, o paciente terminou por "lembrar-se" de uma importante experiência do dia anterior – ele havia se masturbado. Assim, as imagens foram úteis na reconstrução da fantasia masturbatória, uma fantasia de caráter anal que envolvia o estupro sádico de sua mãe. As sementes eram seu esperma, algo que se relacionava prontamente com o eixo do carro, e minhas ideias violentas eram um indício da natureza sádica do material de sua fantasia. Eis um exemplo do que denominei repetição metafórica dos eventos do dia. Nesse caso, foi essencial descobrir a atividade masturbatória, pois ela era compulsiva, ocorrendo quatro ou cinco vezes ao dia. Tratava-se de uma descarga dos seus sentimentos sádicos, cujo resultado era uma atitude muito passiva e sem direção diante da vida.

A ordenação estrutural do método que concebi é descrita por Lévi-Strauss, em seu livro *The Savage Mind*, sob a denominação de lógica primitiva. Ele descobriu que o pensamento primitivo exibe uma lógica própria que opera por intermédio de uma espécie de método qualitativo, baseado no emprego de metáforas, e tem como alvo integrar todos os dados num padrão mítico. A lógica primitiva prescreveu padrões míticos, ao passo que eu deveria descobrir o padrão.

Outro emprego da lógica primitiva é o trabalho com sonhos. Tendo como ideia orientadora jamais ir além das imagens oníricas existentes, jamais chegar a uma "solução", tal como uma interpretação, mas, em vez disso, trabalhar com o sonho tomado como uma *gestalt* inacabada, podem ser produzidas associações, que são acompanhadas retroativamente da forma que venho descrevendo. O que quase sempre transparece desse procedimento é que o sonho em seu todo se transforma numa imagem dos eventos ocorridos no dia anterior: o sonho é visto como repetição metafórica da história. É frequente que a história do dia anterior se ache entrelaçada com fantasias conscientes ou inconscientes passíveis de ser descobertas e que também aparecem como parte do sonho visto metaforicamente. Embora possam ser, previamente, parte de um estilo de vida relativamente inconsciente, quase sempre compulsivo e pleno de passagem a atos, essas fantasias assumem o sentido de uma vida submetida à reflexão por meio de lembranças.

Parece que a lógica primitiva, sujeita à restrição da tendência onírica de preenchimento de uma *gestalt*, é dotada da capacidade de levar vida ao que era matéria morta, fatias descartadas de história e fantasia. Nessa "segunda oportunidade" de ser consciente, a história redescoberta sempre tem a tendência de ser experimentada como se estivesse ocorrendo no momento presente. Em consequência, o que antes era objeto de uma completa passagem a atos, que carecia de toda consciência de ser incorporado, assume uma qualidade incorporada consciente. Terminamos com o mesmo sonho com o qual começamos, e não com uma interpretação simbólica dele. Mas, nesse momento, o sonho terá assumido um sentido em termos de um padrão total.

Esse tipo de lógica e de restrição – que impõe que jamais se "resolvam problemas", no sentido de ir além dos dados imediatos e alcançar algo de novo – constitui um dos principais elementos da crítica feita por Lévi-Strauss a respeito da diferença entre pensamento primitivo e científico:

> O cientista [...], seja engenheiro ou físico, sempre se acha à espreita *daquela outra mensagem* que deve ser extraída de um interlocutor, apesar de sua reticência quanto a pronunciar-se com relação a questões cujas respostas não foram ensaiadas. Assim surgem conceitos que parecem operadores *abrindo* o conjunto com que trabalham.
>
> [...] A ciência, "em operação", tão somente, em virtude do fato de vir a existir, cria seus meios e resultados sob a forma de eventos, graças às estruturas que constantemente elabora e que são suas hipóteses e teorias.[160]

Ele compara o trabalho da lógica primitiva com a forma de operação do *bricolleur* ou trabalhador manual francês,[161] e descreve os "materiais" utilizados como

> expressões condensadas de relações necessárias, que impõem, a cada estágio do seu emprego, restrições geradoras de várias repercussões. Sua necessidade não é simples e unívoca. Mas ali se encontram, não obstante, como a invariância de uma ordem estética ou semântica, que caracteriza o grupo de transformações a que se prestam, que... não são ilimitadas.
>
> [...] Devem ser consideradas padrões... Esses padrões atualizam possibilidades cujo número, embora possa ser muito grande, não é ilimitado.[162]

Meus "materiais", as fantasias dos meus pacientes e minhas próprias fantasias, assim como nossos estados corporais, são parte de um padrão desconhecido a ser descoberto. E, no entanto, sua restrição pode ser sentida. Por exemplo, o fato de não se trabalhar num nível suficientemente profundo, de não buscar um número suficiente de associações, repercute no todo, provocando geralmente um enfraquecimento do resultado final. Cada parte impõe restrições às outras e a restrição essencial consiste em jamais "resolver o problema", jamais chegar a uma interpretação ou ultrapassar o próprio padrão desconhecido.

Há um mito que fornece um padrão para trabalhar dessa maneira. Ele aparece em *Os Mistérios de Ísis e Osíris*, de Plutarco, reapresentado por Mead em *Thrice Greatest Hermes*.[163]

Nesse mito, Osíris foi desmembrado por Seth e Ísis está em busca dos membros espalhados. Dois aspectos da história são relevantes para meu método de coleta de informações: 1) Ísis é auxiliada por crianças balbuciantes e 2) é conduzida pelo seu cão Anúbis, filho de Osíris e Néftis. Assim, ela encontra as partes de Osíris, reúne-as e, por fim, ele ressuscita.[164]

As crianças balbuciantes correspondem ao tipo de palavrório sem propósito que ocorre na minha mente quando tento estabelecer uma qualidade de todo-*gestalt* no procedimento de focalização imaginária. O acompanhamento desse palavrório ou balbucio em termos de uma lógica científica que busque encontrar soluções sob a forma de interpretações é quase impossível. Mas a lógica mítica ou primitiva é capaz de seguir a trilha e reunir as partes num padrão significativo. O ser conduzido pelo cão Anúbis corresponde a seguir os instintos, tal como se manifestam nas sensações corporais. O resultado global é a renovação da consciência, representada, no mito, pela ressurreição de Osíris.

Não é fácil ouvir o corpo, especialmente quando tentamos, ao mesmo tempo, manter-nos conscientes da realidade do espírito. Nas *Obras Completas* de Jung não há muita coisa a respeito do tipo de consciência que inclui o estar cônscio dos estados do corpo – inervações somáticas, tensões etc. Em geral, não temos da consciência uma visão desse teor; concebemo-la, na verdade, como um processo mental de conexão de imagens, ideias e afetos com o ego, ou em termos da descoberta da consciência no inconsciente, do estabelecimento de uma relação com nossos complexos dominados por afetos, e assim por diante. Podemos mesmo pensar em níveis de consciência, que se estendem a estados de êxtase. Mas que dizer da manutenção de uma relação consciente com o inconsciente, ao mesmo tempo que nos encontramos no corpo de modo consciente? E por que tentar isso, afinal de contas?

Para falar a verdade, Jung mantinha sólidas opiniões a respeito da "consciência do corpo", embora, em geral, elas não sejam conhecidas. Vamos examiná-las a seguir.

3. O CORPO NOS SEMINÁRIOS NIETZSCHIANOS DE JUNG

O lugar no qual Jung trata do corpo como tal é a série de notáveis palestras que ele fez a respeito de *Assim Falou Zaratustra*, de Nietzsche, já mencionadas no início deste livro.[165]

Quando aparece nas *Obras Completas* de Jung, digamos, num sonho ou texto alquímico, o corpo costuma ser visto como símbolo de alguma realidade psíquica ou de algum complexo.[166] Outra abordagem seguida por Jung consiste em tomar o aparecimento do corpo como indício da necessidade de integrar percepções intuitivas na realidade cotidiana, por meio "da *fonction du réel*, isto é, a sensação, a percepção sensível da realidade".[167] Ora, em seu ensaio "*On Psychic Energy*", ele se refere à psique como "um sistema relativamente fechado,"[168] implicando com isso que podemos analisar a psique em termos de suas imagens e padrões, sem fazer referência ao elemento somático. Tudo isso soa bastante distante do corpo e podemos ficar inclinados a concordar com a crítica bastante irreverente de Norman Brown, segundo a qual a atitude de Jung é "anticorpo".[169]

Mas isso de forma alguma é verdade. Jung tinha uma aguda percepção da grande dificuldade que o corpo apresenta e, em seus *Seminários Nietzschianos*, isso fica claro à exaustão. Ali ele se viu forçado a tratar do corpo, tendo em vista que, para Nietzsche, o Si-mesmo não pode estar divorciado do corpo; com efeito, às vezes Nietzsche até identifica o Si-mesmo com o corpo – uma inflação do corpo, como observa Jung.[170] Jung fala que não vai lidar com o corpo *per se*, devido ao fato de ser extremamente difícil escrever a esse respeito. Esse tema leva inevitavelmente à consideração do chamado corpo sutil (que Jung prefere chamar inconsciente somático), um domínio no qual os eventos não se revestem de um caráter causal. Ter-se-ia de postular processos de natureza acausal. Ele prefere o caminho da ciência, o caminho da descrição que pode ser validada, testada e comparada. Teria ele dito isso depois da publicação de sua obra a respeito da sincronicidade, em 1951?[171] Talvez não; mas na época da publicação, ele não estava inclinado a voltar-se para o problema do corpo (ou estava em vias de deixar de tratar dele).

Não obstante, nos *Seminários*, Jung oferece aquilo que considero um notável modelo. Diz ele que somos dotados de uma conexão consciente-inconsciente que leva, de um lado, a um domínio puramente psíquico ou espiritual e, de outro, ao corpo e à matéria. Quando nos dirigimos para o domínio do espírito, o inconsciente torna-se inconsciente psíquico e, quando nos dirigimos para o corpo e para a matéria, ele se torna inconsciente somático.[172]

Acostumamo-nos a um modelo da psique sob a forma de um espectro, apresentado nos escritos publicados de Jung, em especial em seu último ensaio, "On the Nature of Psyche" – no qual a psique é retratada como um espectro que se estende do polo vermelho, ou instintivo, ao polo violeta ou espiritual. Ambos os pontos extremos penetram no "domínio psicoide", que jamais pode tornar-se consciente.[173] Nos *Seminários*, Jung prefigura esse modelo e avança um pouco mais na determinação da natureza que assume a experiência do inconsciente conforme

O arquétipo psicoide

nos aproximamos dos pontos extremos do espectro. Seu trabalho posterior, a respeito do arquétipo do *unus mundus* , que Von Franz muito fez para elucidar,[174] descreve um nível transcendente da realidade psíquica, no qual *ambos os aspectos* do inconsciente são idênticos, tal como a matéria e a psique. Mas quando nos aproximamos do inconsciente a partir da estrutura do ego, suas manifestações psíquicas e somáticas constituem uma fonte de experiências deveras distintas.

Em suas *Obras Completas*, Jung em geral vincula as imagens ao inconsciente psíquico – por exemplo, a Terra pode ser tomada como símbolo do arquétipo da mãe. Já nos *Seminários*, a Terra quase sempre representa o corpo.[175] Da mesma maneira, o motivo do descenso costuma ser tomado, nas *Obras Completas*, com o significado de um transporte, para a realidade concreta de uma percepção consciente, formulada e estável,[176] em vez de uma incorporação, nessa realidade, da consciência. Mas, nos *Seminários*, Jung fala precisamente desse último tema – do transporte dessa percepção consciente para dentro do corpo, de modo que sua existência seja sentida ao lado da realidade de ser incorporada.

O inconsciente somático, designação de Jung para o corpo sutil, representa o inconsciente, tal como o percebe o corpo.[177] Além disso, ele nos diz que *o inconsciente está no corpo*[178] e que, na verdade, essa é a única forma pela qual o inconsciente pode ser experimentado.

Ele nos alerta para que não nos impressionemos com essa afirmação – que contrasta com sua asserção mais comum de que o inconsciente está em todo lugar –; ele apenas quis enfatizar que somente no corpo pode o inconsciente ser *experimentado*, de forma mais ou menos próxima da que assume a experiência do funcionamento do sistema nervoso simpático. Jung fala de ser capaz de começar a aproximar-se de um estado de simpatia universal com todas as coisas e explica por que isso é um processo acausal, não acessível ao discurso científico. Mas ele deve entrar nesse domínio, pois Nietzsche o faz.

Jung afirma que o Si-mesmo é, a um só tempo, corpo e psique,[179] e que o corpo é apenas a manifestação externa do Si-mesmo. E mais, que a alma é a vida do corpo. Se não vivemos no corpo, se não representamos o Si-mesmo, em sua natureza ímpar, na vida, ele se rebela.[180]

Trata-se de uma importante noção que Jung acentuou: *o Si-mesmo quer viver sua experiência na vida* e, caso não seja voluntariamente incorporado, manifesta-se de maneira negativa em sintomas somáticos e fobias. No caráter narcisista, há sempre um aspecto do Si-mesmo que não está vivendo sua experiência na vida e que se tornou, por conseguinte, negativo. A integração dessa qualidade do Si-mesmo quase sempre pode ser alcançada através da consciência do corpo por parte do analista, que se manifesta da maneira anteriormente descrita.

Farei referência a essa concepção de Jung a respeito do corpo e da psique quando tratar do Hino Homérico a Deméter (capítulo 4), o análogo mitológico do segundo estágio da transformação. É útil pensar em Deméter como representante do inconsciente somático, reservando à sua filha Perséfone o papel de alma perdida ou vida do corpo, o Si-mesmo feminino dividido. Nesse contexto, o mito se reveste de sentido tanto para os homens como para as mulheres; não se trata de um mistério puramente feminino, pois do contrário os Mistérios Eleusinos só seriam celebrados para mulheres e nós sabemos que esse não foi o caso.

Como o corpo e a psique configuram-se como dois aspectos de uma mesma realidade, diferindo entre si, tão somente porque a consciência os vê de formas diferentes – de um ponto de vista espiritual-mental ou, alternativamente, de um ponto de vista incorporado –, não podemos considerar Jung anticorpo apenas porque ele em geral remete o simbolismo do corpo a uma representação psíquica. Essa ênfase espiritual com frequência se faz necessária e sempre é parte do quadro.

A questão essencial, em termos de terapia, é o papel da dimensão arquetípica, tratada metaforicamente como uma experiência de ascensão, na qual a alma encontra energias arquetípicas. Nos muitos anos durante os quais estudou textos alquímicos, Jung dedicou especial atenção às imagens produzidas por Gerhard Dorn para representar o processo de individuação.[181] Nelas, o primeiro estágio é de consolidação num nível espiritual, a criação da chamada *unio mentalis*. Somente depois disso, há um descenso de volta à matéria, a partir do qual o corpo é transformado. Isso significa que *somente quando* o espírito existe como realidade, quando a realidade psíquica transforma-se num enunciado com *sentido objetivo* – produzido por uma transformação da psique que dá origem a um centro percebido –, então, somente então, um descenso no corpo leva à transformação e à experiência do inconsciente somático. Todos os demais tipos de descenso, tais como os produzidos por meio de exercícios corporais, levam apenas a mudanças temporárias que sempre devem ser repetidas, já que a falta do espírito para – como o diriam os alquimistas – "matar e transformar os corpos"[182] não leva à transformação e decerto não leva à realidade que Jung conhecia pelo nome de inconsciente somático.

Assim sendo, a psicologia de Jung não é anticorpo, mas, antes, um guia adequado para o corpo. E toda abordagem que não reconheça a autonomia do espírito e a existência do domínio arquetípico pode apenas levar a uma concepção muito concreta do corpo, que deixa escapar o mistério da identidade fundamental entre corpo e psique.

Ao discutir as transferências idealística e especular, no capítulo 1, fiz a analogia entre esses dois tipos de transferência e a ascensão e o descenso da libido no pensamento alquímico. A transferência idealística corresponde à ascensão do arquétipo do espírito, correspondendo a internalização deste à formação de um centro espiritual dotado de forte poder unificador e estabilizador. Digo "corresponde" porque não há razão para supor que estejamos lidando com processos idênticos. As transferências narcisistas não são processos arquetípicos, são, antes, uma espécie de produto híbrido de fatores de ordem pessoal e arquetípica, que formam um fenômeno intermediário de transferência. Mas a transferência idealística alcança efetivamente resultados também obtidos pela integração do arquétipo do espírito, e vice-versa. Como já foi observado, a transferência idealística pode levar a um processo de integração mais orientado em torno do eros, nas relações internas, do que o pode a experiência introvertida do arquétipo do espírito. Esta última, por seu turno, pode produzir um sentido mais potente de "centro", em termos de um melhor contato com um princípio interno, de natureza organizadora. Assim sendo, os dois processos são diferentes entre si, mas produzem resultados que se entrecruzam em importantes áreas.

A existência e a integração das energias da idealização mostram-se essenciais para abordar o corpo de uma forma capaz de integrar o Si-mesmo dividido no caráter narcisista. A *forma* pela qual abordamos o corpo, e não as técnicas particulares empregadas para fazê-lo, sempre ocupa a posição central. E, da mesma forma como o processo alquímico sempre especificava uma consolidação espiritual antes de voltar-se para o problema do corpo, assim se requer que se faça, segundo penso, no tratamento do caráter narcisista. Isso é especialmente verdadeiro no tocante àquilo que denomino segundo estágio da transformação. Na ausência de uma idealização ou de uma experiência arquetípica integrada do espírito, o corpo sempre será experimentado de forma diversa do inconsciente somático. Será uma "coisa" que apresenta impulsos e vários processos instintivos, mas não um processo energético vital, dotado de uma forma própria de consciência.

4. A COMPLEMENTARIDADE PSIQUE-SOMA

Não é possível extrair informações dos inconscientes somático e psíquico ao mesmo tempo, obtendo iguais volumes dos dois. Existe, na realidade, uma relação de complementaridade entre eles: a orientação para o inconsciente somático limita a informação obtida do inconsciente psíquico, e vice-versa.

Se permitirmos que a consciência mergulhe no corpo, o que, como disse Jung, sempre representa uma derrota para o espírito, a informação obtida será diferente da conexão com o inconsciente psíquico. O vínculo com o inconsciente psíquico – que opera, por exemplo, por meio do pensamento, da intuição ou de qualquer função que filtre dados através do emprego de uma teoria do centro organizador, o Si-mesmo – deve ser sacrificado de modo a possibilitar a obtenção de informações do inconsciente somático. Depois disso, a consciência, semelhante à dos povos primitivos que descrevi, pode investigar e selecionar dados, sempre a partir do sentimento-sensação de uma *gestalt* em processo de preenchimento. Da mesma forma como Ísis, em sua caminhada ao acaso, é levada às partes de Osíris, que deve então reintegrar, ou como Deméter, que ensina os Mistérios

Eleusinos como um procedimento de redenção de Perséfone, assim também os processos do inconsciente somático podem levar a um vislumbre, a uma emergência da vida da *visão imaginária*, capaz de ver o Si-mesmo dividido. Descobrimos aquilo que *vemos*.

Esse tipo de *visão* é semelhante à descrita por Carlos Castaneda em suas obras sobre Don Juan.[183] Trata-se de uma visão mais lunar que solar, uma visão que se fundamenta na imaginação, que é *real* – no sentido de ser praticamente corpórea – e experimentada numa relação muito estreita com o próprio corpo. Ela corresponde à distinção feita pelos alquimistas entre a imaginação "verdadeira" e a imaginação "fantástica".[184] Trata-se, da mesma maneira, de um tipo de visão ou atividade imaginativa que se reveste, na relação analítica, de um caráter de ação mútua, como se sua existência dependesse da interação paciente-analista. (Ela é tratada como tal quando, por exemplo, seus conteúdos são compartilhados, e sua precisão testada, com o paciente.) Na alquimia, a *imaginatio*, ou ação de imaginar, configurava-se como uma das principais chaves da complementação bem-sucedida da *opus*. Era um processo "semiespiritual, semifísico,"[185] e tão vital quanto o é hoje, tendo em vista que sempre o encontramos quando quer que estabeleçamos um vínculo entre a nossa psique e a psique de outra pessoa e o inconsciente for altamente constelado.

A importância que os alquimistas atribuíam ao corpo e à qualidade material da imaginação (gerada pelo fato de a imaginação originar-se do corpo), também é tão necessária hoje quanto o foi no seu tempo. Como assinala Lévi-Strauss, lidamos não com um modo arcaico e pré-científico de pensamento – no sentido de algo que deve ceder lugar a um pensamento mais diferenciado e abstrato, científico –, mas sim com outro modo de pensar, que já existia, que ainda existe em nós, juntamente com o modo científico.[186]

O sacrifício do espírito em benefício do estar no corpo pode, por sua vez, estimular o inconsciente, de modo a levar a imaginação a aparecer. Esse tipo de percepção não é obtido com a mesma prontidão em face de uma menor referência ao corpo. Ele sempre é afetado pelas conexões que o consciente e o inconsciente tendem a estabelecer. As extremidades do espectro corpo-espírito se acham numa relação de complementaridade. A operação nas proximidades do inconsciente psíquico limita o tipo de informação coletada, por assim dizer, nas proximidades do inconsciente somático, e inversamente. A interpretação – ultrapassagem do conjunto de imagens existente, por meio da redução ou da amplificação, para um nível diferente de significado – também se configura como procedimento analítico essencial. Para efetuá-la, cumpre sacrificar o inconsciente somático. Ambos os procedimentos são formas necessárias de ação; por vezes, pode até ser importante a ação de ir e vir entre eles no decorrer de uma sessão analítica. Ademais, um processo pode ser dominado por qualquer dessas abordagens. Mas há um elemento constante: observar a partir de um dos pontos de vista limita as observações feitas a partir do outro.

5. OSÍRIS, DIONÍSIO E O INCONSCIENTE SOMÁTICO

Discutimos o aspecto do mito de Osíris que se refere à coleta, feita por Ísis, dos seus membros espalhados, ou, alternativamente, à procura da localização do seu corpo. (Existem ambas as versões, que contam com o motivo de crianças ou cães como auxiliares.) Mas eis que chegamos ao mistério final da ressurreição de Osíris.

Em sua versão da história, Plutarco compara o conto egípcio ao mito grego de Deméter e Perséfone, com Hades/Dionísio desempenhando o mesmo papel de Osíris.[189] Comentaristas posteriores, tais como Otto, demonstraram que a analogia entre as figuras de Osíris e Dionísio só é parcialmente correta; da mesma forma, seus respectivos mitos exibem amplas diferenças entre si.[190] Mas creio que há bases concretas para uma associação, do ponto de vista do inconsciente somático. Ambos os deuses foram desmembrados e o processo de descoberta (de Osíris no mito egípcio, e de Perséfone no grego) requer, em grande parte, o concurso do inconsciente somático. Ademais, o tipo de penetração de Perséfone por parte de Dionísio é um processo que requer a recomposição do deus a partir do seu estado de desmembramento. O elemento erótico se acha mais aparente em Dionísio que em Osíris. Mas ambas as personagens são úteis na compreensão da natureza da consciência, que se desmembra com facilidade e se encontra continuamente submetida ao processo de reintegração, promovido pela vinculação com o inconsciente somático.

Osíris foi o deus imanente do Egito, um deus do povo, adorado diariamente com grande fervor.[191] Mas o Egito também tinha um princípio solar transcendente, o deus Rá. Assim sendo, havia adoração de muitos deuses – a religião osiríaca – e, ao mesmo tempo, a religião monoteísta de Rá.[192]

Há muitas culturas que não contam com uma imagem de Osíris. A religião hebraica tinha o Yahweh transcendente e o requisito da imanência só viria a surgir, muito mais tarde, no pensamento cabalístico. As religiões podem passar sem deuses semelhantes a Osíris. A religião grega, tal como a descreve Homero, é muito afastada dos seus deuses e deusas terrenos precedentes, sobretudo de Dionísio. Homero praticamente não o menciona; ele está completamente afastado do espírito apolíneo que rege a religião dos Olímpicos.[193] Assim sendo, podemos passar muito bem contando apenas com um princípio solar, mais distante de nós, sendo o princípio terreno inexistente ou conhecido, tão somente, em termos marginais. Não era esse o caso no Egito, na verdade, a religião osiríaca era dominante.

Osíris é não apenas um deus dos mortos (tal como Dionísio, com frequência identificado com Hades),[194] como um também *deus morto*.[195] Mas imaginemos um deus morto que retorna à vida: eis a maravilhosa imagem do fato de que, a partir da matéria aparentemente inerte que forma o resíduo do dia, os balbucios e as sensações corporais aleatórias que experimentamos, algo pode ressuscitar. Quando estamos "no corpo", sem nada fazer – *apenas sendo* –, quase sempre sentimo-nos bastante "estúpidos". Os pacientes narcisistas podem exibir uma grande dificuldade com isso e *nosso* narcisismo é atingido, de acordo com isso, pelo sentimento de que somos estúpidos. A estruturação psíquica de natureza narcisista leva a uma necessidade de saber, de brilhar e de ser esperto. Mas precisamos desenvolver a capacidade de ser estúpidos, de ter uma consciência morta. Esse é, em parte, o significado psicológico de Osíris.

Osíris distingue-se, essencialmente, pela paixão com que foi adorado. Foi ele um deus abordado por meio da emoção, e não com uma consciência solar. E foi um deus que sofreu.

Experimentar um estado de desmembramento é sofrer, precisamente aquilo que o caráter narcisista evita.[196] Um dos grandes efeitos de uma consciência incorporada, na presença de uma pessoa em dissociação, por exemplo (que entra numa espécie de afastamento que dificulta muito toda atenção ou consciência sustentadas), é a sensação de dor e depressão. É como se, por meio da indução,[197] sentíssemos o desconforto do processo de divisão no paciente – que, por outro lado, não tem consciência disso. Da mesma maneira, no mito de Deméter-Perséfone e nos Mistérios Eleusinos, o iniciado se identificava com Deméter – que pode ser considerada como uma consciência-corpo produzida a partir do inconsciente somático – e experimentava suas emoções de dor e de raiva. A experiência emocional domina as religiões terrenas e assumiu o caráter de elemento-chave no culto a Osíris.

O tipo de consciência a que Osíris leva se acha vinculado, de início, à inércia. Ele não parece querer emergir. No mito egípcio, Osíris sempre se encontra sendo atirado "para o lado" por Seth, e seus adoradores sempre lhe estão solicitando que se levante.[198] Ele é afogado e aprisionado num ataúde ou tronco de árvore, dos quais deve ser recuperado. Ele está morto no mundo inferior, envolvido por uma serpente, num estado de harmonia absoluta, *até que* tenta levantar-se. Nesse momento, a serpente torna-se feroz[199] – tal como os conteúdos inconscientes "resistem" a aflorar na consciência.

E isso é o mesmo que nos ocorre com frequência na análise. Num estado de inconsciência, de paz osiríaca, tornamo-nos sonolentos, entediados, prontos a deixar simplesmente que a hora passe, com a esperança de que as regressões que sentimos acelerem o relógio, em lugar de torná-lo mais lento. Mas se reconhecemos que estamos experimentando algo que tem relação com um processo de ação mútua, o estado em que nos encontramos torna-se interessante.

A consciência de nossa raiva com frequência dá início ao processo de "despertar". Em vez de nos ocultarmos em nosso próprio mundo urobórico (a serpente enrodilhada), situação preferida pelas partes divididas em nosso paciente, podemos tornar-nos conscientes das forças sethianas – a raiva voltada contra nós mesmos, que produz dissociação. Então, poderemos nos reorientar na direção do nosso próprio corpo, poderemos descobrir que ele tem vida e, com isso, uma nova forma de estar acordado. Os muitos balbucios ou sentimentos negativos que temos com relação ao nosso paciente, o tédio e o ódio, passam a adquirir sentido, tornando-se, gradualmente, parte de um formidável todo. Nossas reações corporais nos auxiliam a fazê-lo, desde que as escutemos e as utilizemos para nos aprofundarmos mais no material que ouvimos, em vez de ignorá-las e nos apegarmos a uma teoria ou amplificação, como se estas fossem um meio de preservar a vida. Passamos a ter capacidade de nos sentarmos e sermos estúpidos, de não sabermos, de ouvirmos e respeitarmos esse processo. E passamos a respeitar, acima de tudo, o silêncio, pois saberemos que somente algo que *aparece* se reveste de valor. Nada encontraremos, certamente nada por que procuramos, através da teoria ou da introspecção. Apenas uma descoberta mútua pode ter valor.

6. VER POR MEIO DO CORPO

Quando ficamos estreitamente ligados ao corpo, com uma consciência psíquica relativamente baixa, somos como um instrumento de medida colocado na água corrente ou num campo magnético; podemos utilizar nossas próprias reações para saber quando a energia da outra pessoa está acabando e quando está presente. Mas, tal como ocorre na ciência, no âmbito da qual devemos conhecer as características do instrumento e cuja própria natureza pode produzir distorções nos resultados, também devemos ter capacidade de filtrar nossas reações pessoais. Com efeito, trata-se de um processo de operação muito mais fácil nas proximidades do inconsciente somático do que do inconsciente psíquico. Por não ter de *saber*, estamos muito menos envolvidos nas reações motivadas pelo poder que se manifestam na contratransferência.

O enrijecimento do corpo, as perturbações das sensações da cabeça, do peito, da barriga, dos órgãos sexuais, da garganta etc., tudo isso nos auxilia a encontrar as partes do paciente que tentam dividir-se e revelam o fato de que o paciente está se afastando aqui e agora. Do mesmo modo como é possível entrar numa sala ocupada por pessoas e "perceber" que algo está fora de ordem, talvez algo perigoso, ou que alguém está com um complexo, assim também pode a consciência do corpo operar no aqui e agora, de forma mais ou menos contínua. É difícil explicar esse processo em termos causais, exceto no sentido não científico de que algo que se passa noutra pessoa "causa" alguma coisa em nós. Assim sendo, quando ouvimos e organizamos o que ouvimos, de acordo com a consciência do corpo e das pequenas reações físicas, uma nova ordem pode aparecer. Ela vem de baixo, tal como a ressurreição do deus morto Osíris. *A nova ordem é Osíris ressuscitado*. E ela pode assumir o caráter de uma nova dimensão de visão, uma visão imaginária, mais ou menos semelhante a uma consciência que subitamente põe ordem nos eventos do dia anterior. Devo enfatizar que essa visão imaginária é uma visão vaga, envolta em sombras, e não uma visão clara, de caráter lunar. Acreditar nela torna-se, agora, a questão essencial. Nesse estado, encontramo-nos, acompanhados do paciente, em permanente descoberta das suas partes divididas que começam a se sentir vistas.

Naturalmente, jamais *temos* de trabalhar dessa maneira. É possível sermos mais "objetivos", interpretarmos um grande número de fenômenos – incluindo-se aí complexas questões ligadas à contratransferência –, sem jamais trabalharmos com o corpo. Podemos perfeitamente fazer isso com uma conexão psíquica, mais mental, quer trabalhemos com a escola junguiana, freudiana, reichiana, gestaltista ou qualquer outra escola de pensamento. E trabalhar assim é muito mais "agradável". Infelizmente, essa forma de trabalho desconsidera muita coisa.

A realidade é que o trabalho analítico desenvolvido do ponto de vista do inconsciente psíquico é muito fraco em termos da integração dos aspectos da psique que se encontram divididos e ocultos na estruturação narcisista da personalidade. No mundo inferior do mito grego, o Hades, as coisas são invisíveis aos olhos da consciência solar. São visíveis, tão somente, à visão lunar, a visão do cego Tirésias, que conservou a consciência no Hades.[200] Se não fizermos uso da visão imaginária e ficarmos, em vez disso, dependendo exclusivamente do grande armazém do conhecimento científico e do tipo de percepção gerado por meio da empatia psíquica, a integração do Si-mesmo feminino dividido requererá uma considerável regressão. O trabalho com o inconsciente somático também envolve a regressão, mas, com frequência, ela é muito menor e de um tipo mais facilmente controlado. O *ver* pode apresentar uma forte capacidade de retenção, na qual a interpretação pode levar à dissociação.

Em consequência — particularmente no segundo estágio da transformação —, considero necessário "trabalhar a partir do mundo inferior", respeitando o espírito dos mortos e tentando "tornar vivos os mortos". Assim, trabalho com a matéria morta, com resíduos inertes que balbuciam e sensações que afligem de forma aleatória. Mas, por meio desse processo aparentemente desprovido de sentido, pode surgir o sentido, que é Osíris. Osíris é o deus do ontem; Rá, o do amanhã — dizem os egípcios.[201] E isso corresponde ao fato de que grande parcela do resíduo do dia anterior é essencial à ressurreição de um padrão e, talvez, de uma visão. Todo o lixo que "não importa" prova ter real importância e, com efeito, torna-se a "matéria" de uma nova consciência.*

O tipo de consciência que Osíris e Dionísio representam é a consciência do arquétipo, formada a partir do corpo, a qual, quando se forma na visão imaginária (ou percepção estrutural), cedo perece. É como se se elevasse e, no momento de adquirir consciência, se desfizesse rapidamente e não pudesse ser recuperada com base em tudo que recorde sua realidade passada e momentânea. Ela deve ser redescoberta mais uma vez e talvez, depois disso, liberada para sempre; trata-se de um momento que

---

* No original, o autor faz um jogo de palavras com o verbo *to matter* (ter importância, importar) e o substantivo *matter* (matéria). (N. T.)

não pode ser recuperado, mas, tão somente, reconstruído sob a forma de uma nova visão.

No processo analítico, toma a forma de uma visão mutuamente compartilhada, que depende de ambas as psiques envolvidas. É isomórfica com relação à sexualidade. Da mesma maneira como a consciência é reunida a partir de sua vida no corpo e, de repente, se forma, como uma espécie de epifania, a chamada sexualidade infantil mantém-se como uma preliminar sexual até que flui para a primazia genital e para o orgasmo. A vida que existiu por um momento se esvai rapidamente; ela retornará, mas, decerto, apenas quando sua hora chegar.

A analogia entre essa consciência dionisíaca e a sexualidade apenas mostra que a vida sexual existe de acordo com o modelo arquetípico de Dionísio. Mas o mesmo ocorre com a qualidade da consciência derivada do inconsciente somático. O arquétipo dionisíaco é responsável por ambos os tipos de consciência e de forma alguma pode a sexualidade ou "sexualidade infantil" ser vista como a causa da existência do deus Dionísio. A descoberta da sexualidade infantil é uma das maiores contribuições de Freud, assim como uma porta dos fundos pela qual algo daquilo que Dionísio representa penetrou no pensamento freudiano. Mas o corpo jamais é ressuscitado a partir da sexualidade infantil; seu renascimento depende, antes, de um padrão arquetípico (tal como aquele que Dionísio ou Osíris representam) que aflora na consciência.

7. EMPATIA SOMÁTICA E PSÍQUICA

A empatia, tal como a consciência em geral, apresenta uma qualidade distinta quando toma como referência principal não mais o inconsciente psíquico, mas o inconsciente somático. Nas proximidades do inconsciente somático, nossa empatia é muito mais uma função de uma participação mútua, na qual ambas as psiques operam simultaneamente. Cada uma delas afeta a outra de uma forma que torna a descoberta ímpar no momento em que ocorre e de difícil repetição. Na melhor das hipóteses, aquilo que é *visto* pode ser redescoberto.

A empatia psíquica extrai informação; para Kohut, é um modo de "compreensão":

> A empatia não é um instrumento, no sentido de instrumento de que se revestem a posição reclinada do paciente, o uso de livre associações e o emprego do modelo estrutural ou dos conceitos de impulso e de defesa. A empatia, com efeito, define, essencialmente, *o campo* das nossas observações. A empatia não é apenas uma forma útil por meio da qual temos acesso à vida interna do homem – a própria ideia de vida interna do homem e, portanto, de uma psicologia dos estados mentais complexos, é impensável sem nossa capacidade de conhecer via introspecção vicária –; defino empatia como aquilo que constitui a vida interna do homem, aquilo que nós mesmos e as outras pessoas pensamos e sentimos.[187]

A empatia é, com efeito, diferente da "operação" científica com dados, que leva à extração de um resultado; ela depende da imersão no campo. Mas há uma vasta distância entre extrair dados desse campo por meio da introspecção e o ato de descoberta mútua espontânea. A primeira, que denomino empatia psíquica – o tipo de empatia a que Jung se referia como introjeção ou "sentir para dentro"[188] –, extrai informações e se configura como um processo no qual há um observador (o analista) que age sobre o campo da informação, a psique do paciente. Há pouca necessidade de uma consciência simultaneamente incorporada, que na verdade prejudicaria a experiência de "introspecção vicária". A empatia somática, por outro lado, envolve uma descoberta mútua em termos de imaginação e de consciência incorporada. Outra diferenciação útil pode ser feita entre a consciência apolínea e a consciência dionisíaca: a primeira é mais distante e reflexiva; esta última, mais vinculada com o momento e com o corpo.

O tipo mais reflexivo de empatia, apolíneo ou psíquico, em geral é apropriado para lidar com as transferências narcisistas. Mas, depois de essas transferências terem sido suficientemente transformadas, a natureza da nossa empatia deve sofrer uma modificação, voltando-se para o aspecto somático ou dionisíaco, se pretendemos ser bem-sucedidos na penetração das profundidades requeridas para a eventual recuperação do Si-mesmo dividido. Embora tenha-se configurado, precedentemente, como demasiado intrusivo, esse nível de penetração agora se torna essencial.

As seguintes notas clínicas são um exemplo do uso da empatia num processo de idas e vindas entre uma base psíquica e uma base somática. Elas se referem a um homem de 35 anos de idade, cujas transferências narcisistas já haviam passado por uma ampla transformação e cujo Si-mesmo esquizoide já havia começado a emergir.

> Sinto o mesmo que senti da última vez, que não analisei: sinto que ele está sendo evasivo comigo, uma ligeira sensação de desgosto. Ele comenta que a última vez foi diferente das sessões precedentes; ele a sentiu um tanto intelectual, como se estivéssemos analisando, colocando coisas no lugar, e ele então afirma que provavelmente isso tinha a ver com o fato de, anteriormente, ele ainda estar pensando nas férias. Digo-lhe que há um sentimento entre nós, que estava aqui da última vez, mas prefiro não deixá-lo sair. Digo que o sentimento tem baixa intensidade, mas é constante. Ele entende o que digo, diz que é um certo mal-estar [*dis-ease*]. Acrescento que parece um pouco com uma desaprovação esperada, com um não gostar dele. Ele sente que é real e diz que o maior medo é ser enfadonho, desinteressante para mim. Digo-lhe que essa sensação de ser enfadonho vem de uma parte dele que foge com facilidade, que não está presente, de modo que ele não está totalmente aqui, como se ele não estivesse jogando com o baralho completo. Digo-lhe ainda que essa parte está um

tanto solta agora porque a maneira como vem sendo contida (principalmente por meio do controle, em termos de poder, de mim e de outros) se dissolveu.

Ele entende o que digo e o "vê" por um instante, mas a coisa logo se dissipa. "Diabos, eu a tinha, mas ela se foi." A coisa se repete. "Por que isso acontece?", ele pergunta, e acrescenta, rapidamente, "É como se se estivesse na floresta observando pássaros: você não os vê se ficar andando acima e abaixo; é preciso parar e esperar que venham." Confirmo a validade da analogia e ele logo observa que essa analogia pode levá-lo para mais longe – ele pode começar mal, um tanto inflado. "Isso tem de ser assim?", ele se pergunta, e eu lhe digo que não é assim, que ele pode levar a analogia a sério. Ele pode estar na floresta, observando, esperando, sentindo o poder da metáfora. E, quando o faz, ele pode então sentir sua inadequação, o modo pelo qual ela não se enquadra plenamente na situação de ver a parte dele que foge. Isso também lhe ocorre no momento em que faço essa observação.

Digo-lhe que é impossível olhar com a cabeça e que ele precisa estar no corpo e deixar que a coisa venha. Ele entende isso e mais uma vez sente que a parte fugidia vem, mas se dissipa. Digo-lhe que ele precisa que eu veja a coisa também, que ele não pode fazê-lo sozinho. E, quando lhe digo isso, outra história lhe aparece na mente.

Ele lembra de que, ontem, esteve pensando em observar pássaros e que, para observar realmente, eram necessárias duas pessoas: uma para olhar o pássaro e outra para olhar o livro de pássaros, apontando as variações entre espécies, essenciais para fins de identificação. Considero iluminadora a analogia e ele a leva adiante. Pergunto: "Por que você não pode olhar o pássaro, e depois o livro e ficar indo e vindo?". Ele diz: "Porque o pássaro não colabora, ele não fica parado ali". E eu acrescento uma analogia: "O alquimista", digo-lhe, "muitas vezes é mostrado com uma biblioteca e um laboratório". Ele imagina: como estas se comunicariam, por um longo corredor ou por uma porta? "Os meus", diz ele, "comunicam-se por meio de um corredor, mas seria melhor ter uma porta aberta."

Também menciono o fato de que olhar o livro e estar com o pássaro são ações complementares. O longo corredor significaria uma grande perda provocada pelas idas e vindas, ao passo que a porta aberta indicaria o fácil acesso a um e ao outro lugar.

Mas agora posso *ver* a parte, como se ela estivesse se mostrando e se escondendo por trás das árvores. Ele prossegue e imagina que, talvez, o livro ora está comigo, ora com ele. Concordo [que isso aconteça] e digo que é algo semelhante ao que ocorreu no início da sessão. Tive as sensações induzidas de desgosto e tédio e em seguida refleti sobre elas – olhei no livro. Sei que isso significa que algo nele espera por isso e que, após a dissolução do efeito de controle, uma parte como essa efetivamente espera o tédio e um desgosto geral. Usei a analogia alquímica do Mercúrio fixo e volátil e [falei] que a fixação costuma ser auxiliada pela terra, e não pelo intelecto. Assim, ao segurar o livro, eu o auxilio a olhar [pássaros] na floresta. E, quando ele o faz, vejo a parte outra vez e, enquanto estou com ela, ele pode refletir – "pegar o livro ele mesmo" – a respeito das razões por que a sensação de aborrecimento existe. Ele pode refletir sobre o modo como sua criatividade, seu verdadeiro Si-mesmo, foi odiada na infância, por exemplo.

E assim seguimos, de um lado para outro, vendo, pouco a pouco, mais da parte, mas mesmo agora ela ainda não está totalmente aqui. Ele me conta histórias sobre fotografias, sobre o modo como trabalha em sua arte. Quando ele estava falando a respeito do seu esforço criativo, pude *ver* a parte parar e ficar interessada. Mas ele passou a falar de outras histórias do dia, sobre sua necessidade de que as pessoas olhassem suas fotos e lhes dessem valor e, quando ele começa a observar isso, *vejo* a parte tornar-se frenética outra vez e desaparecer. Mais tarde posso lembrá-lo disso e, antes que eu vá muito longe, ele avança e me diz onde exatamente a parte foi embora; precisamente quando ele deixou de lado o momento criativo.

E ele então fala de como tem medo disso, de como é assustador dar esse passo criativo. Ele fala de um velho professor e vêm lágrimas aos seus olhos. Ele pode simplesmente "estar na floresta" com seu professor; ele se lembra de mim no professor e com ele/comigo, pode ter seu voo criativo, mas, sozinho, tem medo. "Por quê?", pergunta. "Temos que falar sobre isso", diz ele, observando que, de certo modo, teme um ataque, mas não tem certeza de como isso ocorre. Digo-lhe que o professor/eu pode evitar esse ataque, mas que, até o momento, ele ainda não internalizou isso.

Eis um exemplo de visão compartilhada, mutuamente induzida. Minha consciência do corpo e minha atenção aos balbucios levaram a isso e então nos foi possível discuti-lo. Enquanto isso, o outro tipo de percepção consciente, o da relação consciente psíquico-inconsciente, ficou indo e vindo. No momento da sessão, ele ainda estava por demais assustado para trabalhar com esse tipo de processo por si próprio. Pois isso significava entrar em contato com o Si-mesmo e, em consequência, com sua própria eficácia, o que trazia a ameaça, tanto de uma grande perda ("ninguém será forte o suficiente para ficar comigo") como do medo da inveja. Assim sendo, durante esse período, ele atingia uma conexão com o Si-mesmo, junto comigo, numa dada sessão, perdia-a em larga medida no decorrer da semana, e a recuperava na sessão seguinte.

Mas, por meio desse processo, ele foi se sentindo cada vez mais à vontade com o seu poder. Um importantíssimo sonho produziu a imagem do seu avô, que foi ligeiramente associado a mim. Mas foi também o início da encarnação do Si-mesmo nele, isto é, o Si-mesmo tomou corpo. Com isso, ele começou a auxiliar o Si-mesmo a "viver sua experiência na vida".

Houve alguns eventos cruciais nas semanas seguintes, incluindo-se aí o aparecimento imaginário espontâneo de um garoto de 4 anos: uma vez em que ele estava observando pássaros, o garoto, numa visão hipnogógica, lhe apareceu, apontando para alguma coisa que se achava no solo. Depois, quando ele estava correndo, tentando "livrar-se" de uma forte ansiedade, e ficou cansado, tendo parado para descansar, o garoto surgiu e lhe disse: "Papai, estou com medo". Isso teve tal intensidade, que lhe vieram lágrimas aos olhos.

Esse contato, não só com sua própria ansiedade, mas com a ansiedade da criança dividida, ocorreu após a dissolução das defesas narcisistas. Sua raiva defensiva, seu padrão controlador precedente, se havia dissipado e ele foi tomado, em substituição, por uma intensa sensação de medo, que agora tinha como centro seu emprego e sua relação com a namorada.

Numa certa sessão, sentindo sua ansiedade e sua atitude furtiva – o padrão poder-oposição – sugeri que ele imaginasse o garoto e tentasse ver como este último se sentia. Isso trouxe uma sensação imediata de alívio, pois estava claro que o garoto sentia-se aterrorizado e precisava que cuidassem dele. Nesse momento, o paciente estava em condições de ser o pai que ele jamais tivera nos momentos cruciais, por volta dos 3 ou 4 anos de idade. Pouco depois disso, ele sonhou:

> Estou num cemitério, observando um determinado túmulo que, de alguma forma, está ligado a mim. Há três pedras colocadas num montículo, para as quais estou olhando e estou discutindo com alguém a respeito de uma quarta pedra. Quero que ela seja cinzenta, como as outras, mas a pessoa quer que tenha uma cor estranha, uma espécie de vermelho claro. A pedra em questão, além disso, não é redonda como as outras; tem uma forma retangular. Por fim, a pedra avermelhada é colocada e, quando olho, há quatro pedras. A quarta pedra é muito estranha, não apenas pela tonalidade de vermelho, mas também porque tem desenhos em sua superfície, e uma intersecção quadriculada de linhas.

Ao homem do sonho, ele associou: "Um rapaz que trabalhou, para mim; eu não gostava dele. Ele era um tipo muito voltado para os negócios, demasiado orientado para o sucesso no mundo".

Isso é precisamente a coisa da qual o sonhador fugira; ele sempre havia sido "cinza", jamais permitira que sua criatividade funcionasse no mundo, que pelo menos tivesse sucesso, apesar dele. A outra pessoa era a sombra necessária da ambição, que ele finalmente teria de integrar.

A criança é "o quarto", o componente inconsciente, tal como o é o cemitério. Observe-se que a vinculação com a criança o faz descer, leva-o a vincular-se ao corpo, a uma vida incorporada. O cemitério é o lugar do cadáver, do corpo morto. O quarto é a vinculação incorporada com o Si-mesmo, alcançada por intermédio da criança. É uma vinculação com a paixão, uma "vivência da experiência do Si-mesmo", em lugar da atitude cinza do "pobre de mim", da qualidade masoquista que lhe havia dirigido a vida, que destruíra seus relacionamentos e, de modo geral, levara-o a envelhecer sem nada lhe apresentar que merecesse o seu respeito.

O "Si-mesmo cinza" havia cedido à experiência de vida. Trata-se da identidade "pobre de mim", de tonalidade masoquista. Enquanto essa representação do Si-mesmo domina o ego, o caráter narcisista, mesmo que impulsionado por forças inconscientes voltadas para o poder, jamais atinge algo parecido com o seu potencial. Há sempre uma curiosa falta de profundidade em seu resultado, uma grande parcela de brilho e de conversa, com frequência numa antecipação de grandes coisas, mas, na realidade, pouco de memorável ocorre.

8. O USO MÁGICO DA IMAGINAÇÃO

O uso da imaginação tem sido objeto de grande disputa ao longo da história. Ele tem um papel especial na grande controvérsia em torno da mágica, travada entre a Igreja e mágicos como Pico,

Paracelso, Ficino e outros. *Spiritual and Demonic Magic*, de D. P. Walker, constitui uma valiosa pesquisa da história desse conflito. Eis um excerto dessa obra:

> Erasto apresenta uma detalhada refutação da possibilidade de produzir efeitos transitivos, por meio do poder da imaginação, veiculado em emissões do espírito. Ele aceita a realidade dos efeitos subjetivos, tanto de ordem psicológica, como, de forma mais ordinária, de ordem somática. Mas, diz ele, "certamente, ninguém, em sã consciência, pensará que uma imagem produzida no espírito da minha fantasia poderá sair do meu cérebro e entrar na cabeça de outro homem".[202]

Está claro que alguns mágicos acreditavam que suas "emissões" espirituais poderiam afetar os produtos do pensamento e da fantasia de outra pessoa.

Sabemos, a partir do nosso conhecimento da contratransferência e, em particular, do processo da identificação projetiva, que Erasto estava sobremaneira enganado. A emissão inconsciente de "espíritos", por parte dos nossos pacientes, pode ser uma forma crua de expressá-lo, mas está fora de dúvidas que a "infecção psíquica" seja real; aquilo que se passa numa pessoa *pode* migrar para outra.[203] Trata-se de um processo contínuo que deve ser realizado e com o qual devemos lidar. Mas, inversamente, ao trabalhar com o inconsciente somático, como sei que não estou induzindo o que sinto *ver* e que meu paciente não está simplesmente se deixando sugestionar ou talvez concordando comigo para manter uma imagem idealística?

Minha experiência revela que os pacientes não exibem qualquer dificuldade em corrigir-me as visões, assim como de com elas concordarem. A ampla gama de respostas dos pacientes me convenceu de que não estou controlando magicamente as visões que surgem de maneira espontânea. O breve excerto apresentado a seguir, retirado de notas clínicas, ilustra o processo:

> Eu disse: "Sinto que você foi-se embora". Ela disse: "É verdade, eu me senti ansiosa". Pergunto: "Por quê?". Ela diz: "Não sei". Digo: "Isso não parece muito claro, parece que você está com medo de saber". Sento-me com ela, obtendo gradualmente sua confiança e sua capacidade de estar presente. À medida que se desenvolve esse ir e vir, começo a ver uma criança, como se fosse uma imagem que aparece na imaginação ativa. A criança me dá a impressão de estar contente e de ter uns 5 anos. "Você sente a presença de uma criança?" Ela diz: "Sim". "Qual a sua idade?", pergunto. "Cerca de 3 ou 4 anos." [Digo]: "Oh! Pensei que tivesse uns 5… Vejo que seus cabelos são loiros". "Não", diz ela, "ela tem cabelos castanhos." Por todo o tempo, sinto a criança como produto da minha própria imaginação e, no entanto, ela é compartilhada, a paciente pode fazê-la fugir ao empreender uma viagem mental. Isso é visível e, quando

> lhe digo, ela o reconhece e a criança retorna, mais uma vez feliz, em vez de afastada e deprimida, condição que a paciente passa a exibir quando se mostra intelectual.

O papel do corpo é um auxiliar especial do atingimento dos eventos imaginários mutuamente compartilhados e de fácil correção. Se estou no meu corpo, consciente do seu porte e sentimento, sou completamente humano. Mas na medida em que não estou no corpo, sou um gancho à disposição para projeções idealísticas e arquetípicas. Sou menos ameaçador no meu corpo, no aqui e agora.

Ademais, ao trabalhar de forma incorporada, tendemos a constelar, nos pacientes, processos que eles são capazes de integrar conscientemente como parte do seu processo de individuação em andamento. Em contraste, quando trabalhamos de uma forma menos incorporada, interpretativa, intuitiva ou de empatia psíquica, o analista costuma estar "certo", mas provoca o surgimento de conteúdos e imagens que não se acham sintonizados com o ego. Assim, esses conteúdos apresentam um efeito dissociativo. Como resultado, costumam acumular-se, com frequência, idealizações defensivas.

A consciência de raízes assentadas no inconsciente somático sempre se acha nos limites daquilo que foi integrado. Isso também é uma qualidade de Dionísio. Ele representa a ultrapassagem das barreiras existentes.[204] Por conseguinte, trabalhar dessa maneira leva a uma frequente descoberta de imagens e até de funcionamentos do inconsciente que parecem bastante verdadeiros no momento, mas que logo se dissipam e são extremamente difíceis de recuperar. São como um sonho que se acha muito distante da consciência e que é muito difícil de trazer de volta para a percepção consciente. Mas é preciso deixar que voltem para seu domínio da invisibilidade.

Devemos deixar que se vão, pois do contrário a possibilidade de nos tornarmos o "mágico negro" rapidamente assenta raízes. Se o analista deve estar certo, deve ser idealizado pelo seu paciente, o aspecto sombrio desse método será perigoso. As fronteiras que sempre tendem a ser ultrapassadas incluem o conhecimento, por parte do analista, do seu próprio Si-mesmo sombrio. Para os egípcios, Néftis era associada a Aso, a rainha da Etiópia, que era a terra (para os egípcios) da magia negra.[205] Néftis, lembremos, era a mãe de Anúbis, o guia de Ísis, que ilustra a "qualidade fronteiriça" desse método.

Nossa consciência integrada sempre está sendo impulsionada para seus limites exteriores. Portanto, sempre devemos ser capazes de *não saber; devemos* estar dispostos a trabalhar aqueles aspectos de nós mesmos que ainda precisam de reflexo e que, em consequência, requerem idealização, pois, do contrário, a análise degenerará numa posição de poder, em vez de uma labuta criativa com sua realidade sempre presente. Embora esse seja um problema de todo tipo de abordagem analítica, é muito mais manejável num tipo que incorpore uma consciência assentada no corpo.

Capítulo IV

A MITOLOGIA DO SEGUNDO ESTÁGIO: EMERGÊNCIA DO PODER FEMININO

1. INTRODUÇÃO

Meu propósito, neste capítulo, é mostrar que o mito de Narciso, segundo Ovídio, tem como extensão natural a recontagem da história elaborada pelo geógrafo e viajante grego Pausânias e, em especial, o mito de Deméter-Perséfone, que ele inclui em sua versão do destino de Narciso.

Neste e no próximo capítulo, no qual as questões clínicas do segundo estágio figuram como o principal foco, estaremos fazendo um constante movimento de ir e vir entre as concepções arquetípicas e clínico-desenvolvimentais. Não se trata de um processo vinculado à conveniência, nem uma forma de descrever com maior facilidade um assunto difícil. Trata-se de um processo necessário, tendo em vista que o segundo estágio concerne à transição da realidade arquetípica para a vida histórico-pessoal, de uma maneira que retém algum grau de vinculação básica com o domínio arquetípico, certa parcela da conexão transcendente original, na qual toda criança é um filho de Deus.[206] A inevitável e natural perda da conexão com o Si-mesmo transcendente constitui precisamente o elemento que leva às constantes tentativas do homem no sentido de recuperá-la, por meio de empreendimentos de ordem mística, filosófica e psicológica. Mas uma perda excessiva leva a uma extrema vulnerabilidade às emoções arquetípicas de caráter negativo e, com ela, a uma predisposição para entrar nos estados dissociativos da psicose e das desordens fronteiriças.

Os Mistérios Eleusinos Menores e Maiores, celebrados durante bem mais de mil anos, foram uma antiga resposta grega à cura do inevitável transtorno que se abate sobre a natureza do homem quando ele deve sair da imersão infantil na realidade arquetípica e entrar numa vida cercada por limites espaçotemporais, plena de objetos humanos de magnitude e afetos reais. Como observamos ao discutir o mito segundo Ovídio, Narciso representa uma condição de paralisia, a meio caminho entre as polaridades pessoal e arquetípica. Os Mistérios Eleusinos, enraizados no mitologema Deméter-Perséfone, foram uma tentativa de cura e de reaproximação com uma totalidade outrora conhecida, diante da qual nossas modernas teorias psicoterapêuticas se afiguram significativamente débeis.

Muito se pode aprender do pouco que sabemos a respeito dos Mistérios de Elêusis. *Podemos adquirir, em especial, uma consciência do valor da visão imaginativa na cura.* Nosso guia, na maior parte desse percurso, será a obra-prima de Kerényi, *Eleusis*, assim como seu estudo anterior sobre Kore ou Jovem Divina. Também verifiquei ter valor especial as obras de Walter Otto e a análise de Carl Ruck, contida no seu recente estudo, *The Road to Eleusis*. Este último trabalho tem por objetivo provar o fato de que o uso de uma substância alucinógena foi uma característica central dos Mistérios.

A análise de Ruck, nesse contexto, foi iluminadora. O fato de a bebida que os iniciados tomavam no caminho para os Mistérios Maiores em Elêusis, o *kykeon*, parecer ter sido, seguramente, uma mistura semelhante ao LSD,[207] não deve ser descartado por uma abordagem de natureza psicológica. Qualquer que tenha sido a importância de que se revestiu o uso de drogas, o resultado da experiência estava fundamentado nas experiências de cunho arquetípico assim induzidas. Nossa moderna experiência com alucinógenos não deve ser evitada no auxílio à obtenção de um maior acesso àquilo que os *mystes* experimentavam. De qualquer maneira, essa questão não constitui um elemento central da análise seguinte. Mas minha própria percepção com relação ao valor da chamada *bad trip* [experiência negativa com alucinógenos], *em conjunção com* uma contraparte poderosamente iluminadora, influenciou a forma pela qual encaro o grande valor do caos e do terror extremos que acompanhavam o aparecimento do novo nascimento em Elêusis.

As estruturas que definem o caráter narcisista constituem, como vimos, uma defesa contra a depressão e o sofrimento. Em termos clínicos, representam uma retirada diante do medo e da depressão mas que podem apresentar, não obstante, uma vantagem de ordem tática, como se a personalidade estivesse "contida", à espera dos relacionamentos ou experiências que lhe permitam desenrolar-se.

Descobriremos na história contada por Pausânias o fato de haver uma alma feminina muito mais profunda e abrangente que a vitimada pela divisão decorrente das maciças intrusões subjacentes à formação das estruturas do caráter narcisista. Enquanto Eco foi uma representação bastante vazia do elemento feminino presente no mito de Narciso, segundo o contou Ovídio, Perséfone é, na versão de Pausânias, a figura que Narciso busca. A recuperação desse Si-mesmo feminino dividido requer mais do que a versão ovidiana revela: requer um processo análogo aos Mistérios Eleusinos. Parte desse processo assemelha-se às emoções associadas com a posição depressiva.

Winnicott considerou a posição depressiva como a mais importante descoberta de Melanie Klein, colocando-a no mesmo nível do complexo de Édipo.[208] A existência de uma fase depressiva no desenvolvimento da criança, que se manifesta por volta dos 8 ou 9 meses, não é contestada. Ela corresponde à crescente capacidade da criança no sentido de ver os objetos como um todo e de integrar o outro, revestido de uma tonalidade arquetípica, num núcleo simbólico do seu ego; trata-se da integração do Si-mesmo como parte do ego. Esse processo depende do sofrimento experimentado pela criança, especialmente do seu lamento pelos resultados de sua agressão fantasiosa.[209]

A concepção que desejo apresentar aqui é a de que isso também se configura como um estágio no qual em geral se forma certa divisão entre os inconscientes psíquico e somático. A passagem jamais se reveste de pleno sucesso. O inconsciente psíquico torna-se, então, o portador de imagens e do valor espiritual, ao passo que o inconsciente somático assume, em larga medida, o caráter de resíduo de emoções. A principal divisão ocorre, portanto, entre os diferentes aspectos do inconsciente. Diferentes arquétipos governam essas "metades"; no pensamento grego, elas seriam os olímpicos, com sua religião identificada com divindades como Zeus e Apolo, em oposição à religião das antigas divindades terrenas, como Dionísio, Deméter e Perséfone. A cura da divisão entre os inconscientes psíquico e somático foi, segundo penso, um dos resultados da experiência eleusina.

Deméter pode ser considerada como representante do inconsciente somático; da mesma forma, podemos considerar sua reunião com Perséfone como a recuperação de um *psicossoma* perdido (Winnicott).[210] Mais do que isso, essa reunião representa a recuperação de um Si-mesmo ímpar, um Si-mesmo incorporado.[211] A recuperação não é completa – tal como o trabalho por meio da posição depressiva jamais é –, pois Perséfone retorna, tão somente, durante uma parte do ano. Os iniciados de Elêusis se identificavam com Deméter,[212] e por isso experimentavam suas emoções de pesar e raiva, que são emoções da posição depressiva. Mas, antes disso, nos Mistérios Menores, realizados em Agrai, eles se identificavam com Perséfone. Mais tarde discutiremos esse ponto; tratava-se, sem dúvida, de uma forma de cura da Grécia antiga e há muito a aprender com ela.

Assim sendo, ao passar para o segundo estágio da transformação, entramos num nível de desenvolvimento que ultrapassa o padrão de retenção representado por Narciso; penetramos nas profundezas que ele teme para evitar que sua frágil identidade seja devorada. Mas é preciso enfatizar que a *morte de Narciso, a transformação de estruturas narcisistas (tais como as transferências que discutimos) é uma precondição para a entrada bem-sucedida nesse estágio.*

Ao passar pela condição depressiva, todos sofremos alguma perda da alma. Quando sofremos uma perda insignificante, mantemos um Si-mesmo secreto, tal como o descreve Winnicott, um núcleo energizado de existência e de realidade psíquica. Mas, quando essa perda é extrema, instala-se um estado esquizoide, no qual nosso "verdadeiro" Si-mesmo é dividido e privado, com facilidade, de energia. Essa parte, seja ela "saudável" ou "doentia", quer se *incorporar* como parte da individuação do organismo e o rapto e retorno de Perséfone representa o drama à maneira esquizoide no qual o Si-mesmo é reencarnado.

Os Mistérios Eleusinos, que realizavam sob uma forma ritual boa parte do Hino Homérico, efetivamente representam a psicoterapia da alma esquizoide do homem e sua passagem parcialmente bem-sucedida pela posição depressiva. E podem representar muito mais, pois os gregos antigos acreditavam que todo o Cosmos morreria se os Mistérios não fossem celebrados. Estaremos certos de que a individuação do homem não desempenha um papel vital na saúde do arquétipo e da capacidade ordenadora do Cosmos? De qualquer maneira, trata-se de uma questão que ultrapassa as nossas preocupações. Ficaremos contentes, aqui, se formos capazes de lançar alguma luz sobre as questões clínicas da transformação do narcisismo.

Remeter o material do Hino Homérico ao desenvolvimento infantil apresenta a grande desvantagem de distorcer sua natureza arquetípica. Da mesma forma, isso nos leva facilmente a ver o material mitológico nos termos do molde típico mãe-filho dos mitos e dos rituais do Oriente Próximo. O material em questão difere em muito disso e nossas referências à primeira infância são feitas, tão somente, porque muito do material psíquico que deve ser incluído nos Mistérios Eleusinos também parece ser apreendido a partir de trilhas percorridas pela criança. Elkin, por exemplo, acredita que a criança experimenta todos os arquétipos.[213] Não tenho muita certeza disso, mas sem dúvida muita coisa arquetípica é experimentada nessa fase e o nível de luz e prazer transcendentes é conhecido, definitivamente, no primeiro mês de vida.

Mas remeter esses Mistérios à infância é bem diferente de reconhecê-los como ritos de transformação destinados a adultos que deveriam, necessariamente, ser bastante amadurecidos para se beneficiarem deles. Portanto, seria bom ter em mente os seguintes comentários de Otto:

Consideremos as principais deusas do culto eleusino. Elas são, como todos sabem, Deméter e sua filha Kore, "a donzela", ou Perséfone. Nesse sentido, podemos desprezar as demais divindades eleusinas, exceção feita a Plutão, rei do mundo inferior, que sequestrou Perséfone e fê-la sua esposa. Procurando sua filha desaparecida, Deméter chegou a Elêusis; ali encontrou sua filha e fez as pazes com os deuses e deu aos homens os mistérios sagrados e a agricultura. Essa é a narrativa do Hino Homérico. Apesar do nome grego, Deméter descendia, indubitavelmente, de uma cultura pré-helênica, como podemos perceber a partir dos muitos usos e concepções vinculados com sua religião, em especial dos cultos acadianos. Em Telpusa, ela era chamada Erínis, "a Raivosa"; acreditava-se que, sob a forma de uma égua, ela fora coberta pelo garanhão Poseidon, de cuja união resultou uma filha com um nome secreto e o corcel maldito, Areion; e, em Figália, havia uma lenda semelhante, referente a Deméter Melaina, representada, por uma estátua de madeira, como uma mulher com cabeça de cavalo, que retém, numa mão, um delfim e, na outra, uma pomba. Ela era cultuada, eminentemente, como uma doadora de grãos, mas outras frutas e flores eram incluídas entre suas dádivas, sendo ela associada, além disso, ao crescimento do homem, de que, após a morte, era a mãe, recebendo-o no útero, o útero da Terra. Na Ática, dizia-se que os mortos "pertencem a Deméter". É fácil entender que as mulheres devem ter desempenhado uma importante parte no culto dessa deusa. Perséfone, que passa por sua filha, é identificada como pré-helênica já pelo próprio nome, que também implica ser ela, sem sombra de dúvida, parte do reino dos mortos. E Homero a fez conhecida por todos, com efeito, como a rainha dos mortos.

Como Deméter se relacionava com a filha? Que significado tem o estreito vínculo que há entre ela e sua filha? Pois, embora todo deus tenha seu pai e sua mãe, não há outro exemplo de uma relação tão estreita entre mãe e filha. Mesmo Atena, que saiu da cabeça de Zeus, não é tanto uma filha com relação ao seu pai quanto Perséfone com relação à sua mãe. Parece provável que ela tenha sido considerada uma espécie de duplicação ou continuação de Deméter. Mas o fervor do amor que havia entre elas evoca as grandes deusas da natureza que se acham vinculadas a um amado: Afrodite e seu Adônis; a Grande Mãe e seu Átis; a Ishtar babilônica e seu Tammuz; a Ísis egípcia com seu Osíris. Todas elas pranteiam a morte do amado e, como a morte e ressurreição deste são considerados símbolos da morte e do renascimento da vegetação na Terra, a analogia com a aventura de Deméter parece completa. Mas essa comparação deixa de lado uma diferença que aumenta de importância quanto mais a examinamos. A *mater dolorosa*, com a qual Deméter foi comparada, pranteia seu filho; Afrodite, Cibele, Ishtar, Ísis e outras pranteiam seu amado, seu marido, seu irmão. Mas Deméter pranteia uma filha que a evoca e que dá a impressão de ser um seu duplo. O caráter dessa relação é bem diverso do das outras. Apesar dos paralelos aparentes, ela é, em última análise, ímpar, e requer uma explicação muito especial.

Nos [mitos que se comparam] com o de Perséfone, a Terra perde sua fertilidade quando o deus desce ao mundo inferior. "Desde que a Rainha Ishtar desceu ao mundo inferior", diz a lenda babilônica, "o touro já não cobre a vaca" etc. A deusa desaparece nas profundezas e, com ela, a fertilidade. Há uma correspondência direta. Mas isso de modo algum ocorre com o mito grego. Neste, tal como o narra o Hino Homérico, Deméter perambula por muitos dias, buscando uma pista de sua filha desaparecida. Quando finalmente sabe por Hélios que Hades a havia tomado como esposa, com o consentimento de Zeus, ela é presa de um sentimento de raiva contra o senhor do Olimpo. Ela desiste da companhia dos deuses e decide viver entre os homens. Sob a forma de uma velha mulher, chega ao palácio do rei de Elêusis, onde é recebida com honras e lhe são oferecidas comida e bebida. Ela se mantém em silêncio e se recusa a sorver alimentos até que Iambe consegue fazê-la rir, com seus gracejos. O encanto é quebrado. A rainha dá-lhe uma poção que Deméter, proibida de ingerir vinho por estar de luto, pediu para ser elaborada com ingredientes especiais – trata-se da mesma bebida que mais tarde é oferecida aos iniciados em Elêusis.

E a rainha confia seu filho mais novo aos cuidados da velha mulher. O garoto faz prodigiosos progressos nas mãos de sua divina ama, que tenta torná-lo imortal, mas a mágica é desfeita pela curiosidade da ansiosa mãe. Deméter agora se deixa reconhecer como deusa e exige que lhe sejam construídos um grande altar e um grande templo. Tão logo isso é feito, eis que ela se oculta em seu santuário, longe de todos os deuses, imersa no pranto pela sua filha perdida. Só então ela provoca uma terrível seca, que se abate sobre a Terra por um ano inteiro. A raça humana teria perecido, e os deuses teriam sido privados de todas as oferendas, se Zeus não tivesse feito uma reconciliação com Deméter, nos termos da qual Perséfone passaria uma parte do ano com sua mãe, mas permaneceria para sempre como esposa de Plutão. Assim, o desaparecimento da fertilidade da Terra de forma alguma coincide com o desaparecimento da deusa que supostamente personifica a colheita. Com efeito, esse desaparecimento viria a ocorrer bem depois, induzido pela vingança da mão irada. A mesma versão prevalece no famoso coro de Eurípides, *Helena* (1301ss.). Neste, Deméter, enraivecida pelo que lhe havia sido feito, se retira para os recessos da montanha e impede o crescimento de todas as coisas na Terra, até que, finalmente, os deuses conseguem aplacar-lhe a fúria. Nesse coro, Deméter é chamada a "mãe da montanha", isto é, é identificada com a "Grande Mãe", a "mãe dos deuses".

[...] Assim, reconhecemos um mito primevo da mãe da Terra, ou mãe dos deuses, no qual, irada, esta exige que lhe sejam reconhecidos os direitos. Na Telpusa acadiana, é chamada Erínis, "a Raivosa", compartilhando seu nome com a terrível deusa da maldição e da vingança. Aqui, sua raiva é dirigida primariamente contra Poseidon, que se aventurou a chegar muito perto dela. Outro motivo para a sua raiva é o rapto de sua filha Perséfone e, aqui, como em outras versões, os deuses devem fazer-lhe uma grande concessão. Kore agora pode passar uma parte do ano com a mãe, na superfície da Terra, mas deve retornar regularmente para baixo, permanecendo para sempre como rainha dos mortos. Nesse aspecto, difere de todos os deuses que parecem simbolizar o florescimento e o fenecer da natureza. Está claro que sua jornada para o mundo inferior não pode ter referência com a colheita, pois o crescimento não cessa como resultado do seu desaparecimento; pelo contrário, a interrupção do crescimento da lavoura decorre de um ato de vingança por parte de sua mãe ofendida.[214]

As observações de Otto servem bem para amplificar o importante papel das emoções negativas da deusa (como veremos na seção 7). Mas nos alertam, essencialmente, contra a redução do mitologema Deméter-Perséfone a qualquer coisa que se assemelhe aos ciclos de vida e renascimento do Oriente Próximo. Há muito mais coisas envolvidas aqui e, em consequência, tanto mais é exigido dos homens e das mulheres. Começar com a morte da estruturação narcisista é correto. Portanto, podemos nos voltar para o significado da flor que restou após a morte de Narciso, que está relacionada com a versão do mito apresentada por Pausânias.

2. O NARCISO

Que acontece após a morte de Narciso? Ou, para fazer a mesma pergunta em termos psicológicos: que acontece após a dissolução das transferências e defesas narcisistas? Será que a personalidade apenas passa a revelar-se, não mais perturbada por questões como a extrema vulnerabilidade a críticas, pela dúvida com relação a si mesma, pela inveja e por outros afetos, que antes levavam a estados crônicos de enfraquecimento ou a atitudes compulsivas, orientadas pelo poder, com relação à vida?

A resposta, segundo minha experiência clínica, apresenta um duplo aspecto. De um lado, há personalidades, não raro de pessoas jovens ou extrovertidas, orientadas para o trabalho, que efetivamente começam a desenvolver-se quando suas estruturas narcisistas perecem. Essas personalidades começam a sentir o seu próprio poder e eficácia e a obter sucesso com base em talentos que sempre estiveram consigo, que se haviam mostrado na superfície, mas jamais se haviam realizado. Para essas pessoas, a "morte de Narciso", aquilo que chamei primeiro estágio da transformação, basta, pois é tudo quanto desejavam alcançar.[215]

Por outro lado, esse estágio pode configurar-se como entrada em outro nível de transformação, nível esse que se refere, tanto para homens como para mulheres, à transformação e redenção do Si-mesmo feminino ou alma feminina. Como observamos no capítulo 2, há certa parcela de transformação do feminino no primeiro estágio, mas essa transformação não ocupa o primeiro plano, comparada à regeneração espiritual, à nova relação *puer--senex*. No segundo estágio, a ênfase se reverte.

Um Sonho sobre a Morte de Narciso

O sonho apresentado a seguir é de uma mulher que havia trabalhado com grande parte da estruturação narcisista de sua personalidade e se encontrava numa encruzilhada da vida. Estava em vias de separar-se, depois de trinta anos de casamento, um relacionamento que havia tido como base, em larga medida, as atitudes narcisistas de vulnerabilidade debilitante, em especial na área das necessidades sexuais. Seu marido era um político muito bem-sucedido que sempre a havia convencido (com sua submissão por demais solícita) de que "as coisas vão melhorar". A vida, naquele momento, costumava ser desprovida de prazer. Ela sempre duvidara de suas percepções, em particular no tocante aos ataques sádicos encobertos do marido, que lhe deixavam os sentimentos emocionalmente contaminados. Mas, depois da integração bem-sucedida de uma transferência idealística, as dúvidas que ela alimentava com relação a si mesma haviam sofrido uma redução; ela começou a confiar em suas percepções e, com isso, o poder conector do casamento começou a enfraquecer-se. Nesse momento, ela teve o seguinte sonho:

> Estou com K. Ela diz que, quando cai na fonte. Narciso simplesmente se afoga. Digo que nasce uma flor. Então, ela pega alguns pequenos livros e me diz, com o mesmo tom de desânimo, que ultimamente esteve lendo as tragédias de Shakespeare.

Esse mesmo sonho foi apresentado no capítulo 1 (seção 9) para ilustrar o temor narcisista ao inconsciente. Lá, K. foi considerada representante do lado regressivo e sombrio da sonhadora. K. se encontrava cronicamente deprimida e tinha uma visão trágica da vida, nutrida pela sua inveja inconsciente, que lhe "dizia" ser impossível haver algo de bom para ela. A sonhadora estivera se afastando dessa maneira de encarar as coisas e até havia começado a encontrar algum prazer e uma espécie de dimensão religiosa, de caráter arquetípico, na vida. Agora, porém, precisamos enfocar a significação de que se reveste a resposta do ego onírico à sua sombra: "Nasce uma flor".

A sonhadora tinha um "bom sentimento" com relação à flor, mas pouco sabia no tocante ao seu simbolismo. De fato, o narciso, a flor que é tudo que resta de Narciso depois de sua morte, vem sendo encarada ao longo dos séculos, de modo geral, de forma extremamente negativa. Analisaremos brevemente a natureza dessas visões derrogatórias e em seguida passaremos à questão da maneira pela qual pode a flor ser encarada, tal como o foi pela sonhadora, sob uma luz positiva.

O estudo de Vinge sobre a versão ovidiana no mito de Narciso fornece-nos uma abundância de exemplos da veemência com a qual o narciso foi atacado. No século XII, por exemplo, João de Salisbury, em sua condenação de Narciso como representação de uma luta vaidosa pelo poder, pela glória e pelo louvor, diz-nos que "o Narciso das fábulas é transformado numa flor quando se encontra cativado pelo seu próprio reflexo vazio e perece, em sua juventude, como uma flor sem fruto, enquanto, ignorantemente, observa-se a si mesmo".[216] Arnolphe d'Orleans, também no século XII, diz que Narciso "foi transformado numa flor, isto é, em algo sem utilidade".[217] E, tratando desse mesmo tema, Alexander Neckham dá um quadro do caráter narcisista em processo de maturação, que ainda hoje se afigura sobremaneira válido:

> Narciso representa a vanglória, que se engana nas malhas de sua própria vaidade... Quando, no decurso dos eventos, ele admira sua magnificência à feição de uma sombra, e se perde, maravilhado em sua glória, acende-se nele um fogo fatídico, graças ao seu autoamor impróprio. Por fim, esvaecendo-se a glória terrena, ele é transformado em flor, restando dele, tão somente, o mero nome. Onde está a glória dos Césares? Onde...?[218]

No século XIV, as *Metamorfoses* de Ovídio foram traduzidas para o francês. Mas em *Ovid moralise*, há sessões que não se encontram no original. Por exemplo: "Narciso tornou-se uma flor. Que tipo de flor? Aquele tipo que os salmistas dizem nascer com a manhã e perecer com a noite…".[219] A tendência moralizadora permanece e, mais ou menos uma década depois, em *Petrus Berchorius*, lemos que Narciso se assemelha "àqueles que habitam um mundo de prazer terreno [e] veem seu reflexo e sua alta posição, coisas que, todas elas, passam como uma sombra (*Livro da Sabedoria V*). Eles amam essas coisas de maneira tão ardente, e se vangloriam tanto disso, que perdem a vida de sua alma". Esse trecho é seguido por um ataque aos homens espiritualizados que refletem sobre sua própria virtude e desprezam os outros: "Transformam-se em flores e terminam no Inferno".[220]

No mesmo século, surgiu a *Genealogia Deorum*, de Boccaccio, que respondeu à necessidade de um manual de mitologia. Referindo-se a Narciso, afirma ele: "E se por acaso algo lhe restar do nome, esse resíduo é transformado numa flor, vermelha e magnífica pela manhã, mas que se abate e morre ao anoitecer, dissolvendo-se em nada".[221]

Há muitos outros exemplos, mas o resumo de Vinge é conciso e suficiente:

> Ao longo dos séculos, [tem] havido, particularmente, especulações, da Idade Média aos nossos dias, em torno da flor criada para substituir o corpo de Narciso. Têm sido acentuadas várias qualidades associadas com o conceito de flor ou com o narciso, variando essa ênfase de acordo com os

motivos considerados essenciais na história ou a ela atribuídos: a flor é bela e inútil e morre depois de uma curta vida; o narciso é temporão e estéril, tem um perfume soporífico, é venenoso, se inclina sobre a água e cresce através disso, é visualmente atrativo e isolado – eis algumas das explicações.[222]

Há, porém, uma visão positiva do narciso, que corresponde às implicações do sonho acima apresentado. Observe-se que aqueles que consideram o narciso desprovido de valor também veem o próprio Narciso como personagem puramente negativo. Como vimos, isso corresponde a uma atitude de consciência do ego que teme o inconsciente caso este não se ache enquadrado num sentido transcendente, fora do corpo ou, mais tarde, que suspeita da introspecção e de tudo que não seja realidade exterior. Mas uma avaliação positiva do narciso é encontrada, não apenas mais tarde, quando o próprio Narciso pode ser visto de maneira mais positiva, como também na versão do mito elaborada na Antiguidade por Pausânias.

3. O MITO DE NARCISO SEGUNDO PAUSÂNIAS

A versão do mito de Narciso segundo Pausânias foi, tal como a de Canon,[223] amplamente superada pelo conto ovidiano. A versão de Canon, embora apresentando um foco bem mais estreito que o de Ovídio, capta efetivamente os aspectos do ódio a si mesmo e do sadismo, assim como a maneira pela qual esses aspectos funcionam no processo de transformação, de um modo que Ovídio não consegue alcançar. Mas a transformação, para os primeiros mitógrafos, era menos importante do que a mensagem moral referente aos perigos que cercam o narcisismo. Como vimos no capítulo 2 (seção 7), somente viria a se manifestar um sentido do potencial positivo de Narciso (potencial esse que decorria da apreciação da introversão e da imaginação profunda) em explicações e comentários elaborados muitos séculos depois de Ovídio. E mesmo estes últimos poucos dizem a respeito da profundidade de transformação que pode surgir a partir da estrutura narcisista. Mas a história de Narciso que aponta para o caminho que leva ao profundo vem de Pausânias. Data ela do século II; as versões de Ovídio e de Canon foram escritas no início do século I.

Pausânias, com efeito, registrou duas versões do mito de Narciso, que costumam ser apresentadas em conjunto:

> No território de Téspias, há um local de nome Donacon [Canteiro de junco]. Ali se acha a fonte de Narciso. Dizem que Narciso olhou essas águas e, não compreendendo que via seu próprio reflexo, apaixonou-se inconscientemente por si próprio e morreu de amor junto à fonte. Mas constitui a mais profunda estupidez imaginar que um homem

com idade suficiente para apaixonar-se fosse incapaz de distinguir um homem do seu reflexo.

Há outra história sobre Narciso, ainda menos popular que a outra, mas nem por isso desprovida de fundamento. Diz-se que Narciso tinha uma irmã gêmea; tinham eles exatamente a mesma aparência: seus cabelos eram iguais, usavam as mesmas roupas e caçavam juntos. Diz a história que Narciso se apaixonou pela irmã e que, tendo esta morrido, ia ele à fonte, sabendo que via seu próprio reflexo, e obtinha, embora disso tivesse conhecimento, algum alívio no seu amor, ao imaginar que via, não seu próprio reflexo, mas a aparência de sua irmã. A flor narciso nasceu, em minha opinião, antes disso, se nos for dado julgar pelos versos do poeta Pamphos. Esse poeta nasceu muitos anos antes de Narciso, o téspio, e diz ele que a Donzela, filha de Deméter, foi raptada quando folgava e colhia flores e que as flores por meio da qual fora ela levada ao sítio onde se deu o rapto não eram violetas, mas narcisos.[224]

Essa história é uma das principais fontes, na Antiguidade, do vínculo entre o mito de Narciso e o de Deméter e Perséfone. Pausânias insiste que a flor colhida por Perséfone, "a Donzela", existia muito antes de Narciso ter sido transformado em flor ao morrer. Como já nos acostumamos a ver, em nosso tratamento do tema de Narciso, essa ordem foi revertida por outros autores. Como nos diz Vinge, "Em seu poema sobre o rapto da virgem,

De raptu Proserpinae, produzido nos anos 390, Claudânio reverte a cronologia [de Pausânias]. Ele faz a moça colher o narciso, que antes fora um jovem de extraordinária beleza".[225]

No que segue, tornar-se-á evidente que ambas as cronologias têm importância, pois, juntas, auxiliam a descrever profundidades da formação e, em seguida, da transformação, das estruturas narcisistas, profundidades essas que não se evidenciam facilmente de início, nem bem depois de começado o tratamento clínico do caráter narcisista.

Os dois narcisos

Por que insiste Pausânias que o narciso existia *antes* do encontro entre Narciso e sua irmã gêmea? Ele faz essa asserção com referência ao mito de Deméter-Perséfone; assim, voltemo-nos para a história deste, narrada no Hino Homérico a Deméter, por agora buscando, em especial, o aparecimento do narciso.

> Deixem-me que lhes conte a história de Deméter, a sagrada deusa cujos cabelos formavam belas tranças que só se acham nas deusas, e de sua filha, de quem Hades se apossou. Zeus, o rei do trovão, lhe deu a Hades. Eis como tudo sucedeu.
>
> Estava ela em folguedos, longe de Deméter, senhora da colheita que ceifa com uma foice de ouro, colhendo flores com as filhas de Oceano – rosas e açafrões e belas violetas, íris, jacintos e o narciso. A Terra gerou o narciso como um

> prodigioso encanto para a florescente moça, de acordo com o plano de Zeus, destinado a agradar Hades, que a tudo recebe. *Era ele objeto de admiração para todos, para os deuses imortais como para os homens mortais. E de suas raízes nasceram mil cabeças, que exalavam um olor tão suave que todo o amplo céu, acima, toda a Terra e todas as salgadas ondas do mar sorriam. A moça ficou pasma diante daquilo e estendeu ambas as mãos para colher aquela maravilhosa ninharia.*[226]

Há um enorme contraste entre este narciso e aquele que se diz ter nascido em lugar de Narciso, contraste que se manifesta, não apenas em termos de qualidade, como também, vimo-lo, no tocante à atitude. Parece que sua semelhança é apenas de nome: um é estéril, soporífico, morre facilmente, é inútil, venenoso etc.; o outro, um "objeto de admiração para todos". Que vínculo há entre os dois?

Comecemos por reconhecer que os dois narcisos podem ser encarados como representantes de dois níveis, o pessoal e o transpessoal. Um deles representaria a personalidade de Narciso, ao passo que o outro, o narciso do Hino Homérico, representaria as energias do Si-mesmo, que Narciso teme inconscientemente. As energias simbolizadas pela flor do Hino Homérico seriam completamente esmagadoras para Narciso. Lembremo-nos do sonho acima mencionado, no qual a sonhadora diz que, morto Narciso, nasce uma flor, ao mesmo tempo que sua sombra regressiva diz que nada acontece, que ele apenas morre. Quando da apresentação do sonho, interrogamo-nos a respeito da base existente para o "bom sentimento" da sonhadora.

O Hino Homérico fornece a resposta. A flor está vinculada com o nível transcendente, arquetípico, como a dimensão numinosa que, tal como se passa no Hino, traz admiração e alegria, exalando "um olor tão suave que todo o céu, acima, toda a Terra [...] sorriam[...]". E, com efeito, vários meses após esse sonho, essa dimensão se abriu à sonhadora. E, com ela, o medo de ser atacada, que o Hino Homérico, como o veremos, vai descrever. O *medo do gozo*, tão comum às transformações do narcisismo, e o apego a uma realidade mórbida, depressiva e aparentemente masoquista (tal como representada pelo lado sombra da sonhadora), têm uma raiz arquetípica: o temor à violação psíquica.

Pausânias, que insiste ter o nascimento da flor ocorrido antes do mito de Narciso, intui um nível de desenvolvimento omitido na versão de Ovídio. Não pretendo deixar de lado a versão de Claudânio, que insiste que a história de Perséfone surgiu *depois* da de Narciso. Isso é igualmente importante, já que, após a morte das estruturas narcisistas, a alma de Perséfone pode nascer.

Contudo, se o mito de Perséfone-Deméter *realmente* precede a história de Narciso, resta-nos considerar uma possibilidade que não se revela de pronto apenas a partir dos fundamentos clínicos. Pois trata-se de uma possibilidade que significa ter havido uma qualidade feminina, de natureza arquetípica, Perséfone, a quem os órficos designavam por alma, que se separou da vida consciente e da personalidade simbolizadas por Narciso *antes de aquele desenvolvimento ocorrer.* No Hino Homérico, ela é tomada subitamente, raptada por Hades, e retirada das vistas do mundo superior, mergulhada na invisibilidade que caracteriza o reino de Hades. Perséfone, no mundo inferior, invisível aos olhos de sua mãe Deméter, assim como de todos os deuses e mortais, representaria, por conseguinte, um lado feminino oculto e dividido do caráter narcisista.

4. NARCISO E O ESPÍRITO DIONISÍACO

No Hino Homérico, a flor – que, como sugeri, representa as energias numinosas tão temidas por Narciso – surge pela ação da Terra, atendendo ao desejo dos poderes do mundo inferior, Hades/Dionísio, e com o conhecimento de Zeus. Isso demonstra a natureza dionisíaca dessas energias: aqui, Dionísio se opõe a Narciso. Da mesma forma que o hermafrodita era considerado como seu oposto, esse mesmo motivo retorna, já que Dionísio é considerado, com frequência, um hermafrodita, um "deus efeminado".[227]

A partir do nosso conhecimento a respeito do caráter narcisista, faz absoluto sentido em ser Dionísio o poder arquetípico por excelência que caracterizaria o Si-mesmo, objeto do maior temor do caráter narcisista. Mesmo depois do primeiro estágio da transformação, em que aparece uma capacidade de reflexão e de trabalho e no qual funciona um dinamismo *puer-senex* positivo, há ainda um grande temor de tudo que exiba características dionisíacas. A empatia pode existir, mas num nível psíquico no qual podemos refletir, com base em nossa própria experiência, a respeito daquilo que a pessoa sente. Mas isso é totalmente diferente dos estados de fusão, interpenetradores e quase físicos, das conexões dionisíacas. Tudo ainda ocorre com referência ao *inconsciente psíquico*, mas não ao *inconsciente somático*...

Perséfone teria um dia conhecido essas energias numinosas; na realidade, em alguns mitos ela é a mãe de Dionísio.[228] Aqui, mostram-nos ela sendo enganada a fim de chegar-lhes ao alcance. Isso indica que o nível dionisíaco não se configura como nível ao qual ela se dirigiria prontamente. Mas por que não?

A religião de Zeus e do Olimpo foi uma reação à imersão dionisíaca na visão e no corpo que negligenciara a clareza de espírito conhecida como Apolo, "o mais grego de todos os deuses".[229] E não conteria essa reação, como afirmou Slater, um forte elemento defensivo, "narcisista"?[230] Na cultura grega, a reação contra os velhos deuses da religião minoana, contra as divindades terrenas e Dionísio/Perséfone, decerto teria relegado alguma coisa ao esquecimento; relegaria a alma dessas profundezas, Perséfone, assim como seu cônjuge, Dionísio. E a recuperação dessa dimensão requereria a repetição do trauma de sua perda.

Mas essa história não é apenas grega; é também a história de toda criança. A criança é muito mais dionisíaca que apolínea; é, no dizer de Freud, um "perverso polimorfo", num estado de fusão com a natureza por meio da *participation mystique*, despedaçando-se em suas fantasias, ressuscitando e sendo ressuscitada. E ela *vê*; a criança vê mais do que consegue suportar.

A base dionisíaca da criança se perde quanto mais ela se aproxima do mundo objetivo, quando uma clara distinção Eu-Vós começa a formar-se. Mas ocorre, nesse processo, uma coisa trágica, conhecida clinicamente como posição depressiva. Trata-se de um estágio no qual há uma consolidação de opostos, mas há igualmente uma perda de unicidade, a unicidade dionisíaca corpo-mente. Desejá-lo outra vez é terrificante, pois significa uma perda. A criança troca suas raízes dionisíacas por uma mãe boa e reflexiva, uma civilizadora de sua raiva. Ela já não é inflexível; incorpora valores apolíneos e adquire uma psique orientada para um alvo. Mas, no processo, perde alguma coisa: uma parte de sua alma e uma experiência de soma que com ela nasceu. Ela se torna, por fim, um tanto desencarnada, esquizoide. Trata-se de um terrível dilema, pois a recuperação da alma perdida agora significa perder o que havia sido ganho. Aceitar essa morte, saber que *podemos* nascer de novo: eis um dos alvos dos Mistérios Eleusinos.

É importante, do ponto de vista clínico, ter desenvolvido transferências narcisistas e tê-las trabalhado antes de mergulhar nas profundezas dionisíacas.[231] Quando esse mergulho ocorre sem que a pessoa tenha adquirido uma coesão narcisista, temos a chamada situação fronteiriça, esquizoide ou psicótica. Mas quando essa coesão existe e *pode morrer*, o processo de renovação que se desenvolve é muito mais previsível e manejável, requerendo menos profundidade regressiva do que é costumeiro.

As energias do narciso não representam apenas a mística e a fusão corporais eróticas um dia conhecidas e perdidas. Elas também se revestem de um caráter extático, que leva para além da pessoa. Elas não são encontradas, tão somente, num retorno ao corpo, seja isso alcançado por meio do exercício ou da sensibilidade às profundezas da "sexualidade infantil" e das zonas erógenas do corpo. Elas também se configuram como energias espirituais, mas são um espírito que vem das profundezas, de baixo para cima. Trata-se de um espírito do corpo, um espírito imerso na matéria, que ressuscita e que é dotado de sua própria numinosidade. O espírito dionisíaco emerge a partir e através do corpo que já não exiba defesas sob a forma de uma rígida armadura corporal. Quando esse espírito começa a se elevar, se reveste de um caráter particularmente amedrontador para uma consciência cujas raízes se acham fincadas no distanciamento e na cautela.

No Hino Homérico, a perda da alma para o dionisíaco – cuja ocorrência permite a recuperação de suas raízes nessas profundezas – se repete. Mas observe-se que ela requer a procura da flor do gozo, do excesso, da admiração. Se não nos expusermos, não morreremos. Perséfone não se encontra apenas em folguedos quando é raptada: está procurando algo extático, transcendente. Há uma forma correta de penetrar no Hades, o reino da morte, uma forma de transformação. Cair nele, por exemplo, via depressão, ferida narcisista, psicose etc., não é necessariamente uma forma de transformação. Muitas vezes, simplesmente voltamos, sem nada ter sido transformado. Há um caminho traçado, que envolve a procura do excesso do espírito dionisíaco, do gozo.

As energias dionisíacas do gozo e do êxtase eram induzidas, provavelmente, como parte da tradição eleusina, mais provavelmente nos Mistérios Menores, que se achavam estreitamente vinculados a um antigo mistério dionisíaco. Mas o recém-nascido também conhece esse gozo: ele distingue seu sorriso no primeiro ou segundo mês de vida.[232] E, na psicoterapia do segundo estágio, quando a alma dividida retorna, esse retorno ocorre com a alma preenchida, tanto por um conhecimento como por um medo do seu próprio gozo.

Trata-se de uma dimensão arquetípica (e o gozo costuma ser um atributo de Dionísio);[233] o infante se acha vinculado com ela, mas o mesmo ocorre com todos que recuperam o vínculo com seu próprio Si-mesmo feminino dividido. A emoção do ataque é induzida no analista, da mesma maneira como o intrusismo exibicionista foi previamente induzido por meio de uma transferência idealística. Pouco importa quem foi o "raptor de Perséfone", Céfiso ou Dionísio – e os Mistérios Eleusinos eram celebrados nas proximidades do rio Képhisos, indicação de uma conexão entre os dois deuses –; esse ataque desordenador deve ser experimentado outra vez e vivido, pois, do contrário, a redenção adicional da alma não terá progresso. A forma de alcançá-lo é, tanto por meio do caos e da morte, como por meio do êxtase e do gozo. É uma pena que tantas visões induzidas pelo LSD sejam destruídas pelo pânico e por uma dose de *torazine*, pois na *bad trip* está contida a possibilidade da eventual integração de alguma coisa de caráter transcendente. Os sacerdotes eleusinos sabiam disso e também nós devemos aprender o valor do caos, da desordem que sempre precede uma nova ordem. Nossa fixação na ordem, nas coisas de cunho apolíneo, constitui um obstáculo narcisista para as mudanças que podem vir de Dionísio.

5. O HINO HOMÉRICO A DEMÉTER

A seguinte sinopse do Hino Homérico foi retirada da recontagem do mito, feita por Kerényi, que ele apresenta interligada com seus comentários. Ele faz preceder sua narrativa da mitologia de Perséfone e de Deméter pela informação de que

> Deméter se distinguia de Gaia ou Ge, a Terra: Terra ela também era; não, contudo, em sua qualidade de mãe universal, mas como mãe da lavoura; como mãe, não de todos os seres, tanto deuses como homens, mas da lavoura e de uma misteriosa filha, a quem não se nomeava voluntariamente na presença do profano.[234]

Isso concorda, creio eu, com a associação entre Deméter e a fonte da vida do corpo, o inconsciente somático. A alma, como nos diz Jung, é a vida do corpo,[235] tal como a semente seria uma imagem do fato de essa vida e esse corpo serem unidos.

Com grande arte, conta o Hino Homérico a história da violação de Perséfone... A filha chega a um lugar remoto, onde está brincando e colhendo flores com as filhas de Oceano... De acordo com a vontade de Zeus, Gaia, a Terra, a havia atraído para ali e a surpreendera com uma maravilhosa flor que jamais havia sido vista...

Era uma perigosa região aquela que Kore se havia deixado atrair em busca de flores... O próprio Dionísio tinha o estranho sobrenome de "o escancarado"... A noção de que o deus do vinho, em sua condição de Senhor do Mundo Inferior, foi o violador da moça, não se acha na superfície do Hino. Dificilmente poderíamos detectá-la ao fundo, se um antigo pintor de vasos não tivesse registrado uma cena de Perséfone com Dionísio... O poeta Homero faz Hades, o irmão de Zeus e habitante do mundo inferior, dirigir seus cavalos para fora da Terra, num estilo heroico. Ele põe a moça em sua carruagem e leva sua noiva forçada a fazer uma longa viagem pela Terra antes de retornar ao seu reino subterrâneo. O local onde isso aconteceu é assinalado pelo rio Képhisos, nas proximidades de Elêusis. Dava-se-lhe o nome de Eríneos, por causa de uma figueira brava... De modo geral, havia um estreito vínculo entre a figueira brava e o subterrâneo Dionísio...

Os lamentos da moça são ouvidos, não pela Lua, mas por Hécate, em sua caverna – mas esta não vê o violador. Hélios, o Sol, ouve tudo e a tudo vê. A última a ouvir a voz de Perséfone é Deméter. Ela retira seu diadema da cabeça, se envolve em trajes de luto e caminha durante nove dias, sem comer ou banhar-se, portando duas tochas flamejantes. No décimo dia, encontra Hécate, que também traz um lume em suas mãos, e as duas se dirigem a Hélios. Sabem pelo deus-Sol quem foi o raptor. A dor de Deméter transforma-se em ira. Ela deixa a companhia dos deuses e vai viver com a humanidade, assumindo uma forma feia para não ser reconhecida. Assim, vai a Elêusis e se acomoda junto ao poço da Virgem...

Junto ao poço senta Deméter – prossegue o hino –, sob a forma de uma anciã... [Perto dali] está o palácio de Keleos. Logo as quatro filhas deste vêm buscar água. Em casa, com sua mãe, Metaneira, deixaram um pequeno irmão que precisa de ama. A deusa, que previra isso, oferece seus serviços às jovens... Ela é recebida por Metaneira, que traz o filho ao colo. À entrada da deusa, o corredor fica pleno de luz divina. A rainha ficou surpresa, embora não tenha reconhecido a deusa. Ela se levanta de sua cadeira e a oferece à deusa. Mas Deméter senta numa cadeira simples e deixa que o véu lhe caia no rosto...

Esses eram os sinais de sua dor e todos que passavam pela iniciação tinham de imitá-los... Mas nem todas as versões da sagrada história incluem o luto de Deméter – o fato de ela sentar-se em silêncio – no palácio de Keleos. Há outra versão, talvez mais antiga, de acordo com a qual a deusa sentou-se numa rocha. Ali ela sentou "sem sorrir". Essa "rocha sem sorriso" — *agelastos petra* — só era vista por aqueles que adentrassem o recinto sagrado... Dizia-se que Teseu também sentou na *agelastos petra* antes de descer ao mundo inferior. Em vários períodos, os eleusinos conheciam, e assinalavam, pelo menos três entradas para o Hades: uma delas ficava junto ao poço, a outra perto da rocha e a terceira perto da figueira brava, junto ao Képhisos.

Enquanto a deusa se mantinha sentada, privada do sorriso, nos aposentos de Metaneira ou na rocha, Iambe, a espirituosa serva, iniciou sua função... Sua função era fazer Deméter sorrir por meio de trejeitos e zombarias, era transformar sua dor em ternura. Isso ela conseguiu por meio de gestos obscenos...

A loura deusa tornou-se calma e terna... Mas não encontrava consolo... A rainha enche um copo com doce vinho e o oferece a Deméter, que o recusa, dizendo que contrariaria a *themis*, a ordem da natureza, se tomasse do vinho. Logo entendemos suas palavras, sabendo a identidade do violador que havia levado sua filha para o reino dos mortos, sabendo a quem se referem os pseudônimos Hades ou Plutão. Segundo o hino, o rapto ocorrera na planície Nysan, local onde a terra dionisíaca se abrira... O subterrâneo deus do vinho era o violador. Como poderia a mãe da jovem aceitar sua dádiva? E assim ela inventou uma nova beberagem, que não era um dos Mistérios, mas era tomada antes da iniciação e passou a representar os Mistérios.

Chamava-se essa bebida *kykeon*, "mistura"... Era um fermentado especial. Todos que desejassem iniciar-se em Elêusis tinham de tomá-la... A mistura de Deméter foi-lhe entregue, após um longo jejum e – como diz expressamente o poeta – era compatível com a *hosia*, o decoro religioso que a mãe devia observar no período de lamentação posterior à violação, um ato de violência, um rapto para o reino dos mortos...

Deméter toma o pequeno Demophoon sob seus cuidados. E a criança cresce e floresce como um deus... Toda noite, a deusa o deita ao fogo como uma tora. Fá-lo secretamente; os pais nada percebem e apenas podem maravilhar-se com a aparência, à feição de um deus, do seu filho. Mas a rainha não resiste à curiosidade. Ela surpreende a estranha ação da deusa e exclama, horrorizada: "Meu filho Demophoon, a estranha mulher o põe no fogo. Devo ficar enlutada e lamentar-te". Deméter se volta com rancor. Retira a criança do fogo, deita-a ao chão (onde ele é apanhado pelas irmãs, que haviam acorrido ao quarto) e se deixa reconhecer. Sua admoestação se dirige, não apenas à rainha, mas a toda a humanidade... "tolos sois vós mortais, e irrefletidos: não sabeis distinguir entre a aproximação do bem e a do mal". Metaneira é um exemplo. Por meio da estranha ação que realizava, Deméter tornaria seu filho imortal. Agora, permaneceria ele mortal como todos os homens. Para si mesma, pede a deusa um templo próximo ao belo poço... O templo é construído. Ali Deméter se oculta e impede que as plantas cresçam na Terra. Os deuses deixam de receber sacrifícios, até que Zeus envia Hermes ao mundo inferior para devolver Kore à sua mãe.[236]

6. A ATITUDE DEPRESSIVA E A IDENTIDADE COM DEMÉTER

Conhecemos como atitude depressiva um estágio do desenvolvimento infantil, no qual as qualidades opostas da mãe, percebidas pelo infante como boas e más, misericordiosas e diabólicas etc., formam um único objeto.[237] Esse processo ocorre por meio da dinâmica do lamento do infante pela perda do "objeto bom", que, acredita ele, foi destruído pela sua própria raiva. Desenvolve-se um cuidado pelo objeto e sua unicidade pode ser mantida.

Previamente, havia – se o desenvolvimento tiver sido bem-sucedido nesse ponto –, tão somente, um estado no qual o objeto bom era mais poderoso que o mau. Da mesma forma, o objeto bom do estágio precedente se acha próximo do primeiro objeto arquetípico, a energia do Si-mesmo a partir da qual a criança nasceu. À medida que o mundo objetivo da criança se diferencia dos divinos objetos e se transforma em mãe e depois em pai, que se configuram como objetos inteiros formados por boas e más qualidades, a energia inicial do outro transcendente é introjetada sob a forma de um sentido simbólico do Si-mesmo.

Trata-se de um processo que é observado no desenvolvimento infantil. Encarado do ponto de vista do ego, do ponto de vista privilegiado da vida que se desenvolve no tempo, trata-se de uma série causal de eventos. Mas a atitude depressiva é igualmente, segundo creio, um sintoma da divisão do inconsciente numa natureza somática e numa natureza psíquica, uma separação provocada pela emergência do ego no espaço e no tempo. Desse ponto de vista, os inconscientes psíquico e somático sofrem uma perda mútua. As emoções de Deméter, sua dor e sua ira, são os afetos da atitude depressiva, mas também são as emoções do inconsciente somático separado de sua completude. A criança em desenvolvimento se identifica com essas emoções: eis a atitude depressiva.

Todos os arquétipos se acham interconectados, contaminam-se uns aos outros. Temos bem consciência disso do âmbito da análise junguiana e sabemos que o tom afetivo distingue, em larga medida, um padrão arquetípico do outro.[238] Caso isso não ocorra, todos os arquétipos se fundiriam entre si, perdendo cada um deles seu caráter único. Mas Perséfone, como nos diz Kerényi, é singularidade.[239] No indivíduo, esse sentido de singularidade vem da incorporação: se não tiver uma vida incorporada, o Si-mesmo não tem singularidade, sua experiência não é vivida. Também o arquétipo deseja desenvolver-se e seu desenvolvimento depende da experiência de sua singularidade. Sem sua filha, Perséfone, a singularidade de Deméter se perde. Essa talvez seja uma das razões por que ela se afasta da convivência dos deuses e vive, desgostosa, entre os homens.

Podemos escolher a consideração da atitude depressiva em termos do desenvolvimento infantil – mas, nesse caso, seguimos uma abordagem científico-causal, que favorece o inconsciente psíquico – ou, alternativamente, considerá-la do ponto de vista do inconsciente somático e de sua perda. Nesta última abordagem, tal como os iniciados eleusinos, identificamo-nos com Deméter, com seu sofrimento e sua ira.

É essa a atitude com a qual o analista se defronta quando essas emoções emergem no paciente. Se trabalhamos a partir do inconsciente somático, tal como descrevi no capítulo 3 então o programa esquizoide "poder-oposição" da pessoa (ver capítulo 5, seção 1) induz à depressão. A tentativa de ficar com a parte da pessoa que se encontra em processo de divisão, tragada como Perséfone por Hades, resulta num sentimento de depressão e a expectativa induzida de que atacaremos se essa parte mostrar seu gozo leva a uma raiva induzida.

Ao trabalhar com o Si-mesmo dividido, por meio de uma consciência incorporada, sofremos as emoções de Deméter. Precisamos de um Hélios, uma consciência observadora que nos oriente; mas, depois disso, sofremos essas emoções de preferência com uma consciência lunar, tal como o simbolizam as duas tochas de Deméter.

7. O RETORNO DE PERSÉFONE

Os iniciados eleusinos, sentados passivamente e em silêncio, depois de experimentarem as emoções de dor e de raiva de Deméter, *veem* o retorno de Perséfone. Essa *visão beatífica*, menor que a luz da união mística, era o alvo da experiência eleusina.

Os testemunhos da experiência eleusina mostram, como nos diz Kerényi, que

> a grande visão, a *visio beatifica* de Elêusis, era vista com olhos abertos, corpóreos: não se faziam quaisquer distinções entre a luz dos Mistérios e a luz do Sol. Para o devoto, esse tipo de visão era importante. Outra matéria é tratada no mito filosófico da alma, que fala de uma *visio beatifica* num estado incorpóreo, antes do nascimento. Mas este último tipo de visão também era descrito na terminologia dos Mistérios Eleusinos. Sócrates o faz no *Fedro* de Platão, de forma a mostrar a incoerência da visão eleusina, mas, ao mesmo tempo, para atestar sua existência...
>
> "Mas, então", lemos no *Fedro*, "havia beleza para ser vista, de brilho flamejante, quando, juntamente com o abençoado coro... as almas contemplavam o espetáculo e a visão beatíficos... Isso celebrávamos em sã e verdadeira consciência, quando ainda não havíamos sido atingidos por todos os males que nos aguardavam..." Em seu relato da *visio beatifica* mais elevada, contemplada pelas almas

desencarnadas, Sócrates confirma o fato de haver visões no Telesterion de Elêusis, mesmo que essas visões não fossem "perfeitas" e "simples" e "persistentes" o suficiente.

Essas visões não satisfazem o filósofo, razão por que este indica seu caráter espectral e perturbador.[240]

O caminho de uma ascensão mais elevada, a visão de ideias da alma desencarnada descrita no *Fedro*, é o caminho seguido pelo místico para alcançar uma fonte de ordem transcendente que suplanta o mal e que é dotada, em geral, do poder centralizador capaz de subjugar toda a desordem. É análoga à experiência da criança antes da posição depressiva, experiência na qual as assustadoras emoções da mãe negativa são superadas por meio da recuperação da experiência da mãe positiva. A experiência eleusina era diferente. Seu caminho visava a unificar os dois aspectos da Grande Deusa, mas, tão somente, ao preço do sacrifício voluntário da "luz mais elevada" reverenciada de forma tão exclusiva por Sócrates e por todos aqueles que desprezavam a Grande Deusa. Assim é que a sacerdotisa Diotima explica a Sócrates: "Esses são os Mistérios Menores do Amor, a *myesis* na qual mesmo você, Sócrates, pode entrar; mas, quanto aos maiores e mais ocultos [mistérios], a *epopika*...".[241] A implicação é: a pessoa deveria estar disposta, por sua própria vontade, a seguir a luz lunar da Deusa, em lugar de seguir a brilhante luz solar da transcendência; Sócrates, fica muito claro, não estava aberto a isso.

O caminho eleusino específico é referido constantemente a Héracles, para o qual, como nos diz Ruck, o "fracasso da solução imortal é acentuado, pois também ele aprende, mediante sua iniciação, que morrer é uma arte mais elevada que a vida eterna".[242] Ademais,

> O significado da iniciação de Héracles [nos Mistérios Menores e Maiores de Elêusis] fica claro na tragédia de Eurípedes, *Héracles*, na qual duas versões da persona de Héracles, a heroica e anti-heroica, são apresentadas em conflito. O Héracles heroico acabou de vir do Hades, tendo trazido dali o cão Cérbero, a última de sua série de trabalhos; o Héracles anti-heroico, todavia, personificado como o "homem-lobo", Lycus, procura retornar ao reino ctônico de sua origem, o túmulo e a morte. O Héracles heroico torna-se o anti-heroico quando fica intoxicado pelas toxinas a que se expusera em sua fase heroica, o acônito que veio do Hades com o cão Cérbero e com a loba "hidrofobia", a loucura que transforma cães em lobos. A tragédia apresenta essa metamorfose como o complemento paradoxal da *persona* heroica de Héracles e lhe atribui valor ético, mostrando que o amor dos seres humanos uns pelos outros, na cadeia contínua de gerações, é uma arte mais elevada do que a eternidade sem amor que uniria Héracles ao seu pai imortal Zeus.[243]

As toxinas a que Héracles se expusera seriam o aspecto da Deusa que leva à chamada *bad trip* do uso de alucinógenos. Elas são os terrores conhecidos pela criança, que esta tenta subjugar tendo como referência o amor positivo de sua mãe. Um dos pontos essenciais do caminho eleusino é a existência de um valor [positivo] nessas sombrias emoções. Somente por meio dessas energias dissolutivas pode uma alma encarnada ser obtida; do contrário, ficamos com o caminho desencarnado da ascensão mística.

Por meio do poder de Perséfone, observa Kerényi, "o elemento maligno tornava-se benigno".[244] Esse caminho de Elêusis difere não apenas da transcendência mística, como também das "soluções" narcisistas de idealização e de controle grandioso. É um caminho que sacrifica o poder e uma noção arrogante de espírito em benefício da encarnação dionisíaca – daí decorrendo uma visão de uma luz menor; um caminho que valoriza a depressão e a raiva – as emoções da atitude depressiva –, assim como o terror e o caos. Mas é, acima de tudo, *um caminho que conhece a visão* e que regenera suas idas e vindas. A constância da certeza obtida da solução transcendente – ou de sua caricatura narcisista, que não raro se manifesta como uma busca da perfeição – é sacrificada por uma totalidade aproximada em corpo e alma.

O iniciado eleusino tinha de ser passivo. "Um estado de peculiar passividade", escreve Kerényi, "tinha de ser alcançado, se se pretendesse ter sucesso na aventura... Os fenômenos a que leva o estado passivo eram chamados *ellampsis*, 'surgimento repentino', e *autopsia*, um termo para divina aparição..."[245]

Os Mistérios não poderiam ter existido na ausência do misterioso nascimento de Hades – resultado da união entre Perséfone e Dionísio. O rebento, anunciado nos Mistérios como "Brimo gerou Brimos",[246] mostra que o recém-nascido, estreitamente associado a Plutão e Dionísio, nasceu da matriz das emoções terrificantes simbolizadas pelo aspecto sombrio de Perséfone. Uma nova consciência masculina nasceu da experiência do terror. Brimo significa "o poder de despertar terror... de devastar".[247] Um dos frutos produzidos em Elêusis foi uma consciência dionisíaca concebida em terror, o aspecto terrificante de Perséfone. O outro foi a própria Deusa.

As terríveis emoções experimentadas em Elêusis seriam as mesmas que se seguiriam à procura do narciso gigante por Perséfone. Mas, em Elêusis, essas emoções se integraram num aspecto da própria Deusa.

Nas observações de Otto a respeito de Perséfone, apresentadas no início deste capítulo, vimo-la caracterizada como "a Raivosa". Mas recordemos igualmente o esclarecimento feito por Otto no sentido de que Perséfone e Deméter são o duplo uma da outra. Perséfone adquire a dimensão do terror como parte do seu renascimento. Ela foi penetrada por Dionísio/Hades, reteve-lhe a semente antes de retornar à sua mãe, e, nessa penetração dionisíaca, não apenas obteve seu poder de rainha do mundo inferior, como também o obteve, durante uma parte do ano, no mundo da superfície.

O feminino renascido e incorporado encontra-se intimamente vinculado ao seu aspecto sombrio. Ela não esquece sua violação. A violação de Perséfone segue o padrão geral da "deusa relutante".

> A mais conhecida variação [do padrão da deusa relutante] vem do início do épico cíclico *Cypria*. Nele, a noiva – a Kore original – chama-se *Nêmesis*; o noivo e sedutor era Zeus... Esse casamento foi e permaneceu sendo uma violação... A deusa não seria abrandada pelo amor, ela sucumbiu à violência e tornou-se, em razão disso, a eterna vingadora Nêmesis. A Kore a quem ela deu à luz chamava-se *Helena*... Helena é a eternamente jovem Nêmesis, que se deixa violar e, em seguida, sempre executa sua vingança.[248]

Uma história semelhante, prossegue Kerényi, foi contada sobre Deméter, e também se aplica à sua filha Perséfone. A Deusa sofre uma violação, pois só assim pode ela transformar-se por meio dos seus próprios mistérios.

Uma mulher que se vincule à sua Perséfone interior obtém seu poder penetrador. Seu companheiro masculino passa a ser Dionísio, muito mais do que Apolo, e sua existência finca raízes nas profundezas arquetípicas femininas da Deusa. Um homem carrega o ônus do heroísmo e pode tornar-se anti-herói à feição de Héracles. A rigidez é deixada de lado; a mudança, bem recebida. Ele pode adentrar o recinto da Deusa e compartilhar-lhe do mistério e da identidade com uma visão dionisíaca. Ele é, agora, passivo e ativo, masculino e feminino, diferente de uma mulher, mas não estranho ao seu mistério.

É interessante o fato de ser Hermes o condutor de Perséfone para o mundo superior. Ao olhar para ele, mais uma vez alcançaremos aquela consciência, tão completamente oposta à abordagem causal-científica, que discutimos anteriormente, considerando ser ela originada do inconsciente somático. Mas, em Hermes, ganha ela um maravilhoso foco.

8. HERMES, PERSÉFONE E A RELAÇÃO ANALÍTICA

Ao trabalhar a partir do inconsciente somático, experimentamos muitas coisas que mostram ser um guia para o processo do paciente e, eventualmente, de uma posição "passiva" apropriada a partir da qual devemos *ver*. Por que deveriam nossas reações ser úteis? Por que deveria nossa chamada contratransferência ter uma dimensão potencial de objetividade? Podemos perguntar, além disso, e especialmente: por que essa situação útil pode ocorrer numa aparente singularidade, não limitada pela causalidade, e ser de tal forma uma função do momento?

Para a mente grega homérica, a resposta muito provavelmente seria de que tudo isso é obra de Hermes.

Hermes, escreve Otto, é "o alegre mestre do acaso feliz, que nunca está em dificuldades, que pouco se incomoda com padrões de orgulho e de dignidade, mas que, apesar de tudo, permanece digno de ser amado... o deus mais amistoso para com os homens".[249] E não é um ato amistoso do nosso inconsciente o fato de uma coisa como a nossa subjetividade, imune aos padrões da crítica causal ou da ordem, poder ter valor? Hermes nos guia nesse terreno, mas apenas se permitirmos um estado de liberação dos padrões de orgulho e de dignidade. Podemos facilmente estar errados, pois tudo que sabemos ou dizemos é uma dádiva e a única responsabilidade que nos cabe é interpretá-la adequadamente. É um grande alívio ser capaz de ver quão tolos podemos ter sido ao processarmos uma reação de contratransferência; mas, seguindo o espírito de Hermes, isso pode ser aceito com o coração leve, já que não foi uma coisa maligna em termos de intenção.

Otto pergunta "Qual a ideia subjacente ao conceito de Hermes?" – e ele prossegue, oferecendo-nos um maravilhoso perfil do deus:

> Ele é o deus mais amigo dos homens e o doador mais generoso. Mas como distribui ele seus dons? Para compreendê-lo, basta pensar em sua varinha mágica... Ele é o portador da varinha mágica...
>
> Dele vem um ganho, sabiamente calculado ou completamente inesperado, mas principalmente este último. Eis sua verdadeira caracterização...
>
> Eis portanto o "bem" na forma como Hermes o concede. Certo número de deuses é considerado expressamente

> "doadores de gozo"... mas o que isso significa no caso de Hermes é algo que podemos perceber a partir do festival de Hermes Charidotes em Samos, onde o furto e o roubo eram permitidos. Mas Hermes protege, não apenas a patifaria palpável, como também todo tipo de astúcia e de logro... O misterioso deus que subitamente põe uma arca de tesouro no caminho de um homem necessitado faz sumir esse tesouro com a mesma presteza.[250]

Hermes é palco arquetípico do *imaginário*. Ele vem como uma dádiva e, no processo de chegar a ele, somos efetivamente dependentes da astúcia, especialmente na relação analítica. Deixemos que o/a terapeuta tente explicar a forma pela qual ele ou ela lida com o sentimento de ódio pelo paciente. Muitas vezes nos perguntam: "Você simplesmente diz que o odeia?". "Você reprime o sentimento?" O que você faz de uma maneira que ajude você mesmo a entender que ele odeia a si mesmo e, além disso, que pode ser libertador, para ele, saber que você também é capaz de odiar? E de que forma você faz isso com amor, como parte de uma descoberta prazerosa? Eis uma verdadeira dádiva de Hermes; ela pode aparecer e, no momento seguinte, sumir, deixando-nos na mais terrível confusão subjetiva de transferência.

> Hermes [é] o espírito amável que leva os rebanhos dos seus apriscos e os guia confiavelmente ao longo do caminho.

Mas, também nesse ponto, esse amável serviço é apenas um dos lados de sua atividade. O guia também pode conduzir a um abismo; o vigia também pode permitir que os tesouros desapareçam e se percam.[251]

Hermes é o espírito que rege as reações de transferência/contratransferência e a dinâmica de sua interpretação, a partir das quais o tesouro, a visão, pode surgir. Mas, com a mesma presteza, podemos nos encontrar noutro caminho, e o seguir, talvez durante semanas, antes de descobrir outra vez aquilo que nos havia sido garantido, e ver, novamente, que perdemos o tesouro com muita facilidade. Esse tesouro costuma ser a criança do gozo que pode ser *vista*, a criança-Perséfone – mas que se perde facilmente de vista quando nos envolvemos com outros afazeres. Hermes nos conduz a muitos becos sem saída. Mas, por meio dele, podemos aceitar isso como parte do trabalho.

Tenho um paciente que se queixa do "tempo perdido", atribuindo-o às minhas intepretações pobres e à minha contratransferência sádica que o "manteve dominado por tanto tempo". A partir do seu ponto de vista apolíneo, ele tem razão. Mas eu também o *vejo*; *vejo* uma pequena criança dividida que aparece gradualmente e em seguida desaparece. *Vejo* graças à dádiva de Hermes e, por meio dele, também erro. Eis a realidade que devo aprender a aceitar. Hermes pode nos levar a becos sem saída, mas também concede a graça curativa, de coração leve, com a qual podemos rir de nós mesmos, em vez de cair numa seriedade grandiosa. E, com esse espírito, meus erros podem ser reconhecidos e, talvez, ter alguma utilidade. Mas *eu* não sei. Isso será uma dádiva de Hermes.

> Também no domínio do amor, Hermes está à vontade... Vincular-lhe o erotismo ao dos verdadeiros deuses do amor envolve uma fatal compreensão errônea. O amor também tem sua parcela de sorte; na verdade, ele pode inclinar-se inteiramente segundo as conveniências do momento...[252]

O amor, na relação analítica, não é governado pelos "verdadeiros deuses do amor". É amor que vem e vai, que depende inteiramente do momento. Não compreendê-lo leva ao horrível erro de alvo que são as concretizações – mas mesmo isso pode ser um embuste de Hermes. Seu tipo de amor depende do acaso; poder-se-ia dizer que se trata de um evento sincronístico, e não do amor que se desenvolve a partir de um relacionamento real. A relação analítica exibe de fato esse tipo de amor, mas este jamais é uma característica primária dela. Sabê-lo nos permite liberar voluntariamente uma reação amorosa que sentimos a qualquer momento, permite deixar que cada sessão seja a primeira e acolher o ódio da mesma forma aberta com que acolhemos o próprio amor.

Otto acentua o fato de que "é sempre a orientação misteriosa o elemento constitutivo da essência da atividade [de Hermes]".[253] Nosso envolvimento no processo de transferência/

contratransferência, em particular em suas formas mutuamente penetrantes de consciência imaginária, sempre está na dependência de uma "orientação misteriosa". Ele jamais é guiado por um espírito apolíneo de clareza.

Hermes também se distingue pela velocidade:

> A velocidade que o distingue é indicada pelas asas que se acham em seu chapéu. Ele possui sandálias "de ouro com as quais pode voar como o vento sobre terras e mares". Eis uma descrição adequada de sua natureza.[254]

A velocidade de Hermes é a força pela qual a multiplicidade de imagens, os balbucios psíquicos e os sentimentos somáticos que experimentamos, se reúnem. Ele os conecta a todos, bem além da nossa capacidade consciente. Ele é um mestre *bricolleur*.

> [O] mistério da noite visto de dia, essa mágica escuridão à brilhante luz do Sol, eis o reino de Hermes... No sentimento popular, esse reino se faz sentir no notável silêncio que pode intervir no meio da mais animada conversa; dizia-se, nesses momentos, que Hermes havia entrado na sala.[255]

O silêncio é parte essencial do *ver*: ser capaz de estar em silêncio até que algum elemento da noite apareça à luz do dia – eis uma metáfora do aparecimento do estado visionário à maneira de Elêusis. É Hermes o condutor de Perséfone em sua volta ao mundo superior; esse retorno geralmente ocorre quando estamos em silêncio e é raro que ocorra quando falamos ou pensamos.

Portanto, Hermes é um espírito do ganho, mas também da perda. Sempre perdemos nossa visão da alma que retorna; isso é inerente à sua natureza, assim como à natureza da visão que a vê, guiada, como o é, por Hermes. Hermes é, por excelência, o poder arquetípico da ordem acausal ou sincronicidade. Aprendemos, com ele, a perder e a ganhar. Eis o caminho de Hermes, que constitui a experiência dos iniciados em Elêusis.

Hermes, assim como nossa consciência hermética, são os elementos capazes de auxiliar Perséfone a retornar ao mundo superior. Esse tipo de consciência tem suas raízes fincadas na consciência do corpo, na matéria. É a consciência que emana do inconsciente somático, cujos processos, tal como Deméter, eram imitados pelos iniciados eleusinos.

Hermes conjurando a alma alada a sair de uma urna (vaso funerário ático).

Entrar na figura de Deméter significa ser perseguido, roubado, violentado, não conseguir compreender, ter raiva e pesar, mas, da mesma maneira, obter tudo de volta e nascer outra vez... O que, então, resta à figura de Perséfone? Sem dúvida, aquilo que constitui a estrutura da criatura vivente *fora do* drama interminavelmente repetido do vir-a-ser e da morte, a saber, a *singularidade* do indivíduo e *sua atração pelo não ser*.[256]

O indivíduo adquire singularidade ao participar do processo de cura da divisão entre o inconsciente somático e o inconsciente psíquico. O guia, nessa rota, é Hermes e sua peculiar consciência; ela é percorrida por meio da visão imaginária, uma visão da rainha do mundo inferior, o arquétipo da alma morta ou perdida de todos nós.

Capítulo V

SEGUNDO ESTÁGIO DA TRANSFORMAÇÃO: QUESTÕES CLÍNICAS

1. INTRODUÇÃO

O Si-mesmo feminino dividido do caráter narcisista retorna no segundo estágio, seguindo em ampla medida as linhas do padrão mítico discutido no capítulo anterior. Aparece, como se sempre estivesse em operação, um mitologema Perséfone-Deméter, que só se mantivera longe das vistas graças ao poder de retenção e de defesa das transferências narcisistas. Uma vez que essas transferências percam de modo suficiente a função anteriormente necessária que desempenhavam – tal como Perséfone, no Hino Homérico, perde a proteção do seu pai idealizado, Zeus –, abre-se uma dimensão completamente nova.

Essa abertura é experimentada como uma aguda mudança do campo de energia da transferência/contratransferência. Um campo de força relativamente estável em termos de sua dinâmica controladora/idealizadora torna-se, subitamente, um campo de força extremamente difícil de se concentrar na pessoa ou no processo. Há comutações, uma espécie de ida e vinda aleatória da atenção e da capacidade de prestar atenção. Podemos eventualmente conhecer aquilo que estamos experimentando, com o paciente – a dinâmica arquetípica da violação e do retorno de Perséfone –, mas, a princípio, temos a impressão de que todo o trabalho com a estrutura narcisista levou, tão somente, a uma desordem de personalidade mais profunda, esquizoide ou fronteiriça.

Estamos de fato chegando a um nível esquizoide do indivíduo, mas a natureza desse nível difere em muito do nível alcançado pela personalidade esquizoide. Neste último caso, o Si-mesmo dividido (que Guntrip denomina "ego regredido")[257] é passivo. Ele se retraíra num sono semelhante à morte, completamente sem ânimo, e, quando aparece, seu conteúdo de energia é facilmente drenado. Mas há dinâmicas esquizoides, tais como "a passagem rápida entre poder-oposição", qualidade do indivíduo esquizoide,[258] que são sintomas de outro tipo de Si-mesmo dividido. Eigen se refere a um caso desses da seguinte forma:

> O ego regredido, como o descreve Guntrip, é totalmente passivo. Ele busca o útero. [Mas] a estrutura do ego, [aqui], [...] é intensamente viva e ativa, em sua densidade

comprimida. Ela é experimentada numa aura de poder – exuda um sentido de poder. A pausa, aqui, não é a passividade no útero, não é um sono, mas uma imobilidade que vê de maneira ativa, que é compacta e eletrificante. Não parece que o esquema de Guntrip tenha um termo que descreva de maneira apropriada esse domínio do ego.[259]

Eigen usa a terminologia psicanalítica ao falar de uma estrutura do ego que é intensamente viva e exala um sentido de poder. Em nosso arcabouço de análise, falaríamos do Si-mesmo dividido religando-se ao ego, obtendo qualidade de ego. Faz isso, mas permanece eternamente ligado àquela dimensão arquetípica maior da Deusa, o que explica sua qualidade "intensamente viva" e a "aura de poder" que destila. E explica, da mesma forma, o fato de ser dotado de "uma imobilidade que vê de maneira ativa". Ele *vê* porque se acha vinculado ao poder arquetípico que leva à *visão imaginária* e fica em silêncio porque só em silêncio *vê* e, no silêncio, pode ser visto.

A questão clínica principal que se desenrola no segundo estágio é paralela à estrutura do Hino Homérico: o Si-mesmo dividido busca as energias arquetípicas do gozo; é infundido de gozo e depois, com a mesma rapidez, sobrevém uma fortíssima expectativa de ataque.[260] Tudo isso ocorre como um drama no inconsciente do paciente, drama esse de que ele ou ela muitas vezes não tem a mínima ideia. Mas, nesse estágio, sua própria percepção consciente é despertada e, se o seu mundo interno puder ser *visto*, ele/ela também *verá*.

É possível confundir a qualidade esquizoide manifesta nesse ponto com uma resistência à transferência, já que, no primeiro estágio, essa qualidade indica comumente uma resistência à formação de uma transferência narcisista e, em especial, idealística. A principal diferença, contudo, reside no fato de as transferências narcisistas já terem sido formadas e trabalhadas, com mudanças comportamentais viáveis e uma nova estrutura psíquica. Além disso, a natureza na nova transferência que tenta formar-se é um dos principais aspectos da qualidade "poder-oposição" que percebemos – ela não exibe as características induzidas de uma transferência narcisista.

Lidamos com uma dinâmica arquetípica que só na aparência é esquizoide. Seria mais apropriado falar de uma manifestação adicional de Mercúrio, com atenção especial à sua fenomenologia como o *cervo fugitivo*, que aparece aqui e ali, dentro e fora da floresta (o inconsciente).[261] Em termos alquímicos, ela se encontra numa condição "oscilante", volátil; ela requer a capacidade fixadora da consciência e do corpo e sua colocação num vaso – a relação analítica de transferência.

Para ajudar o retorno da alma à feição de Perséfone do indivíduo é necessário que assumamos o papel passivo do iniciado eleusino e que, tal como Deméter, experimentemos as emoções de pesar e de raiva como se estivéssemos mergulhados na dinâmica esquizoide. Sentimos pesar devido ao fato de as nossas energias serem carregadas pela alma em retração; sentimos raiva por termos sido abandonados. É quase inevitável que nos misturemos e identifiquemos com o violador, pois a expectativa de um ataque sádico por parte do paciente é forte o suficiente para induzir com facilidade essa emoção em nós; assim, tendemos a nos transformar na figura parental que antes atacou o paciente em sua própria necessidade invejosa de um Si-mesmo.

Outras vezes, esse ataque invejoso se reveste de um caráter puramente subjetivo: o gozo do paciente é uma coisa maravilhosa e, por vezes, é difícil não desejá-lo e, no processo, tender a repetir o papel do violador, em nossa própria excitação invejosa. Mas sempre há uma mistura de fatores subjetivos e objetivos; sua separação constitui o trabalho e a arte da análise.

2. O MOTIVO DO DUPLO E O SI-MESMO EMERGENTE

Havia uma duplicação das principais divindades em Elêusis. Diz-nos Kerényi:

> O estudioso da mitologia eleusina deve adquirir uma espécie de dupla visão, se pretende fazer justiça a toda a tradição – a literária e a pictórica –, com todas as suas afirmações contraditórias [apresentadas] lado a lado.
>
> A dupla visão que tenho em mente não era subjetiva: as duas visões simultâneas têm sua contraparte mitológica

> nos dois estágios mitológicos nos quais a mesma pessoa divina aparece em diferentes papéis e, por vezes, simultaneamente. Isso foi o caso, acima de tudo, de Perséfone, que aparece como rainha do mundo inferior e como filha de sua mãe... "Vai apenas", diz Hades, [...] "ao encontro de tua mãe... Mas, quando estiveres *aqui* [no mundo inferior] regerás sobre tudo que vive e rasteja na Terra! Serás honrada acima de todos os imortais."[262]

Essa duplicação das divindades eleusinas, primariamente de Perséfone, representa um aspecto clínico da fenomenologia do retorno da alma um dia dividida. Quando aparece, indicando um novo nível de transformação, a dinâmica esquizoide com frequência o faz sob a forma de duas crianças. Essas crianças não são iguais, duplos exatos; uma é mais potente, muito mais "arquetípica", a verdadeira criança alegre, ao passo que a outra é mais passiva, presa fácil da depressão e, de modo geral, masoquista. Como veremos, a "criança masoquista" na realidade criou um território seguro para viver, um território que se traduz como mãe substituta.

A imagem mais profunda da criança, a criança infundida de alegria, aparece muito menos do que a outra, da criança costumeiramente um pouco mais velha. Parece muito como padrão do Hino: uma Perséfone é rainha do mundo inferior e *ali* tem domínio sobre "tudo que vive e rasteja na Terra". A outra Perséfone, que retorna à sua mãe, embora seja muito mais potente do que antes de sua violação e do seu retorno, ainda é muito menos Deusa do que em sua numinosidade básica, do mundo inferior. Aquilo que é possível ver com a visão comum, não imaginária, sempre é menos potente do que aquilo que se revela ao tipo de visão imaginária da profundidade conhecido em Elêusis através de Deméter. Enquanto a experiência eleusina certamente lida com fenômenos de escala muito maior do que os encontrados nas situações clínicas, parece haver uma correspondência definida entre as duas ordens de experiência, que talvez não difira muito de uma relação entre macrocosmo e microcosmo. A experiência eleusina não derivava da psicodinâmica pessoal, mas remete definitivamente a ela, seguindo as duas dinâmicas padrões semelhantes entre si.

Antes de passar à fenomenologia das duas crianças interiores, é importante refletir um pouco mais a respeito das mudanças que ocorrem no campo de energia da transferência/contratransferência.

Penetração imaginária

Uma experiência primária que, num sentido positivo, acompanha a dissolução das estruturas narcisistas é a crescente consciência de *não* penetrar na pessoa. Passa-se a ter consciência de não se sentir dentro das pessoas aqui e agora e, em especial, da tendência de perder a consciência do corpo.

Embora também tenha ocorrido durante o período de transferências narcisistas, isso foi facilmente perdido de vista no curso da labuta com o controle psíquico e com outras reações induzidas a partir da transferência. Quase sempre, quando essas reações são fortes, é difícil sentirmo-nos ligados – na melhor das hipóteses, pode ser possível refletir de modo empático a respeito daquilo que se está processando na pessoa, sobre o porquê de ele ou ela necessitar dessa ou daquela transferência e, a partir desse tipo de reflexão, apresentar uma abordagem compreensiva e não redutiva do seu material. Mas isso é diferente de experimentar ativamente as profundezas da pessoa no momento. Somos mantidos à distância dela pela defesa narcisista e devemos respeitar esse distanciamento. Algo menos do que isso é sentido como uma espécie de violação psíquica, como se chegássemos perto demais de uma parte preciosa.

Mas não é o que se passa uma vez que as transferências tenham sido dissolvidas suficientemente. Em lugar disso, há, não propriamente uma consciência de não se estar efetivamente presente em profundidade, mas sim a consciência de que é possível estar. *Nesse ponto, não penetrar ativamente, assim como não trabalhar com cuidado no momento e com uma presença que somente a incorporação sentida pode produzir, configura-se como uma espécie de afastamento sádico.* Enquanto um ponto de vista distanciado e reflexivo era absolutamente necessário no primeiro estágio da transformação, e o excesso de penetração era destrutivo, a situação agora se reverte: o distanciamento, a reflexão [racional], assim como a incapacidade de se fazer bem presente de uma maneira que "se sinta por dentro", sob uma forma imaginária que tem substância, são sentidas agora como um afastamento sádico.

A suspeita se reduz

Durante as transferências narcisistas, o paciente sempre apresenta um conjunto paralelo de sentimentos negativos com relação ao analista. Esses sentimentos negativos são afastados pelo processo de idealização, mas sempre se intrometem, ocasionalmente, provocando a introdução da hostilidade e da inveja, sob a forma de dúvida: "Será que ele sabe de fato o que está fazendo?". Ou então: "Será que ele se importa mesmo comigo?". Mas essas perguntas normalmente não são verbalizadas; elas constituem o lado sombrio, imerso em dúvidas, das transferências narcisistas. *Quando essas transferências se dissolvem suficientemente, essa forma de dúvida invejosa desaparece.* Isso ocorre porque o paciente tem, agora, uma força do ego suficiente, mas, especialmente, uma conexão emergente com o Si-mesmo, que lhe dá a coragem de ver por si mesmo. Agora, ele é capaz de tomar uma quantidade de seu próprio poder que é bastante para ver e saber, de modo que o processo defensivo paranoide torna-se desnecessário. Trata-se de uma mudança subjetiva essencial do paciente, mudança essa que transforma a natureza da transferência. *Todavia, ela não significa que haja menos dependência.*

A nova transferência de maneira alguma se caracteriza por uma menor necessidade; pelo contrário, trata-se de uma transferência na qual a necessidade é experimentada de forma intensa.

É uma espécie de união de transferência que desperta elementos arquetípicos tanto no analista como no paciente. Hesito em nomeá-la transferência arquetípica, pois não há esse tipo de forma pura. Mas ela apresenta um aspecto arquetípico, no sentido de a dependência que se desenvolve configurar-se como uma necessidade da própria conexão com o Si-mesmo mantida pelo analista.

A habilidade do analista no sentido de relacionar-se com o Si-mesmo, no aqui e agora, torna-se a questão essencial, pois o paciente sabe que, sem esse nível de profundidade, não pode desenvolver-se. Ela difere da transferência narcisista graças ao fato de o analista ser um verdadeiro "outro" para o paciente; a realidade deste ou desta – especialmente as qualidades e deficiências – é vista. Em consequência, nesse estágio, os pacientes dirão com frequência que sabem não estar simplesmente envolvidos numa transferência; eles sabem que estão vendo o analista tal como ele é, e não apenas como uma réplica de introjeções anteriores ou como uma projeção idealística. Eles insistem que estão vendo seu valor real e isso se acha concentrado em seus valores e, em particular, em sua conexão arquetípicos. Está claro que sempre há um grau de projeção envolvido, assim como algum grau de idealização. Mas há também precisão e, nesse estágio, ao contrário do estágio de transferências narcisistas, esse nível de precisão é sentido.

Como resultado da crescente força do ego e da conexão arquetípica, assim como da redução do uso protetor de defesas paranoides, o paciente é capaz de "olhar e ver" e de reconhecer se o analista tem ou não uma conexão com o Si-mesmo. O paciente pode começar a confiar em sua própria visão, no início de modo marginal, mas, com o passar do tempo, de forma cada vez mais firme. Nesse estágio, a situação analítica passa a ser a espécie de relação dialética descrita por Jung,[263] uma relação que poderia ter sido sobremaneira destrutiva nos estágios iniciais da transformação.

A capacidade emergente de *ver*, por parte do paciente, nada tem de muito misterioso. É, tão somente, aquilo de que toda criança é dotada: a criança *vê* a psique dos pais, *vê* "de onde eles estão vindo". Muitas vezes, *vê* um elemento psicótico, que ela tenta curar às expensas da desistência do seu próprio Si-mesmo. E ela *vê* ainda se é odiada por ter um Si-mesmo. Todas essas visões são, com frequência, demasiadas para uma criança, razão pela qual sua visão imaginária é bloqueada.

3. A CRIANÇA ALEGRE E A CRIANÇA MASOQUISTA

A principal qualidade do Si-mesmo dividido que aparece com a dissolução da transferência narcisista, primariamente idealística, é a alegria. É a "criança de Deus" que define todo recém-nascido. Mas as primeiras experiências do caráter narcisista – e isso se aplica, até certo ponto, a todas as pessoas – configuram-se como um ataque psíquico a esse Si-mesmo. Em consequência, o Si--mesmo da criança se retrai e se desenvolve, em seu lugar, uma atitude mais submissa e masoquista. Esse é o processo causal subjacente à fenomenologia das "duas crianças", correspondente à duplicação arquetípica de Elêusis.

Mas é importante não reduzir o nível arquetípico à etiologia pessoal. Lidamos com duas formas de ver a psique e a forma eleusina não pode ser reduzida a um padrão causal. As "duas Perséfones" são a forma pela qual a alma se apresenta quando recuperada. Experimentamos esses aspectos numa estrutura causal apenas porque os experimentamos no tempo histórico, e não num plano intemporal – que é uma qualidade do arquétipo. Há um grande mistério vinculado ao aparecimento das "duas crianças", mas a violação psíquica experimentada pela criança alegre é transmitida, mais comumente, por intermédio do inconsciente parental.

Um exemplo de ataque psíquico

O seguinte exemplo clínico ilustra a natureza dessa interação e, embora venha de dois adultos, exibe a mesma dinâmica que afeta a relação criança-pais.

Um homem veio à sessão analítica reclamando sobre o modo estranho como sua esposa havia agido no dia anterior. Ele simplesmente não podia compreender por que ela havia ficado tão irada com pequenas coisas. Ela lhe falou de grandes mudanças psíquicas pelas quais estaria passando, mas não queria falar muito sobre isso. Ela estava um tanto deprimida e bastante agitada. Ele pediu que ela desse um recado e ficou enfurecido porque ela não lhe disse simplesmente que não queria fazer isso, tendo-se mostrado, em vez disso, ambivalente. Ele reclamou: "Posso falar quando devo, por que ela não poderia?".

Na noite do dia cujos eventos descrevi parcialmente, sua esposa havia tido o seguinte sonho, que ele me contou: "Estou com uma mulher que é assistente do meu marido. Ela está queimando meu braço com um cigarro". A esposa, na realidade, não conhecia a assistente do marido. O sonho mostra como o inconsciente do marido, simbolizado pela mulher desconhecida, ataca de modo sádico sua esposa. Eis o que ele fazia inconscientemente, ao passo que, "conscientemente", se sentia irritado com a "loucura" dela, como ele descreveu.

Seu objetivo na sessão daquele dia havia sido entender o comportamento estranho da esposa, mas o significado do sonho que ela tivera tornou-se bem claro para ele: sua recusa em penetrar empaticamente a condição psíquica dela, um processo para o qual ele era bem capacitado – tendo ele mantido uma posição racional e arrogante –, era, na verdade, um ataque sádico inconsciente, realizado pela atitude impessoal que ele mantivera.

Essa é a natureza do ataque que uma criança, quase sempre no primeiro ou segundo mês de vida, sente quando sua conexão com a alegria, seu verdadeiro pai, é recebida sem reconhecimento, sem ligação. Contudo, não se trata apenas de queimar o braço; a criança sente um ataque maciço à sua ipseidade. Uma criança que passa por isso mais tarde irá a qualquer extremo para evitar a repetição dos primeiros traumas da violação psíquica.

Um dos grandes extremos consiste numa atitude de retração e de exibição de uma pálida cópia de si próprio, uma cópia que apresenta uma forte tonalidade afetiva de caráter masoquista.

A criança masoquista

Falar do aspecto da criança masoquista do Si-mesmo emergente é um tanto difícil, devido aos fortes sentimentos sádicos que esse aspecto induz no analista.

É essencial *não* interpretar essa dinâmica, pelo menos no início e, quase sempre durante algum tempo depois do seu aparecimento. Devemos, em lugar disso, *transformar-nos no pai/mãe*, o que significa ter, com a qualidade-criança do paciente, uma relação de pai/mãe para filho. Ser pai/mãe não é o mesmo que dar conselhos. Isso representa um estado de sentimento que é comunicado inconscientemente ao paciente. Ele mostra que o analista está disposto a se tornar próximo, no sentido de relação familiar, para *ver* e compreender o âmbito desse quadro emocional. Encarnamos a identidade da mãe positiva nutridora ou do pai positivo nutridor, que tanta falta fazem ao paciente. Não interpretamos a dinâmica sadomasoquista sempre presente, mesmo que haja uma forte tendência para fazê-lo.

Sendo o pai/mãe, permitimos a ocorrência de uma regressão controlada. O paciente muitas vezes se sente mais jovem, talvez com 7 ou 8 anos de idade, e até parece mesmo ser. Não se trata de uma regressão severa, mas uma regressão que pode perfeitamente ser contida pelo poder retentor da nossa visão imaginária.

Devemos falar, nesse ponto, com aquilo que vemos e não a partir de alguma teoria ou interpretação.

Se diagnosticarmos erroneamente a transformação do campo da transferência/contratransferência como uma mera cobertura para uma condição fronteiriça ou novo problema, a aceitação do papel parental pode não parecer adequada.[264] Podemos, temerosos de que essa abordagem sirva apenas para exacerbar a inveja, assumir uma postura interpretativa.[265] Isso, na minha experiência é, nesse estágio, algo muito prejudicial ao processo de transformação e, em particular, à entrada da criança divina, alegre, na transferência, a partir da qual essa criança poderia, eventualmente, sintonizar-se com o ego do paciente.

Nesse estágio, o paciente necessita da experiência de uma figura parental que, em vez de atacá-lo, o auxilie. É demasiado fácil interpretar o sadismo ou a falta de atenção esperados como resultado das reações de tédio do analista, ou interpretar uma comutação no campo de energia, que pode ser sentido como se estivesse sendo empurrado para longe, como indício da raiva do paciente. Toda uma gama de interpretações do nível esquizoide ou fronteiriço é possível, especialmente em termos de medo do abandono. Todas essas interpretações são verdadeiras e devem, afinal de contas, ser feitas. Mas, antes de tudo, a criança interior que se sente rejeitada e, portanto, irada e faminta, deve ser nutrida com cuidado e atenção. Isso muitas vezes pode tomar a forma de uma explicação repetida de questões, ao mesmo tempo que se percorre um campo de energia de caráter sadomasoquista. É algo análogo a lidar com uma criança real sem que haja uma forte regressão para a condição de criança. A parte criança pode ser sentida e *vista* e, se formos precisos, em geral o paciente vai reconhecer-lhe a presença. Devo acrescentar que a contínua necessidade de repisar muitas vezes o mesmo material, característico do processo de integração no nível aqui tratado, é, segundo minha experiência, bastante genuína: sempre há alguma coisa que não foi compreendida de fato.

Mas, quando *vemos* e cuidamos, e a suspeita do paciente começa a se reduzir, costumam ser compartilhadas importantes fantasias em torno das "duas crianças". Tal como as fantasias grandiosas-exibicionistas, que tanta vergonha causavam num estágio anterior, terminaram por ser compartilhadas na relação analítica, outras fantasias continuam a chegar à superfície em estágios posteriores.

A criança masoquista como território seguro

Quando vemos e sentimos a criança masoquista do paciente, com frequência enfrentamos dificuldades para avaliar por que o ego da pessoa se apegaria a uma identidade inconsciente com essa sua parte. Um paciente relatou a seguinte fantasia, que lhe veio à mente quando fazia imaginação ativa com sua criança interior masoquista e se sentia parcialmente identificado com ela:

> Estou numa calçada. Tenho o meu próprio pedaço dela e nada que alguém faça pode tirá-lo de mim. As pessoas

podem cuspir em mim, me atirar coisas, fazer o que quiserem comigo, mas meu pedaço de calçada me pertence. Ninguém pode tirá-lo de mim. Ele causa uma sensação boa.

A criança masoquista possui seu próprio território; trata-se de um espaço equivalente a ambiente acolhedor maternal. Uma pessoa identificada com essa parte em geral se mostra extremamente submissa na vida, caracterizando-se, inconscientemente, por uma atitude bem semelhante à fantasia do paciente no sentido de estar seguro na calçada. Em verdade encontrei, noutros pacientes e analistas, uma notável capacidade de apreciar essa fantasia. Ela concorda claramente com o sistema esquizoide de crença, retratado por Guntrip, de que "é melhor um objeto ruim do que nenhum objeto".[266] Também exibe afinidades com o "objeto parcial recompensador", criado de forma delusória, que Masterson descreve no paciente fronteiriço.[267]

É importante não tentar tirar o ego do seu território, permitindo-lhe que exista e reconhecendo-lhe o valor. Pois deixar esse território não apenas significa correr o risco de crescer e assumir as responsabilidades de adulto, como também leva a encarar o outro lado da imagem da criança, a criança divina, com seriedade. Isso constitui uma grande ameaça, pois se traduz em experimentar, tal como o fez Perséfone no Hino Homérico, o ataque sentido quando, numa tenra idade, o campo de energia que cerca a criança divina foi perturbado.

Eis por que deixar o território masoquista da criança submissa é tão assustador. É necessário que a pessoa "esgote completamente o complexo", que ela permaneça nele e que o sinta imaginariamente, na vida, assim como na transferência. Isso deve durar todo o tempo que se fizer necessário.

A criança masoquista e a atitude depressiva

Ao lado do reconhecimento da função do território masoquista, também se torna evidente o fato de a criança que nele vive ser a parte da personalidade aprisionada na atitude depressiva. Um importante desenvolvimento ocorre no momento em que o paciente pode sentir a raiva de sua criança insatisfeita e se preocupa com essa vida, em vez de se refugiar na depressão.

Uma mulher foi capaz de descrever a raiva de sua criança no momento em que a sentiu, durante uma sessão. Não me era possível, a um só tempo, *ver* suas crianças internas e atender aos seus constantes pedidos de explicação de um sonho.[268] Mas interpretar o sonho com frequência também era importante e válido e eu precisava tentar. No processo, entretanto, ela se tornaria consciente de que sua(s) criança(s) interior(es) estava(m) com raiva. Ela foi capaz de me dizer isso e eu pude senti-lo. Quando, em outros momentos, eu podia sentir as necessidades de sua criança interior, e insistia em simplesmente ficar com ela, a criança muitas vezes se tornava raivosa por não poder me controlar.

Essa raiva pela perda da onipotência é, como o discutiu Elkin,[269] um aspecto da etiologia da atitude depressiva. A raiva da criança, que se volta contra o Si-mesmo e gera depressão, decorre do reconhecimento de que seu poder psíquico agora é "pequeno", de que a presença física do pai/da mãe é "grande" e de que, por conseguinte, sua própria onipotência se acha limitada. A passagem pela atitude depressiva, como discutimos no capítulo precedente, sempre foi perturbada no caráter narcisista, cuja defesa protege, em especial, contra o *sentir-se* deprimido. Como descreve Klein, uma passagem bem-sucedida pela atitude depressiva é necessária para a introjeção das projeções do Si-mesmo.[270] Embora Kohut pareça não dar muita importância a essa passagem, considero-a um aspecto essencial do processo de integração, mas sua ocorrência só se dá no segundo estágio da transformação.

A perda de onipotência experimentada – que de modo algum se completa depois da transformação do si-mesmo grandioso-exibicionista – prossegue no segundo estágio, com a atitude depressiva e, como veremos, operando por meio do complexo de Édipo. Mas é preciso considerar, antes, outro importante sentimento, manifesto à medida que cresce a confiança na relação analítica.

O ódio à criança divina

Um sentimento de que os pacientes quase sempre se tornam conscientes é o seu ódio à criança mais jovem, a criança divina, cujo primeiro surgimento ocorre na dinâmica "poder-oposição" acima descrita.

Quando perguntei a uma mulher por que ela odiava essa criança, ela replicou: "Ela me coloca em situações difíceis". A criança a expunha em demasia a dolorosos ataques de inveja. Outro paciente (o mesmo homem que teve a fantasia da calçada) encontrou sua criança num sonho: "Atravesso uma rua e um garotinho se aproxima de mim. Ele traz um copo d'água. Mas começo a atormentá-lo, jogando água sobre ele. Ele fica irado e histérico e atira o copo na rua". Quando descreveu esse sonho pela primeira vez, esse homem se achava distanciado dele, com pouca consciência de quão medonha era a condição interna que o sonho descrevia. Quando entrou mais profundamente no segundo estágio, a imagem onírica da criança enraivecida tornou-se um doloroso lembrete de sua atitude sádica para com esse lado de si mesmo.

Evitar o "mau-olhado", o ataque maciço que costuma dominar o ambiente da infância do caráter narcisista, resulta em abandonar, até mesmo, a parte mais preciosa de si. Senti-lo, uma realidade do segundo estágio, leva a um sofrimento sentido, precisamente aquilo que é rejeitado de forma mais completa pelo caráter narcisista, e até mesmo pela pessoa que tiver passado pelo primeiro estágio.

É como se alguém tivesse sido obrigado a esconder a parte mais preciosa de si mesmo, mas fez isso de forma tão bem-sucedida, e durante tanto tempo, que perdeu o caminho que leva a ela, esqueceu o caminho ou descobriu que a própria fortificação se encontra tão protegida, tão fechada, que nem mesmo a própria pessoa pode entrar nela.

Geralmente encorajo os pacientes nesse estágio a olharem para mim, a se concentrarem bastante em seu corpo e a confiar naquilo que *veem* em mim naquele momento. Isso costuma provocar medo. Um paciente, ele mesmo terapeuta, olhou lenta e cuidadosamente e me disse que via um garoto de 4 anos. Ele estava com muita razão – eu tinha consciência dessa imagem a partir de um sonho que havia tido na noite anterior. Mas, da próxima vez que me viu, o paciente confessou não ter me contado toda a história. Ele havia visto que minha criança se achava deprimida – e ela realmente estava! Mas ele tivera medo de dizê--lo. Por quê? Porque, como viríamos a saber, isso lhe teria dado uma sensação de poder que, no contexto, significava que ele teria de crescer, ser seu próprio eu adulto e responsável e cuidar de *sua* criança. Em lugar de fazê-lo, ele ocultara sua visão, ainda necessitado de me idealizar, tendo-se mantido em fusão com sua própria criança masoquista. Na base dessa atitude, havia a repetição de sua necessidade de curar sua mãe deprimida. Ele desistiu de sua *visão* com esse propósito; ela pôde ser recuperada gradualmente com esse tipo de exercício analítico.

4. DIONÍSIO E A TRANSFERÊNCIA ERÓTICA

Outra importante modificação da transferência, que ocorre com uma crescente capacidade de confiar e de ver, é o aparecimento de uma forte energia erótica. Essa irrupção pode ser mal interpretada – tomada como uma erotização da transferência narcisista[271] – ou utilizada para alimentar outro ponto de vista comum, que tomaria essa manifestação como indício de que as estruturas narcisistas apenas defendem contra as ansiedades edipianas e contra um superego demasiado severo.

Da mesma forma como há um fundo de verdade na suposição da existência de um elemento esquizoide ou fronteiriço na estrutura do Si-mesmo emergente, assim também há certa validade em observar a presença de material edipiano. Não é a existência desse material que está em questão, mas antes a redução da fenomenologia emergente do Si-mesmo a conflitos pessoais de cunho edipiano. Assim como o lado sombrio do Si-mesmo exibe atributos justificavelmente considerados esquizoides ou fronteiriços, assim também ele exibe uma forte qualidade edipiana. Com frequência, isso toma a forma de um complexo de Édipo que mal foi capaz de formar-se, se é que se formou. O paciente fica assustado com essas energias, por temer a passagem a atos, um temor cuja base está assentada no fato de a sexualidade edipiana se encontrar no âmbito de um quadro onipotente de referência. O paciente crê que, se atrever-se a sentir essas energias, elas se tornarão irresistíveis.

Quase sempre há uma boa história pessoal a sustentar esse temor, por vezes uma história de abuso sexual precoce e, com maior frequência, uma série de experiências em que as pessoas se sentiam prontamente atraídas pelas energias sexuais do paciente. Mas o sistema onipotente de crenças sequer exige esse tipo de reforço; ele existe mesmo com os pacientes que jamais tiveram uma experiência, na infância ou na idade adulta, em que a passagem a atos ou sua atratividade fossem um problema real.

É infelizmente fácil identificar as energias do Si-mesmo mais profundo – a criança emergente que geralmente parece mais jovem e brincalhona, mas que se acha, na realidade, assustada com sua conexão arquetípica com o prazer – com essa sexualidade edipiana. Em termos estritos, trata-se de um nível pertencente à sombra do Si-mesmo emergente e deve ser analisado, eventualmente, no nível edipiano. Isso se traduz numa descoberta da transferência do conflito edipiano reprimido ou jamais existente e não num tratamento simbólico do conflito que o tome como se fosse um impulso de renascimento.

É importante que toda interpretação, no nível edipiano, seja feita com a consciência compartilhada de *quais* fantasias da criança estão sendo exploradas. Do contrário, o Si-mesmo mais profundo, representado pela criança divina, sentir-se-á esmagado.

As duas partes do Si-mesmo emergente, a parte vinculada ao arquétipo e a parte mais velha – que traz consigo todos os elementos residuais de um processo que jamais se desenvolveu com sucesso – *se unificam no recipiente analítico por meio do trabalho com as energias eróticas da transferência.* Mas isso significa que essas energias terminam por ser experimentadas como arquetípicas, como representantes da qualidade conhecida no mito grego por Dionísio. E, com isso, o que se mostra aparentemente como forte atração erótica pode ser reconhecido como *o arquétipo da* coniunctio *no nível da penetração por meio da visão*. Trata-se de um tipo de energia que prende, mas cujo alvo é uma conexão imaginária, e não física. O culto a Dionísio, que provavelmente teve origem na Creta antiga, era um culto da visão.[272]

As preocupações dionisíacas tornam-se, nesse estágio, uma realidade terapêutica. Previamente, antes da formação e da integração das energias e da estrutura da transferência narcisista, a sexualidade podia ser um sedutor elemento de controle, ao passo que é, agora, parte de uma constelação arquetípica. As energias dionisíacas desse padrão costumam ser conhecidas, num estágio anterior, apenas sob uma forma negativa. A defesa narcisista rejeita a intimidade e tudo que se assemelhe ao tipo de penetração requerida pelo poder arquetípico, pois as estruturas positivas, necessárias para auxiliar a contenção das energias dionisíacas, não existem; a pessoa apenas experimenta, nos momentos de ferida narcisista, o lado de "deus mau" de Dionísio, que lhe deu uma reputação tão ruim.[273]

Dionísio, como força negativa, surge em estados desmembrados e despersonalizados, na ilusão, nos sentimentos paranoides etc. O quadro descrito por Kohut como os níveis quase-psicóticos em que se enquadra o caráter narcisista, mas que podem ser superados mediante tratamento adequado da ferida narcisista em questão, é o domínio há muito atribuído a Dionísio. Talvez a visão negativa e unilateral de Dionísio seja o resultado do aparecimento do deus em psiques – assim como em sociedades – às voltas com problemas narcisistas não transformados. Mas o modo como

Dionísio aparece, *depois* de as transferências narcisistas terem sido formadas e transformadas, torna sua experiência algo deveras diferente.[274] Seu campo de energia pode ser altamente erótico, mas sua importância é igualmente espiritual e visionária.

No segundo estágio, é possível que o paciente e o analista permitam a entrada dessas energias dionisíacas no recipiente analítico, sem o perigo que venham a atuar. Pois há, agora, uma estrutura interna capaz de servir de fator natural de inibição. Isso não significa que a inundação emocional já não possa ocorrer, ameaçando sair do controle, e sim que ela, agora, já não é um processo patológico a ser temido, mas, antes, uma experiência de energias arquetípicas – que sempre são, no dizer de Jung, uma derrota para o ego.[275]

O imaginário como visão mutuamente compartilhada é o maior auxílio para evitar a queda na identificação com as energias sedutoras desse nível. Saber que não conhecemos nada que não *vejamos*, e esperar, com respeito, por uma visão mutuamente conhecida, costuma resultar numa sensação da presença de uma imagem arquetípica, de uma deusa, governando esse encontro. Quando isso é *visto*, a ação das fortes energias eróticas é rapidamente encarada como deveria ser – um ato a serviço dos aspectos sombrios da personalidade.

Dionísio e sua rainha, Perséfone, são as forças dirigentes do segundo estágio da transformação. Toda tentativa de encerrar essas energias num recipiente personalista, por maior que seja, está fadada ao fracasso.

No tipo de campo de energia compartilhado que venho descrevendo, o elemento que costuma desenvolver-se é uma transformação da transferência num sentido de parentesco.[276] Analista e paciente se encontram, juntos, num caminho de descoberta, e nenhum deles tem mais ou menos eficácia do que o outro. Isso talvez não diminua a necessidade do paciente – ele a sente de forma aguda –, mas também o analista pode ficar admirado por ver como o seu crescimento se acha vinculado ao do seu paciente.

5. A INTEGRAÇÃO DAS DUAS CRIANÇAS INTERIORES

A criatividade do paciente pode auxiliar a formação de uma união positiva de transferência com a criança dividida. O processo dá a impressão de que, se a pessoa pode ganhar a força que seus próprios esforços criativos geram, pode igualmente ganhar a coragem para compartilhar e arriscar-se mais. Uma mulher cuja criança dividida se achava numa relação de transferência deveras caprichosa comigo teve o seguinte sonho:

> Um garotinho muito brilhante e criativo entra numa sala e começa a tocar uma pilha de roupa aparentemente inútil que se encontra no solo. Mas, quando a toca, a pilha começa a se agitar e torna-se o estômago de uma mulher grávida. Na verdade, a pilha estava ocultando a mulher.

Fico com medo de entrar na sala e me apresso a chamar muitas outras crianças, para que entrem.

A gravidez costuma ser símbolo de uma relação de transferência em vias de formação. Essa paciente precisava terminar algum trabalho criativo, mas estava relutante em realizar a tarefa. Fazê-lo ter-lhe-ia feito "muito bem", disse ela; e ela estava certa de que seria atacada pela inveja de todos e, com certeza, pela minha. Assim, sua união de transferência havia sido evitada por meio da disseminação de seus dons numa multiplicidade de preocupações – as muitas crianças que ela chama para a sala.

Outra mulher, cuja transferência se encontrava num estágio semelhante, teve numerosos sonhos com uma criança, ou com várias crianças, fora de uma sala. Por vezes, a sala era, explicitamente, meu consultório. Houve dois sonhos, num período de um ano, praticamente idênticos: duas crianças, de vestes vermelhas, estavam empoleiradas no peitoril de uma janela, na parte externa de uma sala. Terminaram por surgir outros sonhos, nos quais as crianças estavam no interior de uma sala e, mais tarde, no consultório. Nesse ponto, a presença das crianças era muito real, sentida pela paciente e por mim mesmo. A criança masoquista poderia ser experimentada imaginariamente como uma terceira parte e, caso não lhe fosse dada atenção, suas energias de retração, depressão e raiva quase sempre podiam ser sentidas. Por vezes, ambas as crianças podiam ser percebidas, com a alegria luminosa de uma delas brilhando ao fundo e a outra, infeliz e deprimida, presa do temor à mudança.

Imaginou a mulher: "De que modo distingo as crianças de mim?". De início, eu a ajudei a fazer isso, durante as sessões analíticas, *vendo* a criança e chamando a sua atenção para isso, de maneira que ela foi capaz de adquirir um sentido do tom afetivo dessa criança. Por fim, a paciente foi capaz de agir, de início comigo e, mais tarde, sozinha, da seguinte forma: para começar, ela deveria sentir-se ansiosa. Ela objetivava a ansiedade, no sentido de simplesmente permitir-lhe a existência, sem identificar-se com ela. Dada sua capacidade de objetividade – muito parecida com a que se obtém mediante a imaginação ativa, quando, por exemplo, é possível fazer um desenho da ansiedade –, não era difícil esperar simplesmente pelo aparecimento da criança. A partir da tensão criativa do campo, estabelecida pela separação entre a paciente e a ansiedade – ou qualquer outra emoção –, a consciência da criança aparecia espontaneamente. E, com ela, às vezes, vinha o reconhecimento de que *a criança estava ansiosa*.

Essa condição poderia ser mais trabalhada. Por exemplo, estavam ambas as crianças ansiosas? Era comum que essa emoção fosse apenas de uma delas de cada vez ou da própria paciente. A criança mais profunda e arquetípica, ou a criança divina de alegria, podia mostrar-se contente de modo silencioso, ao passo que a criança mais deprimida se mostrava terrivelmente ansiosa com temores de abandono. Outras vezes, quando a criança divina se aproximava da paciente, parecendo desejar ter um papel em sua vida, talvez em termos de uma atitude positiva e de satisfação, a ansiedade quase sempre pertencia à própria paciente, causada pelo medo de ser atacada por ter algo tão bom.

6. A TRANSFORMAÇÃO E O PROCESSO DE INDIVIDUAÇÃO

Uma notável característica do segundo estágio da transformação é o fato de o processo analítico assumir aspectos do padrão clássico de individuação descrito por Jung.[277] No primeiro estágio, em geral não é útil interpretar num nível subjetivo, isto é, abordar imagens oníricas e de fantasias como aspectos da personalidade do próprio paciente.[278] Em vez disso, a maioria das interpretações deve ser remetida à transferência ou às relações externas com o objetivo ou, alternativamente, a alguma tarefa criativa na qual a pessoa se ache envolvida.

Mas uma característica central da transformação contínua é o fato de o processo assumir uma forma mais subjetiva e clássica. Por exemplo, tornou-se possível que a mulher aludida na seção precedente considerasse a imagem de sua mãe, que apareceu em muitos sonhos, como a sua própria sombra. Era imperativo que isso fosse reconhecido e assimilado; do contrário, sua criança interior de alegria teria sido perseguida por sua própria sombra sádica, tal como o fora na infância pela falta de empatia de sua mãe.

Enquanto lidava com esse aspecto, a paciente sonhou: "Há duas crianças deitadas numa cama, uma mais velha que a outra. Uma ama aparece e joga um líquido negro sobre a criança mais velha". O líquido negro representa uma espécie de batismo no material da sombra: a criança masoquista tinha de integrar a sua própria natureza sádica, que se havia voltado contra ela mesma. A única forma de isso ocorrer seria a integração de suas próprias energias sádicas por parte da paciente, representadas pela imagem de sua mãe. O líquido negro é o próprio sadismo da paciente e o sonho mostra que isso tem um efeito redentor. E foi o que ocorreu. Pois a criança masoquista tornou-se, de fato, agressiva e vinculada à sua metade divina.[279]

Para que a mulher admitisse que a imagem da mãe tinha algo a ver consigo mesma, houve, de início, grandes dificuldades. Já em estágios anteriores, tinha sido necessário um considerável esforço para que ela visse a realidade de sua mãe. Isso significava reconhecer que ela havia sido alvo de uma inveja extrema; ver que praticamente tudo que possuía lhe fora tomado pela inveja da mãe. Ela se retraíra na identidade com a criança masoquista para evitar o "mau-olhado". Esse recuo assumira muitas formas, uma das quais consistia em dar tudo de bom que possuía à irmã mais velha. A dor real do ataque de sua mãe era tão intensa que se passaram anos antes de essa realidade poder ser percebida. O sentimento de ser odiado é um estado de que todos nós fugimos a todo custo e isso ocorre, especialmente, se esse sentimento tiver sido crônico no início da vida.

Mas, dissolvidas as transferências narcisistas, do modo como venho descrevendo, tornou-se possível abordar diretamente as imagens da mãe da paciente como representação da sua própria inveja e do seu próprio sadismo. Ela costumava gravar nossas sessões e, depois de eu ter feito essa interpretação pela primeira vez, teve um sonho no qual um gravador havia parado de funcionar! Seguiram-se inúmeros sonhos, que refletiam a sua grande resistência a considerar sua mãe como alguém que tinha algo a ver consigo mesma. Era algo, dizia ela, "demasiado terrível". Ela terminou por aceitá-lo, embora depois de muitos meses. Ocorreu o mesmo com outra imagem, a imagem de um homem muito orientado para o poder. Na vida real, ele era um amigo da paciente e, desde que aparecera, no início da análise, as interpretações haviam sido feitas no nível objetivo, remetendo à sua relação real. Isso também mudou; ela foi capaz de lidar com seu próprio *animus* orientado para o poder, que rejeitava a alma.

Outra mudança importante ocorreu, desta vez na área das abordagens da *persona*.[280] Todo caráter narcisista está fortemente identificado com a *persona*, em geral submissa, na esperança de ser aceita. Por vezes, o outro extremo domina, numa espécie de indiferença e de não envolvimento estéticos. (A atitude de indiferença é, com efeito, dominante, inconsciente, se não conscientemente.) A princípio, é importante que a pessoa se separe da *persona*; mas no segundo estágio da transformação torna-se possível sua reassimilação. No caso da mulher a quem estou me referindo, ela era capaz de "pôr e tirar" uma *persona* de graça e de charme e, no processo, proteger-se de um ambiente invejoso. Anteriormente, ela ter-se-ia identificado completamente com a *persona* e, mais tarde, sentir-se-ia triste por ter "fingido". O que antes fora um veneno poderia tornar-se, agora, um útil instrumento. Essa reconexão com a *persona*, embora assuma um aspecto objetivo, é uma característica regular da transformação do caráter narcisista. A diferença central reside na consciência: agora, a pessoa sabe que está usando a *persona*, em vez de estar fundida com ela de forma destrutiva.

Outra grande mudança se acha associada com a emergência do material edipiano. Lidar com esse nível da psique não é comum num processo clássico de individuação, mas se reveste de uma natureza absolutamente essencial na transformação do caráter narcisista. De início, não deve esse material ser tomado em termos simbólicos. Deve-se, em vez disso, permitir que a criança masoquista tenha seus sentimentos edipianos, um estágio de regressão branda para o ego, e, em especial, que tenha esses sentimentos na situação de transferência.

Aqui, a principal questão é a transformação da onipotência. Isso porque o problema edipiano, como já observei, está vinculado a fantasias de onipotência, o profundíssimo – sentimento de que, se o/a paciente efetivamente sentisse sua própria sexualidade, esta seria demasiada para os outros. Essa fantasia de onipotência, que não está confinada à sexualidade, pode então ser interpretada simbolicamente – com representação de um impulso de renascimento por meio da entrada no inconsciente.[281]

Emergência da realidade arquetípica

A numinosidade do arquétipo do Si-mesmo e seu poder de determinação do destino constituem, como discutimos no início e ao longo deste livro, uma fonte de grande temor para o caráter narcisista. Verifica-se, com frequência, que a conexão positiva e prazerosa com o Si-mesmo – e enfatizo a qualidade de prazer por ser esta uma essência do Si-mesmo dividido recuperado – foi perdida, numa tenra idade, por meio da desistência mágica, destinada a curar um ponto falho num dos pais.[282] Os pacientes falam de ter sentido um "buraco negro" ou um "vácuo", de natureza aterrorizante, que tentaram preencher. Essas imagens costumam ser associadas a figuras parentais não produtoras de reflexo.

A reconexão com a "criança alegre" é a principal trilha analítica na direção da realidade arquetípica no segundo estágio. As energias dessa criança infundem no ego um sentido simbólico de totalidade que tem suas raízes fincadas no Si-mesmo, que também é alcançado por meio da relação com outras pessoas e que, ao mesmo tempo, leva o ego na direção da realidade arquetípica, tal como representada em Elêusis. Assim sendo, o ego torna-se vivo e alegre em seu relacionamento com os outros e, ao mesmo tempo, cônscio do domínio da Deusa, tão perdido em nossa cultura. A vida obtém uma dúplice realidade: de um lado, começa a refletir a importância da vida social e das relações; de outro, finca raízes no mundo "não visto" no qual lhe foi garantida a iniciação.

A beleza do poder da Deusa reside no fato de ele não valorizar uma realidade em detrimento da outra, assim como no fato de permitir que ambas as realidades existam de modo profundo e vital, sem o complemento da outra. A vida e a psique tornam-se uma.

NOTAS

CW – *The Collected Works of C. G. Jung*

1. "A Descriptive Catalogue of Pictures", *in* Geoffrey Keynes, org., *The Writings of William Blake*, vol. 3, p. 108.

2. Rosemary Gordon, "Narcissism and the self: Who am I that I love?".

3. Jung, "The Problem of the Attitude – Type", *Two Essays*, CW 7.

4. Harry Guntrip, *Schizoid Phenomena*, pp. 67, 82.

5. V. Hyman Spotnitz e Phyllis Meadow, *Narcissistic Neuroses*, p. 99.

6. Harvey Cox, *Turning East*, pp. 88ss.

7. Jung, "Psychology and Religion", *Psychology and Religion*, CW 11, § 6.

8. H. Schoeck, *Envy*, p. 31.

9. Jung, *Psychology and Alchemy*, CW 12, §§ 247, 249.

10. Jung, "On the Nature of the Psyche", *The Structure and Dynamics of the Psyche*, CW 8, §§ 388ss.

11. Donald Winnicott, *The Maturational Process*, p. 185.

12. Jung, *Nietzsche Seminars*, terceira parte, quinta palestra.

13. Jung, *Symbols of Transformation*, CW 5, § 612.

14. Edith Jacobson, *The Self and the Object World*, p. 22.

15. Winnicott, p. 188.

16. Jung, "Synchronicity: An Acausal Connecting Principle", CW 8, § 858.

17. Marie-Louise von Franz, C. G. *Jung: His Myth in Our Time*, cap. 4, para uma análise da simetria especular entre consciente e inconsciente.

18. Heinz Kohut, *The Restoration of the Self*, pp. 310s.

19. Mario Jacoby, "Reflections on Kohut's Concept of Narcissism".

20. Kohut, "Forms and Transformations of Narcissism", pp. 243ss.

21. Kohut, *Restoration of the Self*, pp. 183s.

22. James Hillman, *Puer Papers*, e Von Franz, *Puer Aetemus*.

23. Michael Fordham, *The Self and Autism*, pp. 90ss.

24. Edward F. Edinger, *Ego and Archetype*, pp. 6ss.

25. Harold F. Searles, "The Self in the Countertransference".

26. Jung, *Aion*, CW 9ii, § 76 e CW 8, § 10.

27. Jung, CW 9ii, § 75.

28. Jung, *Nietzsche Seminars*, sexta parte, segunda palestra. Esses estudos foram realizados em Zurique entre 1934 e 1939. Embora não tenham sido "oficialmente" publicados até agora, foram transcritos por participantes e podem ser encontrados, mimeografados, na maioria das bibliotecas dos Institutos C. G. Jung. Como existem várias versões em circulação, as referências serão feitas às partes e palestras, e não aos números de página.

29. Jung, "Principles of Practical Psychotherapy", *The Practice of Psychotherapy*, CW 16, §§ 8ss.

30. Winnicott, pp. 185s.

31. Otto Kernberg, *Borderline Conditions*, pp. 227s.

32. *Ibid.*, pp. 228s.

33. *Ibid.*, p. 233.

34. *Ibid.*, p. 237.

35. *Ibid.*, p. 229.

36. *Ibid.*, pp. 310s.

37. Divisão, na literatura psicanalítica, refere-se a uma defesa mais primitiva que a repressão. Corresponde, de modo geral, àquilo que recebe, na psicologia analítica, o nome de dissociação, mas denota, especialmente, uma situação em que estados emocionais contrários uns aos outros existem lado a lado sem se afetarem mutuamente. Um paciente pode falar de uma forma carregada de ódio e, em seguida, com delicadeza, numa rápida sucessão, sem ver nisso nenhuma contradição. Da mesma forma, os sentimentos de inferioridade e as expressões grandiosas coexistem. Num nível arquetípico,

isso corresponde a uma situação na qual os opostos, simbolizados pelos "pais do mundo", separaram-se e o princípio da compensação foi suspenso (Erich Neumann, *The Origins and History of Consciousness*, pp. 102ss.).

38. Kohut, *The Analysis of the Self*, pp. 16s.

39. Paul Ornstein, "The Psychology of the Self", pp. 18s.

40. Searles, "The Self in the Countertransference", pp. 49s.

41. Ver, por exemplo, a análise do artigo de Searles (nota 40) feita por E. S. Wolf: "Quando começo a reconhecer [minhas reações de contratransferência] e a vê-las no quadro da Psicologia do Si-mesmo, [elas] se tornam claras para mim e parecem extinguir-se" (p. 57).

42. Kernberg, pp. 264s.

43. Béla Grunberger, *Narcissism*, pp. 13s.

44. *Ibid.*, pp. 105s.

45. *Ibid.*, p. 108.

46. *Ibid.*, p. xviii.

47. Ernest Jones, *Papers on Psychoanalysis*, pp. 194s.

48. Grunberger, pp. 227s.

49. *Ibid.*, pp. 102s.

50. Jung, "On Psychic Energy", CW 8.

51. Grunberger, p. 280.

52. Jung, "On Psychic Energy", CW 8, § 10.

53. Jung, "The Spirit Mercurius", *Alchemical Studies*, CW 13, § 284.

54. Jung, CW 7, § 122.
55. Ver, por exemplo, a análise de R. C. Zaehner em *Mysticism, Sacred and Profane*, pp. 21s.
56. Uma exceção, na qual a abordagem simbólica pode ser inestimável, é o tratamento de uma transferência mista em que a idealização é reforçada (ver capítulo 1, seção 6).
57. Por exemplo: um homem de idade avançada, que sofreu por toda a vida de uma desordem do caráter narcisista, sonhou que havia feito um teste – tivera de pesar o "cântaro da história". Ele o fizera e estimara um peso muito superior ao real, tendo sido, por isso, reprovado. Tal como ocorre com todas as personalidades narcisistas, suas verdadeiras realizações eram ofuscadas pela ansiedade com a incapacidade de vencer o próximo desafio. E, como a maioria deles, ele terminou por realizar muito pouco do seu potencial.
58. Para as descrições da *anima* e do *animus* feitas por Jung, ver *Aion*, CW 9ii, §§ 20ss. A *anima* e o *animus* são arquétipos e toda psicologia da identidade que não os empregue terminará por se ver às voltas com uma abordagem abertamente personalista.
59. *Ibid.*, § 94.
60. Schoek, *Envy*, um excepcional estudo sociológico desse tema.
61. Algumas personalidades narcisistas têm, de fato, um sentido espiritual altamente desenvolvido. Isso decorre de uma integração bem-sucedida de uma projeção idealística ou de experiências arquetípicas. Mas embora o funcionamento de sua *anima* ou *animus* possa ter uma natureza espiritual, será subdesenvolvido e arcaico em termos de relacionamento humano e de lidar com emoções negativas. Será,

em especial, instável sob o impacto de energias exibicionistas, que costumam ser vigorosamente afastadas devido ao temor de inflação.

62. Ver Jung, "The Phenomenology of the Spirit in Fairytales", *The Archetypes and the Collective Unconscious,* CW 9i, §§ 384ss.

63. Kohut, *Analysis of the Self,* pp. 260ss., para uma análise da reação do analista à transferência idealística.

64. Em *Two Essays,* Jung lembra um caso caracterizado por uma transferência idealística (embora não use esse termo) e descreve sua crescente frustração. Ele chegou a reconhecer a existência de uma projeção arquetípica, que o paciente terminou por integrar (CW 7, §§ 206ss).

65. Se o analista temer seu próprio exibicionismo, preocupado com a possibilidade de tornar-se inflado ou, igualmente, por temer suas necessidades exibicionistas, pode ir ao extremo oposto, mostrando-se impassível, distante e, por vezes, irritado. A falta de resposta pode ser tão dolorosa quanto a excitação do analista por estar "sendo visto".

66. Jung, *Nietzsche Seminars,* primeira parte, quarta palestra.

67. Jung, "Answer to Job", CW 11, § 685. Ver, também, Von Franz, C. G. *Jung,* pp. 77ss.

68. Nathan Schwartz e Sandra Ross Schwartz, "On the Coupling of Psychic Entropy and Negentropy".

69. Kohut, *Analysis of the Self,* pp. 27ss.

70. Erich Neumann, *The Origins and History of Consciousness,* "The Uroboros", pp. 5ss e *passim*.

71. Kohut, *Analysis of the Self,* pp. 270ss.

72. A consciência do ego enfraquecida é um resultado daquilo a que Erich Neumann denomina castração matriarcal (*Origins,* pp. 384s).

73. Ver Guntrip, pp. 245ss., para uma análise do artigo não publicado de Winnicott, "The Split-off Male Female Elements to be Found Clinically in Men and Women".

74. Kernberg, p. 279.

75. Jung, CW 12, § 403.

76. Isso é discutido adiante, no capítulo 2, seção 3.

77. Jung, CW 12, § 306.

78. Jung, *ibid.,* § 96.

79. Designa-se por *animus,* nesse contexto, o elemento estrutural da psique de uma mulher que gera, entre outras qualidades, a capacidade de objetividade (um "ego observador"), de discriminação, espírito e separação. Dessa forma, o *animus* funciona de maneira positiva, como um espelho interno, auxiliando a mulher a refletir sobre suas ideias e ações como partes de sua própria personalidade, em vez de tratá-las como opiniões introjetadas (ver também nota 58, acima).

80. Conferir, o "bonequinho que urina", *in* Jung, CW 12, fig. 121.

81. Jung, "Flying Saucers: A Modern Myth", *Civilization in Transition,* CW 10, §§ 589ss.

82. M. Esther Harding, *The Way of All Women,* cap. 1, "All Things to All Men".

83. Ver, por exemplo, "The Sea-Hare", *Grimm's Fairy Tales,* pp. 769ss.

84. Rafael Patai, *The Hebrew Goddess,* pp. 219s.

85. Von Franz, *C. G. Jung*, p. 229.

86. Neumann, *The Child*, pp. 137ss.

87. Citado em Edgar Wind, *Pagan Mysteries in the Renaissance*, p. 77n. Wind apresenta essa referência como pertencente à Sala da Fonte do Chateau d'Anet, mas minhas pesquisas indicam que os pares de opostos se encontram, na verdade, na Sala do Espelho.

88. Neumann, *Origins*, pp. 102ss.

89. H. Segal, *Introduction to the Work of Melanie Klein*, pp. 27s.

90. Neumann, *The Child*, p. 98.

91. Kohut, *Analysis of the Self*, p. 22.

92. Louise Vinge, *The Narcissus Theme in Western Literature up to the Nineteenth Century*, pp. 7-11.

93. Neumann, *The Child*, p. 98.

94. Edith Hamilton, *Mythology*, p. 30.

95. Meu resumo do conto, in John Bauer, *Great Swedish Fairy Tales*, pp. 123ss.

96. Kohut, *Analysis of the Self*, p. 33, e Neumann, *The Child*, p. 156.

97. Vinge, p. 88.

98. C. Kerényi, *The Heroes of the Greeks*, p. 100.

99. Vinge, p. 100.

100. *Ibid.*, p. 75.

101. *Ibid.*, p. 147.

102. *Ibid.*

103. *Ibid.*, pp. 149s.

104. Gerardo Reichel-Dolmatoff, *Amazonian Cosmos*, p. 93.

105. Vinge, p. 208.

106. *Ibid.*, p. 168.

107. *Ibid.*, p. 20: "Em Tépsias, na Beócia [a cidade não fica longe do Helicon], vivia o jovem Narciso, muito belo, mas orgulhoso com relação a Eros e àqueles que o amavam. Seus outros apaixonados desistiram, mas Ameínias seguiu sozinho, persistentemente, em seus apelos. Mas quando Narciso não o recebeu e até lhe enviou uma espada, ele cometeu suicídio à porta de Narciso, depois de rogar aos deuses que o vingassem. Quando viu sua própria face e figura numa fonte, Narciso tornou-se, de forma estranha, o primeiro e único amor de si mesmo. Confuso, e convencido de que sofria, tão somente, em razão do desdém com que acolhera o amor de Ameínias, ele terminou por suicidar-se. Depois disso, os téspios decidiram temer e honrar mais Eros nas cerimônias públicas, assim como a fazer sacrifícios em seu louvor nos serviços privados. Os habitantes da área acreditam que o narciso nasceu e se espalhou no solo em que o sangue de Narciso foi derramado. A versão do mito segundo Canon foi analisada por Spotnitz e Resnikoff, em apoio à ideia central destes últimos de que a agressão, o auto-ódio e o sadismo subjazem às defesas do caráter nas desordens narcisistas (*Psychotherapy of Proedipal Conditions*, pp. 94-100).

108. Schoeck, pp. 122s.

109. Vinge, p. 166.

110. *Ibid.*, pp. 12s.

111. J. G. Frazer, *The Golden Bough*, segunda parte, pp. 77ss.

112. Kerényi, *Dionysos*, p. 265.

113. *Ibid.*, pp. 358s. (grifos meus).

114. *Ibid.*, p. 270.

115. Vinge, p. 25.

116. *Ibid.*, p. 37.

117. *Ibid.*, pp. 38s.

118. *Ibid.*, p. 57.

119. *Ibid.*, p.61

120. *Ibid.*, pp. 62s.

121. *Ibid.*, pp. 66s.

122. *Ibid.*, pp. 67s.

123. *Ibid.*, p. 68.

124. *Ibid.*, p. 80.

125. *Ibid.*, pp. 125s.

126. *Ibid.*, p. 127.

127. *Ibid.*, p. 170.

128. *Ibid.*, p. 186.

129. Lancelot Law Whyte, *The Unconscious Before Freud*, p. 43.

130. Vinge, p. 187.

131. *Ibid.*, p. 189.

132. Benjamin Farrington, *The Philosophy of Francis Bacon*, pp. 53s.

133. Vinge, pp. 182, 183.

134. *Ibid.*, pp. 183s.

135. *Ibid.*, p. 225.

136. Kerényi, *in* Jung e Kerényi, *Essays on a Science of Mythology*, p. 125.

137. Vinge, p. 288.

138. *Ibid.*, pp. 281s.

139. *Ibid.*, p. 283.

140. *Ibid.*, p. 286.

141. *Ibid.*, p. 287.

142. *Ibid.*

143. *Ibid.*, p. 288.

144. *Ibid.*, pp. 289s.

145. *Ibid.*, p. 290.

146. Murray Stein, "Narcissus", pp. 48ss.

147. É importante observar, como o faz Judith Hubback na resenha de *Analysis of the Self*, de Kohut, que as transferências narcisistas não são transferências arquetípicas. São um produto híbrido de fatores pessoais e arquetípicos (ver adiante capítulo 3, seção 3).

148. Michael Fordham, *The Self and Autism*, pp. 90s.

149. James Hillman, *The Myth of Analysis*, pp. 63s.

150. No caso de A., discutido no capítulo 1, seção 7, fui capaz de ter esse tipo de penetração no decorrer das fases iniciais, quando a "águia" a estava atacando. Mas, com a mesma rapidez com que ocorreu a

penetração, ela logo se resguardou, dizendo: "Detesto que alguém se aproxime tanto!".

151. O termo Deusa é usado aqui para respeitar e especificar o dominante feminino que regia culturas arcaicas até ser suprimido pelos desenvolvimentos patriarcais. Por vezes, Deusa é preferível a "feminino arquetípico", pois fixa o conjunto de imagens e o afeto que remontam a um período de tempo não agrilhoado pelo pensamento conceitual. Além disso, evita a armadilha de considerar esse dominante da experiência humana como estando "na psique", um problema que mencionei na introdução. A energia da Deusa jamais é "integrada na psique" e menos ainda no ego. Na melhor das hipóteses, as imagens e o afeto que com ela estão associados encarnam, levando à sua apreciação simbólica no interior do ego, incluindo-se no processo uma percepção da vastidão de sua dimensão. A Deusa, em si própria, é essencialmente incognoscível. Isto é, com efeito, uma mera repetição da advertência de Jung, segundo a qual jamais podemos conhecer o arquétipo *per se,* conhecendo apenas suas imagens.

152. Sylvia Brinton Perera, em *Descent to the Goddess,* estudo orientado para a redescoberta do instinto e dos padrões imagéticos femininos, dá a esse poder o nome de "yang feminino" (pp. 39ss).

153. Ver, por exemplo, Michael Fordham *et al., Technique in Jungian Analysis.*

154. Rosemary Gordon, "Narcisism and the Self", p. 251.

155. Jung, CW 7, §§ 8s.

156. G. R. S. Mead, *Thrice Greatest Hermes,* vol. 1, pp. 178ss.

157. Hillman, *Myth of Analysis,* pp. 258ss.

158. Claude Lévi-Strauss, *The Savage Mind,* pp. 17s.

159. Schwartz e Ross Schwartz, pp. 74ss.

160. Lévi-Strauss, pp. 20, 22.

161. *Ibid.*, p. 17.

162. *Ibid.*, p. 36.

163. Mead, pp. 197s.

164. *Ibid.*

165. Ver, acima, nota 28.

166. Essa é a tendência comum, embora seja verdade que Jung por vezes se refira ao corpo como corpo, em vez de tratá-lo como símbolo de alguma coisa. Por exemplo, em CW 13, § 242, ele escreve que o Si-mesmo e o inconsciente estão no corpo, a mesma perspectiva seguida ao longo dos *Nietzsche Seminars*. Para exemplos da interpretação simbólica do corpo, ver CW 14, §§ 259ss, onde os motivos do descenso no corpo é considerado uma representação do retorno à "dura realidade"; CW 16, § 478, em que um cadáver é interpretado como "resíduo do passado"; CW 7, § 35, para o tratamento do corpo como símbolo da sombra; e CW 16, § 501, para o tratamento do corpo como símbolo do ego. Essa forma de interpretação, é verdade, com frequência vale no contexto, mas favorece a consideração de imagens com relação ao inconsciente psíquico, e não ao inconsciente somático.

167. Jung, CW 16, § 486.

168. Jung, CW 8, § 10.

169. Norman O. Brown, *Life Against Death*, p. 313.

170. *Nietzsche Seminars,* terceira parte, quinta palestra.

171. Jung, "Synchronicity: An Acausal Connecting Principle", CW 8, §§ 818ss.

172. *Nietzsche Seminars,* terceira parte, oitava palestra.

173. Jung, CW 8, §§ 408ss.

174. Marie-Louise von Franz, *Number and Time,* quarta parte.

175. Por exemplo, *Nietzsche Seminars,* primeira parte, quarta palestra.

176. Por exemplo, CW 16, § 486.

177. *Nietzsche Seminars,* primeira parte, quarta palestra e *passim.*

178. *Ibid.,* quinta parte, nona palestra.

179. *Ibid.,* terceira parte, segunda palestra.

180. *Ibid.,* quinta palestra.

181. Jung, *Mysterium Coniunctionis,* CX 14, §§ 654ss.

182. A expressão é frequente em Paracelso, e tem o mesmo sentido do motivo da "tortura dos corpos" discutido por Jung em CW 13, §§ 439ss.

183. Donald Lee Williams, *Border Crossings: A Psychological Perspective on Carlos Castaneda's Path of Knowledge,* capítulo 4, "The Way of the Seer".

184. Jung, CW 12, § 360.

185. *Ibid.,* § 394.

186. Lévi-Strauss, p. 15.

187. Mead, p. 210.

188. W. F. Otto, *Dionysus,* p. 195.

189. Rundle Clark, *Myth and Symbol in Ancient Egypt,* cap. 3.

190. *Ibid.*, p. 158.

191. Ver Otto, *The Homeric Gods*, p. 78.

192. Kerényi, *Eleusis*, p. 40, e James Hillman, *The Dream and the Underworld*, p. 45.

193. Clark, p. 121.

194. Kernberg, pp. 248ss.

195. A noção de reação induzida é um lugar-comum do pensamento psicanalítico, sendo tratada como "resposta toxoide" (Spotnitz, pp. 47ss.) ou "identificação projetiva" (Segal, p. 27; Rosemary Gordon, "The Concept of Projective Identification"). Trata-se do mesmo processo descrito por Jung como *participation mystique* ou identidade arcaica (CW 6, § 781). Qualquer que seja sua designação, trata-se de uma forma de infecção psíquica.

196. Clark, p. 111.

197. *Ibid.*, p. 167.

198. Hillman, *Myth of Analysis*, p. 280.

199. Clark, p. 157.

200. Kohut, *Restoration of the Self*, p. 306.

201. Jung, *Psychological Types*, CW 6, § 784.

202. D. P. Walker, *Spiritual and Demonic Magic*, pp. 159s.

203. Jung, "A Psychological View of Conscience", *Civilization in Transition*, CW 10, §§ 850-851: "Quando se fala com alguém cujos conteúdos inconscientes se acham 'constelados', surge uma constelação semelhante no próprio inconsciente. O mesmo arquétipo ou um arquétipo semelhante é ativado e, como se está menos inconsciente do

que a outra pessoa e não se tem razão para repressão, fica-se crescentemente consciente do seu tom afetivo... O arquétipo psicoide exibe a tendência de comportar-se como se não se achasse localizado numa pessoa, mas estivesse ativo em todo o ambiente".

204. Ver Hillman, *Myth of Analysis*, p. 275, e Brown, p. 308.

205. Mead, vol. 1, p. 196, n. 1.

206. H. Elkin, "On Selfhood and the Development of Ego Structures in Infancy", p. 399, e M. Eigen, "Instinctual Fantasy and Ideal Images, pp. 131s.

207. C. A. P. Ruck *et al.*, *The Road to Eleusis*, pp. 35ss e 75ss. Ver também Kerényi, *Eleusis*, pp. 177ss.

208. Winnicott, p. 176.

209. Segal, pp. 67ss.

210. Winnicott, p. 45 n.

211. Kerényi, *in* Jung e Kerényi, pp. 123s.

212. Kerényi, *Eleusis*, p. 38.

213. Comunicação pessoal.

214. Otto, "The Meaning of the Eleusinian Mysteries", pp. 15ss.

215. O caso de A., no capítulo 1, seção 7, é um exemplo.

216. Vinge, p. 72.

217. *Ibid.*, p. 74.

218. *Ibid.*, p. 75.

219. *Ibid.*, p. 96.

220. *Ibid.*, p. 99.

221. *Ibid.*

222. *Ibid.*, p. 18.

223. Ver acima, nota 107.

224. Vinge. p. 20.

225. *Ibid.*, p. 34.

226. Tradução de Danny Staples, *in* Ruck *et al.*, p. 59 (grifos meus).

227. Hillman, *Myth of Analysis*, pp. 258s.

228. Kerényi, *Dionysos*, pp. 110ss.

229. *Ibid.*, e Otto, *Dionysus*, p. 202.

230. Phyllis E. Slater, *The Glory of Hera*. Embora o ponto de vista de Slater seja completamente reducionista – ele considera a cultura grega como identificada como a sombra narcisista, em lugar de encarar essa qualidade como um lado sombrio que acompanha toda realização criativa, toda realização extrema –, seu estudo é uma importante contribuição para a nossa compreensão das estruturas narcisistas na Grécia Antiga.

231. Se isso não tiver ocorrido, o efeito da inundação emocional será demasiado severo e com frequência levará a uma regressão não frutífera e/ou ao enrijecimento das defesas.

232. Eigen, "Instinctual Fantasy", pp. 131s.

233. Ver, por exemplo, Otto, *Dionysus*, p. 56, onde ele é descrito como "o jubiloso".

234. Kerényi, *Eleusis*, p. 29.

235. Jung, *Nietzsche Seminars*, terceira parte, segunda palestra.

236. Kerényi, *Eleusis*, pp. 35ss.

237. Segal, cap. 6, e Elkin, pp. 403s.

238. Ver, por exemplo, Von Franz, *Number and Time*, pp. 144s.

239. Kerényi, *in* Jung e Kerényi, pp. 123s.

240. Kerényi, *Eleusis*, pp. 98s.

241. *Ibid.*, p. 45.

242. Ruck *et al.*, p. 104.

243. *Ibid.*, p. 106.

244. Kerényi, *Eleusis*, p. 114.

245. *Ibid.*

246. Kerényi, *in* Jung e Kerényi, p. 143.

247. *Ibid.*, p. 142.

248. *Ibid.*, p. 122.

249. Otto, *Homeric Gods*, pp. 105, 107.

250. *Ibid.*, pp. 107s.

251. *Ibid.*, p. 110.

252. *Ibid.*, p. 111.

253. *Ibid.*, p. 112.

254. *Ibid.*

255. *Ibid.*, p. 118.

256. Kerényi, *in* Jung, e Kerényi, p. 123.

257. Guntrip, pp. 163s.
258. *Ibid.*, pp. 36s.
259. Eigen, "Abstinence and the Schizoid Ego", p. 497.
260. Isso se deve, com frequência, a experiências de inveja parental (ver capítulo 1, seção 5).
261. Jung, CW 12, § 187.
262. Kerényi, *Eleusis,* p. 148.
263. Jung, CW 16, §§ 8s.
264. Kernberg, pp. 264s.
265. *Ibid.,* pp. 157s.
266. Guntrip, pp. 202s.
267. J. F. Masterson, *The Borderline Adult,* pp. 57s.
268. Isso foi evitado, de acordo com a complementaridade psique-soma descrita no capítulo 3.
269. Elkin, p. 405.
270. Klein, p. 75.
271. Kohut, *Analysis of the Self,* p. 234.
272. Kerényi, *Dionysos,* pp. 5ss.
273. Otto, *Dionysos,* pp. 133ss.
274. Hillman, *Myth of Analysis,* pp. 283ss., para uma análise da consciência dionisíaca, da qual o enfraquecimento narcisista é uma boa caricatura.
275. Jung, CW 14, § 778.

276. Conferir Jung, "Psychology of Transference", CW 16, § 445.

277. Jung, "Individuation", CW 7, §§ 266ss. Deve-se observar, contudo, que, no segundo estágio, um Si-mesmo e uma identidade emergentes não se enquadram bem no aspecto da concepção de Jung que considera a individuação como um desenrolar-se de uma totalidade preexistente, à espera de descoberta. A experiência é, antes, de uma realidade numinosa, sempre "oposição" do ego e da psique, assim como "poder" deles, como realidade simbólica.

278. Jung, CW 6, §§ 812ss.

279. Por vezes, o aspecto divino da criança vai aparecer primeiro, mostrando, em seguida, características de sombra, tais como as da criança masoquista. Lidamos aqui, claramente, com dois aspectos de uma única realidade; a criança arquetípica está inevitavelmente interligada com as experiências reais da infância e do estágio imediatamente seguinte.

280. Jung, CW 6, §§ 800s.

281. Robert Stein, *Incest and Human Love*, p. 30.

282. Searles, *Countertransference*, pp. 56s.

GLOSSÁRIO DE TERMOS JUNGUIANOS

Anima (em latim, "alma"). O lado inconsciente feminino da personalidade de um homem. É personificada em sonhos por imagens de mulheres que vão da prostituta e mulher fatal à guia espiritual (Sabedoria). É o princípio do Eros: por isso, o desenvolvimento da *anima* no homem se reflete no modo como ele se relaciona com as mulheres. A identificação com a *anima* pode aparecer como melancolia, efeminação e excesso de sensibilidade. Jung chama a *anima* de *o arquétipo da própria vida*.

Animus (em latim, "espírito"). O lado inconsciente masculino da personalidade de uma mulher. Personifica o princípio do Logos. A identificação com o *animus* pode levar a mulher a se tornar rígida, dogmática e argumentativa. De maneira mais positiva, é o homem interior, que atua como uma ponte entre o ego da mulher e os seus próprios recursos criativos no inconsciente.

Arquétipos. Não podem ser descritos, mas seus efeitos aparecem na consciência como as imagens e ideias arquetípicas. São padrões ou motivos universais que vêm do inconsciente coletivo e formam o conteúdo básico de religiões, mitologias, lendas e contos de fadas. Emergem nos indivíduos através de sonhos e visões.

Associação. Um fluxo espontâneo de pensamentos e imagens interligados em torno de uma ideia específica, estabelecido por conexões inconscientes.

Complexo. Um grupo de ideias ou imagens emocionalmente carregadas. No "centro" de um complexo encontra-se um arquétipo ou uma imagem arquetípica.

Constelar. Sempre que ocorre uma forte reação emocional com relação a uma pessoa ou situação, um complexo foi constelado (ativado).

Ego. O complexo central no campo da consciência. Um ego forte pode se relacionar objetivamente com conteúdos ativados do inconsciente (ou seja, com outros complexos), em lugar de se identificar com eles, o que aparece como um estado de possessão.

Função transcendente. O "terceiro" reconciliador que emerge do inconsciente (sob a forma de um símbolo ou nova atitude) depois que os opostos conflitantes tiverem sido conscientemente diferenciados e a tensão entre eles retida.

Individuação. A realização consciente da realidade psicológica ímpar de cada pessoa, incluindo tanto os poderes como as limitações. Leva à experiência do Si-mesmo como centro regulador da psique.

Inflação. Um estado no qual a pessoa tem um sentimento de identidade irrealisticamente alto ou baixo (inflação negativa). Indica a regressão da consciência para a inconsciência, o que ocorre tipicamente quando o ego adquire por si mesmo conteúdos inconscientes em demasia e perde a faculdade de discriminação.

Intuição. Uma das quatro funções psíquicas. É a função irracional que nos conta as possibilidades imanentes do presente. Ao contrário da *sensação* (a função que percebe a realidade imediata através dos sentidos físicos), a *intuição* percebe as coisas por meio do inconsciente, por exemplo, lampejos de *insight* de origem desconhecida.

Participation mystique. Um termo, derivado do antropólogo Lévy-Bruhl, que denota uma ligação primitiva, psicológica, com objetos, ou entre pessoas, resultando num forte vínculo inconsciente.

Persona (em latim, "a máscara do ator"). O papel social de uma pessoa, derivado das expectativas da sociedade e do treinamento dos primeiros anos. Um ego forte se relaciona com o mundo exterior através de uma *persona* flexível; a identificação com uma *persona* específica (médico, erudito, artista) inibe o desenvolvimento psicológico.

Projeção. O processo por meio do qual uma qualidade ou característica inconsciente da própria pessoa é percebida e o modo como reage em relação a um objeto ou pessoa exterior. A projeção da *anima* ou do *animus* numa mulher real ou num homem real é vivenciada como o ato de se apaixonar. Expectativas frustradas indicam a necessidade de retirar projeções, de maneira que a pessoa possa se relacionar com a realidade de outras pessoas.

Puer aeternus (em latim, "jovem eterno"). Indica um determinado tipo de homem que permanece por tempo excessivo na psicologia da adolescência, em geral associado a uma forte vinculação inconsciente à mãe (verdadeira ou simbólica). Os traços positivos que exibe são a espontaneidade e a abertura a mudanças. Sua contraparte feminina é a *puella*, uma "menina eterna" com uma vinculação correspondente ao mundo paterno.

Senex (em latim, "homem velho"). Associado com atitudes que surgem com o passar da idade. Negativamente, pode significar cinismo, rigidez e conservadorismo extremo; os traços positivos são a responsabilidade, o método e a autodisciplina. Uma personalidade bem-equilibrada funciona apropriadamente dentro da polaridade *puer-senex*.

Sentimento. Uma das quatro funções psíquicas. É uma função racional que avalia o valor dos relacionamentos e das situações. O sentimento deve ser distinguido da emoção, que é decorrência de um complexo ativado.

Símbolo. A melhor expressão possível para algo essencialmente desconhecido. O pensamento simbólico é não linear, orientado pelo lado direito do cérebro, é complementar ao pensamento do lado esquerdo do cérebro, que é lógico e linear.

Si-mesmo. O arquétipo da totalidade e o centro regulador da personalidade. É vivenciado como um poder transpessoal que transcende o ego, por exemplo, Deus.

Sombra. Uma parte inconsciente da personalidade, caracterizada por traços e atitudes, negativas ou positivas, que o ego consciente tende a ignorar ou a rejeitar. É personificada em sonhos por pessoas do mesmo sexo do sonhador. Assimilar conscientemente a própria sombra resulta quase sempre num aumento de energia.

Transferência e contratransferência. Casos particulares de projeção, usados comumente para descrever os vínculos emocionais inconscientes que surgem entre duas pessoas no âmbito do relacionamento analítico ou terapêutico.

Uroboros. A cobra ou dragão mitológico que devora a própria cauda. É um símbolo tanto para a individuação, como um processo circular e autoabrangente, quanto para a autoabsorção narcisista.

BIBLIOGRAFIA

Bauer, John, ilust., *Great Swedish Fairy Tales,* trad. H. Lundbergh, Delacorte, Nova York, 1973.

Brown, Norman O., *Life Against Death,* Wesleyan, Nova York, 1959.

Clark, Rundle, *Myth and Symbol in Ancient Egypt,* Thames and Hudson, Londres, 1959.

Cox, Harvey, *Turning East,* Simon & Schuster, Nova York, 1977.

Edinger, Edward F., *Ego e arquétipo,* Cultrix, São Paulo, 1987.

Eigen, M., "Abstinence and the Schizoid Ego", *International Journal of Psychoanalysis,* vol. 54 (1973), nº 4.

_____, "Instinctual Fantasy and Ideal Images", *Contemporary Psychoanalysis,* vol. 16 (1980), nº 1.

Elkin, H., "On Selfhood and the Development of Ego Structures in Infancy", *The Psychoanalytic Review,* vol. 59 (1972), nº 3.

Farrington, Benjamin, *The Philosophy of Francis Bacon,* University of Chicago Press, Chicago, 1966.

Fordham, Michael, *The Self and Autism* (Library of Analytical Psychology, vol. 3), Heinemann, Londres, 1976.

_____, "Defenses of the Self", *Journal of Analytical Psychology,* vol. 19 (1974), nº 2.

_____, *in New Developments in Analytical Psychology,* Routledge & Kegan Paul, Londres, 1957.

_____ *et al., Technique in Jungian Analysis* (Library of Analytical Psychology, vol. 2), Heinemann, Londres, 1973.

Frazer, James George, *The Golden Bough* (Parte 2: *Taboo and the Perils of the Soul),* St. Martin's, Nova York, 1963.

Gordon, Rosemary, "The Concept of Projective Identification", *Journal of Analytical Psychology,* vol. 10 (1965), nº 2.

_____, "Narcissism and the Self: Who am I that I love?", *Journal of Analytical Psychology,* vol. 25 (1980), nº 3.

Grimm's Fairy Tales, Routledge & Kegan Paul, Londres, 1975.

Grunberger, Béla, *Narcissism,* trad. J. Diamanti, International Universities Press, Nova York, 1969.

Guntrip, Harry, *Schizoid Phenomena, Object Relations, and the Self,* International Universities Press, Nova York, 1969.

Hamilton, Edith, *Mythology,* New American Library, Nova York, 1969.

Harding, M. Esther, *The Way of All Women,* Putnam, Nova York, 1970.

_____, *Woman's Mysteries, Ancient and Modern,* Harper & Row, Nova York, 1976.

Hillman, James, *The Myth of Analysis,* Northwestern University Press, Evanston, 1972.

_____, *Puer Papers,* Spring Publications, Dallas, 1979.

_____, *The Dream and the Underworld,* Harper & Row, Nova York, 1979.

Hubback, Judith, resenha de *The Analysis of the Self* (Kohut), *Journal of Analytical Psychology,* vol. 18 (1973), nº 1.

Humbert, E., "The Self and Narcissism", *Journal of Analytical Psychology,* vol. 25 (1980), nº 3.

Jacobi, Jolande, *The Way of Individuation,* trad. R. F. C. Hull, Putnam, Nova York, 1973.

Jacobson, Edith, *The Self and the Object World,* International Universities Press, Nova York, 1964.

Jacoby, Mario, "Reflections on Kohut's Concept of Narcissism", *Journal of Analytical Psychology,* vol. 26 (1981), nº 1.

Jones, Ernest, *Papers on Psychoanalysis,* 4ª ed., William Wood, Baltimore, 1938.

Jung, C. G., *The Collected Works* (Série Bollingen XX), 20 vols., trad. R. F. C. Hull, org., H. Read, M. Fordham, G. Adler e Wm. McGuire, Princeton University Press, Princeton, 1953-1979.

_____, *Nietzsche Seminars,* 1934-1939 ("A Psychological Analysis of Nietzsche's Zarathustra"), 10 partes, notas mimeografadas dos seminários, inédito.

_____, *Psychology of the Unconscious,* trad. Beatrice M. Hinkle, 1911, edição alemã, Moffatt Yard, Nova York, 1916.

_____, e C. Kerényi, *Essays on a Science of Mythology: The Myth of the Divine Child and the Mysteries of Eleusis,* Harper & Row, Nova York, 1949.

Kalsched, Donald, "Narcissism and the Search for Interiority", *Quadrant,* vol. 13 (1980), nº 2.

Kerényi, C., *The Heroes of the Greeks,* Thames and Hudson, Nova York, 1962.

_____, *Eleusis* (Série Bollingen LXV 4), trad. R. Manheim, Princeton University Press, Nova York, 1967.

_____, *Dionysos* (Série Bollingen LXV 2), trad. R. Manheim, Princeton University Press, Nova York, 1976.

Kernberg, Otto, *Borderline Conditions and Pathological Narcissism,* Jason Aronson, Nova York, 1975.

Keynes, Geoffrey, org., *The Writings of William Blake,* 3 vols., Londres, 1925.

Kohut, Heinz, *The Analysis of the Self,* International Universities Press, Nova York, 1971.

_____, *The Restoration of the Self,* International Universities Press, Nova York, 1977.

_____, "Forms and Transformations of Narcissism", *Journal of the American Psychoanalytic Association,* vol. 14 (1966).

Lévi-Strauss, Claude, *The Savage Mind,* Weidenfeld and Nicolson, Londres, 1962.

Masterson, J. F., *Psychotherapy of the Borderline Adult,* Brunner-Mazel, Nova York, 1976.

Mead, G. R. S., *Thrice Greatest Hermes,* Watkins, Londres, 1964.

Neumann, Erich, *The Origins and History of Consciousness* (Série Bollingen XLII), trad. R. F. C. Hull, Pantheon Books, Nova York, 1954.

_____, *The Child,* trad. R. Manheim, Harper, Nova York, 1976.

Ornstein, Paul, "The Psychology of the Self", *Issues in Ego Psychology,* vol. 2 (1979), nº 2.

Otto, W. F., *Dionysus,* Indiana University Press, Bloomington, 1965.

_____, "The Meaning of the Eleusinian Mysteries", *in The Mysteries: Papers from the Eranos Yearbooks* (Série Bollingen XXX-2), org. Joseph Campbell, Princeton University Press, Princeton, 1955.

_____, *The Homeric Gods,* Thames and Hudson, Nova York, 1979.

Patai, Raphael, The Hebrew Goddess, Avon, Nova York, 1978.

Perera, Sylvia Brinton, *Descent to the Goddess: A Way of Initiation for Women,* Inner City Books, Toronto, 1981.

Reichel-Dolmatoff, Gerardo, *Amazonian Cosmos: The Religious and Sexual Symbolism of the Tukano/Indians,* University of Chicago Press, Chicago, 1971.

Ruck, C. A. P., R. G. Wasson e A. Hoffmann, *The Road to Eleusis,* Harvest, Nova York, 1978.

Satinover, Jeffrey, "Puer Aeternus: The Narcissistic Relation to the Self", *Quadrant,* vol. 13 (1980), nº 2.

Schoek, H., *Envy,* trad. Secker & Warburg Ltd., Harcourt Brace, Nova York, 1969.

Schwartz, Nathan, "Narcissism and Narcissistic Character Disorders: A Jungian View", *Quadrant,* vol. 12 (1979), nº 2; vol. 13 (1980), nº 2.

_____, "Personal and Archetypal Factors in the Transformation of the Narcissistic Character", *Journal of Modern Psychoanalysis,* vol. 5 (1980), nº 2.

_____, "Entropy, Negentropy and the Psyche", Tese de diplomação, inédita, Instituto C. G. Jung, Zurique, 1969.

_____ e Sandra Ross Schwartz, "On the Coupling of Psychic Entropy and Negentropy", *Spring,* 1970.

Searles, Harold F., "The Self in the Countertransference", *Issues in Ego Psychology,* vol. 2 (1979), nº 2.

_____, *Countertransference,* International Universities Press, Nova York, 1979.

Segal, H., *Introduction to the Work of Melanie Klein,* Hogarth, Londres, 1964.

Slater, Phyllis E., *The Glory of Hera,* Beacon Press, Boston, 1968.

Spotnitz, Hyman e Philip Resnikoff, *Psychotherapy of Preoedipal Conditions,* Jason Aronson, Nova York, 1976.

_____ e Phyllis Meadow, *Narcissistic Neuroses,* Modern Psychoanalytic Publications, Nova York, 1976.

Stein, Murray, "Narcissus", *Spring,* 1976.

Stein, Robert, *Incest and Human Love,* Penguin, Baltimore, 1974.

Vinge, Louise, *The Narcissus Theme in Western Literature up to the Early Nineteenth Century,* trad. R. Dewsnap, Lund, Gleerups, 1967.

Von Franz, Marie-Louise, *C. G. Jung: His Myth in Our Time,* trad. Wm. H. Kennedy, Putnam, Nova York, 1975.

_____, *Adivinhação e Sincronicidade: a psicologia da probabilidade significativa,* Cultrix, São Paulo, 1985.

_____, *Alquimia: introdução ao simbolismo e à psicologia,* Cultrix, São Paulo, 1985.

_____, *Puer Aeternus*, 2ª ed., Sigo Press, Santa Mônica, 1981.

_____, *Number and Time,* Northwestern University Press, Evanston, 1974.

Walker, D. P., *Spiritual and Demonic Magic,* University of Notre Dame Press, Notre Dame, 1975.

Whyte, Lancelot Law, *The Unconscious Before Freud,* Basic Books, Nova York, 1960.

Williams, Donald Lee, *Border Crossing: A Psychological Perspective on Carlos Castaneda's Path of Knowledge,* Inner City Books, Toronto, 1981.

Wind, E., *Pagan Mysteries in the Renaissance,* Norton, Nova York, 1968.

Winnicott, Donald W., *The Maturational Process and the Facilitating Environment,* International Universities Press, Nova York, 1965.

Wolf, E. S., Análise de "The Self in the Countertransference" (Searles), *Issues in Ego Psychology,* vol. 2 (1979), nº 2.

Woodman, Marion, *The Owl Was a Baker's Daughter: Obesity, Anorexia Nervosa, and the Repressed Feminine,* Inner City Books, Toronto, 1980.

Zaehner, R. C., *Mysticism, Sacred and Profane,* Oxford University Press, Nova York, 1957.

Zimmer, Heinrich, *The King and the Corpse* (Série Bollingen XI), org. Joseph Campbell, Princeton University Press, Princeton, 1956.